Zum Meere drängt, am Meere hängt doch alles. »Ich liebe das Meer wie meine Seele«, schrieb Heinrich Heine, als er dem Faszinosum der unendlichen Weite und dem Gleichklang der Wellen erlag.
Strände und Seebäder, diese »Tummelplätze der Sehnsucht« (Marie Luise Kaschnitz), verleiten die Menschen seit jeher dazu, ihre Erfahrungen mit Wellen und Wogen in den Sand oder zumindest auf Papier zu schreiben. Angelika Wellmann, meererfahren und in Hamburg lebend, hat den literarischen Strandfundus gesichtet und ein mal ernstes, mal lustiges Lesebuch zusammengestellt – einen idealen Urlaubsbegleiter für Ostsee, Adria oder Algarve.

Zu Wort kommen unter anderen Joseph von Eichendorff, Marcel Proust, Alfred Polgar, Kurt Tucholsky, Funny van Dannen, Heinz Erhardt, Erich Kästner, Margit Schreiner, Eduard von Keyserling, Thomas Mann, aber auch der »enttäuschte Badegast« Joachim Ringelnatz: »Wenn ich im Badeanzug bin / Und im Familienbade, / Geht die Erotik fort. Wohin / Weiß Gott. Wie schade!«

Inhalt

Mediterrane Gestade

Märchenhaftes Meerchen

Die junge Liebe und das Meer

Oh ... das unendliche Meer!

Von den Anfängen: Meerwasser und Gesundheit

Von Badepraktiken und Badesitten

Physik im Strandkorb

HEINRICH HEINE
Meergruß

Thalatta! Thalatta!
Sei mir gegrüßt, du ewiges Meer!
Sei mir gegrüßt zehntausendmal,
Aus jauchzendem Herzen,
Wie einst dich begrüßten
Zehntausend Griechenherzen,
Unglückbekämpfende, heimatverlangende,
Weltberühmte Griechenherzen.

Es wogten die Fluten,
Sie wogten und brausten,
Die Sonne goß eilig herunter
Die spielenden Rosenlichter,
Die aufgescheuchten Möwenzüge
Flatterten fort, lautschreiend,
Es stampften die Rosse, es klirrten die Schilde,
Und weithin erscholl es, wie Siegesruf:
Thalatta! Thalatta!

Sei mir gegrüßt, du ewiges Meer!
Wie Sprache der Heimat rauscht mir dein Wasser,
Wie Träume der Kindheit seh ich es flimmern
Auf deinem wogenden Wellengebiet,
Und alte Erinnerung erzählt mir aufs neue
Von all dem lieben, herrlichen Spielzeug,
Von all den blinkenden Weihnachtsgaben,
Von all den roten Korallenbäumen,
Goldfischchen, Perlen und bunten Muscheln,
Die du geheimnisvoll bewahrst,
Dort unten im klaren Kristallhaus.

O! wie hab ich geschmachtet in öder Fremde!
Gleich einer welken Blume

In des Botanikers blecherner Kapsel,
Lag mir das Herz in der Brust.
Mir ist, als saß ich winterlange,
Ein Kranker, in dunkler Krankenstube,
Und nun verlaß ich sie plötzlich,
Und blendend strahlt mir entgegen
Der smaragdene Frühling, der sonnengeweckte,
Und es rauschen die weißen Blütenbäume,
Und die jungen Blumen schauen mich an,
Mit bunten, duftenden Augen,
Und es duftet und summt, und atmet und lacht,
Und im blauen Himmel singen die Vöglein –
Thalatta! Thalatta!

Du tapferes Rückzugherz!
Wie oft, wie bitteroft
Bedrängten dich des Nordens Barbarinnen!
Aus großen, siegenden Augen
Schossen sie brennende Pfeile;
Mit krummgeschliffenen Worten
Drohten sie mir die Brust zu spalten;
Mit Keilschriftbilletts zerschlugen sie mir
Das arme, betäubte Gehirn –
Vergebens hielt ich den Schild entgegen,
Die Pfeile zischten, die Hiebe krachten,
Und von des Nordens Barbarinnen
Ward ich gedrängt bis ans Meer,
Und frei aufatmend begrüß ich das Meer,
Das liebe, rettende Meer –
Thalatta! Thalatta!

Sommerfreuden
und
Strandkörbe

MARCEL PROUST

Zimmer mit Meerblick

Doch dann, am folgenden Morgen, welch eine Freude –
nachdem einer der Hotelbediensteten mich geweckt und
mir heißes Wasser gebracht hatte, während ich meine Toilette machte und vergebens die Sachen, die ich brauchte,
in einem Koffer suchte, aus dem ich nur in völligem Durcheinander lauter Dinge zog, die mir zu nichts nützten, und
ich schon an das Vergnügen des Mittagessens und der Promenade dachte –, im Fenster und auf den Scheiben vor
den Wandregalen wie durch die Bullaugen einer Schiffs-
kajüte das Meer frei daliegen zu sehen, heiter und doch
verschattet auf einer Hälfte seiner Weite, die von einer
schmalen, beweglichen Linie abgeschlossen wurde, und
mit den Augen den Wellen zu folgen, die eine nach der
anderen wie Artisten von einem Sprungbrett schnellten!
Unaufhörlich kehrte ich mit meinem steifgestärkten Handtuch, auf dem der Hotelname stand und mit dem ich mich
vergebens abzutrocknen versuchte, an das Fenster zurück,
um noch einmal einen Blick auf die gleißende, bergig
schwellende weite Arena und die schneeigen Gipfel der
stellenweise in durchscheinender Glätte leuchtenden Wogen aus Smaragd zu werfen, die mit gelassener Wucht und
löwenhaft gefurchter Stirn das Niederbrechen und Nie-
derströmen ihrer Hänge spielen ließen, auf die das Sonnenlicht sein gesichtsloses Lächeln setzte. Durch dieses
Fenster sollte ich künftig jeden Morgen meine ersten
Blicke werfen, wie ein Reisender aus einer Postkutsche
schaut, in der er geschlafen hat, um zu sehen, ob sich
während der Nacht eine ersehnte Bergkette genähert oder
entfernt hat – nur waren es hier die Hügelfolgen des Meeres, die, bevor sie tanzend wieder auf uns zukommen, so
weit zurückweichen können, daß ich erst nach einer langen, sandigen Ebene ihre ersten Wellenlinien bemerkte,
fern, in durchschimmernder Weite, duftig und bläulich

12

wie jene Gletscher, die man auf dem Hintergrund der Bilder früher toskanischer Maler erkennt. Zu anderen Malen lachte die Sonne ganz in meiner Nähe auf Wellen von einem ebenso zärtlichen Grün herab, wie es den Alpenwiesen (in den Bergen, wo das Sonnenlicht hier und da aufscheint, als ob ein Riese in ungleichen Sätzen vergnügt die Hänge herunterspringen würde) weniger die Bodenfeuchtigkeit als die fließende Beweglichkeit des Lichtes verleiht. Überhaupt ist es in erster Linie das Licht, das – in jener Bresche, die Strand und Wellen in die übrige Welt schlagen, um ihm Durchgang zu gewähren und es aufzuspeichern, je nach der Richtung, aus der es kommt und der unser Auge folgt – das hügelige Gewoge des Meeres verschiebt und ihm seinen Platz zuweist. Die Verschiedenheit der Beleuchtung verändert nicht minder die Ausrichtung eines Ortes, stellt nicht weniger neue Ziele vor uns hin, die wir erreichen möchten, als ein auf einer Reise tatsächlich durchmessener, langer Weg. Wenn die Sonne am Morgen noch hinter dem Hotel lag und vor meinen Augen die beleuchteten Strandflächen bis zu den ersten Bollwerken des Meeres aufdeckte, schien sie mir davon eine neue Ansicht zu zeigen und mich einzuladen, auf der drehenden Bahn ihrer Strahlen eine bewegungslose und abwechslungsreiche Reise vorbei an den schönsten Aussichtspunkten der vielgestaltigen Landschaft der Stunden fortzusetzen. Seit diesem ersten Morgen bezeichnete mir die Sonne in der Ferne mit lächelnd erhobenem Finger die blauen Gipfel des Meeres, die auf keiner Karte der Welt einen Namen haben, bis sie dann, überwältigt von ihrem grandiosen Lauf über die hallende, wogende Fläche der Wellenkronen und Wellentäler, vor dem Wind ihre Zuflucht in mein Zimmer nahm, sich dort auf dem zerwühlten Bett breitmachte und ihre Schätze über dem naßgespritzten Waschtisch und dem offenen Koffer ausschüttete, wo gerade ihr unerhörter Glanz und unangebrachter Luxus die Unordnung um so mehr hervortreten ließ.

RENÉ GOSCINNY

Der Strand ist Klasse

Am Strand haben wir viel Spaß. Ich habe viele neue
Freunde getroffen, Fred und Fruchthäuser und Kappe –
der hat 'ne Meise! – und Friedhelm und Fabian und Bre-
mer und Jens, aber der ist nicht in Urlaub, der ist hier aus
der Gegend. Und wir spielen zusammen und streiten uns
und dann sprechen wir nicht mehr miteinander – Klasse!

»Geh und spiel schön mit deinen kleinen Kameraden«,
hat Papa heute morgen gesagt. »Ich will mich ein wenig
ausruhen und ein Sonnenbad nehmen.« Und er hat sich
überall Öl hingeschmiert und er hat gelacht und gesagt:
»Ah – wenn ich an die Kollegen denke, die jetzt hinterm
Schreibtisch sitzen!«

Wir haben angefangen, mit Friedhelms Ball zu spielen.

»Spielt mal ein bißchen weiter drüben«, hat Papa gesagt, als er sich eingeölt hatte und Peng – hat er den Ball
auf den Kopf gekriegt. Das hat Papa gar nicht gefallen, er
ist richtig wütend geworden und hat den Ball mit dem
Fuß weggestoßen, richtig feste und der Ball ist ins Wasser
gefallen, ganz weit draußen. Ein toller Schuß!

»Ist doch wahr, verflixt noch mal«, hat Papa gesagt.
Friedhelm, der ist weggerannt und dann ist er wiederge-
kommen, mit seinem Papa. Friedhelms Papa, der ist ganz
toll groß und er hat ein böses Gesicht gemacht.

»Der war es, der da!« hat Friedhelm gesagt und er hat
mit dem Finger auf meinen Papa gezeigt.

»Aha, also Sie«, hat Friedhelms Papa zu meinem Papa
gesagt. »Sie haben den Ball meines Jungen ins Wasser geworfen?« »Klar«, hat mein Papa zu Friedhelms Papa gesagt. »Ins Gesicht hab ich ihn gekriegt, den Ball.«

»Die Kinder sind hier am Strand, um sich auszutoben«,
hat Friedhelms Papa gesagt. »Wenn Ihnen das nicht paßt,
dann können Sie ja zu Hause bleiben. Aber jetzt holen Sie
erst mal den Ball wieder!«

»Hör nicht auf ihn«, hat Mama zu Papa gesagt. Aber Papa hat doch lieber auf ihn gehört.

»Gut, schön«, hat er gesagt. »Ich hole ihn schon, Ihren kostbaren Ball.«

»Ja«, hat Friedhelms Papa gesagt, »das würde ich an Ihrer Stelle auch tun.«

Papa hat ziemlich lange gebraucht, den Ball zu holen, denn der Wind hatte ihn schon ganz weit abgetrieben. Papa hat sehr müde ausgesehen, als er dem Friedhelm den Ball wiedergegeben hat und er hat zu uns gesagt:

»Hört mal, Kinder, ich möchte mich richtig ausruhen. Müßt ihr denn unbedingt mit dem Ball spielen?«

»Na, was denn sonst zum Beispiel?« hat Kappe gefragt. – Der ist vielleicht bescheuert!

»Woher soll ich das wissen?« hat Papa gesagt. »Irgendwas – grabt Löcher! Löcher in den Sand graben, das macht Spaß.«

Wir haben gesagt, das ist eine prima Idee und wir haben unsere Schaufeln geholt und Papa wollte sich wieder einölen, aber das ging nicht mehr, denn er hatte kein Öl mehr in der Flasche. »Ich kaufe mir neues Sonnenöl drüben im Laden«, hat Papa gesagt und Mama hat gefragt, warum er sich nicht einfach ein bißchen ausruht.

Wir haben angefangen, ein Loch zu graben, ein prima Loch, groß und ganz tief. Papa ist zurückgekommen und ich habe ihn gerufen und hab gesagt: »Willst du unser Loch sehen, Papa?«

»Sehr hübsch, mein Kleiner«, hat Papa gesagt und er hat versucht, den Schraubverschluß von der Ölflasche mit den Zähnen aufzumachen. Aber da ist ein Herr mit einer weißen Mütze gekommen und hat uns gefragt, wer uns erlaubt hat, am Strand ein Loch zu graben. »Der da drüben«, haben meine Freunde gerufen und sie haben auf Papa gezeigt. Ich war schon ganz stolz, weil ich dachte, der Herr mit der Mütze will Papa gratulieren zu der guten Idee. Aber der Herr war gar nicht freundlich.

»Sie sind wohl nicht recht bei Trost, was? Den Flegeln solche Flausen in den Kopf zu setzen!« hat der Herr ge-

schrien. Papa, der war damit beschäftigt, seine neue Ölflasche aufzuschrauben und er hat nur gefragt: »Na
und?« Da hat der Herr mit der Mütze erst richtig angefangen zu schreien: unglaublich, wie verantwortungslos
die Leute sind und man kann sich ein Bein brechen, wenn
man in das Loch fällt und bei Flut verlieren die Nicht-
schwimmer den Boden unter den Füßen und ertrinken
und der Sand kann nachrutschen und einer von uns kann
verschüttet werden und es können schreckliche Dinge
passieren mit dem Loch und wir müssen das Loch sofort
wieder zuschaufeln.

»Na ja«, hat Papa gesagt, »macht das Loch wieder zu,
Kinder.« Aber meine Freunde, die wollten nicht.

»Ein Loch graben«, haben sie gesagt, »das ist dufte.
Aber ein Loch zuschaufeln, das ist doof!«

»Kommt, wir gehen ins Wasser!« hat Fabian gerufen.
Sie sind alle weggelaufen, nur ich bin natürlich dageblieben, denn Papa sah aus, als wenn er sich ärgert.

»Kinder! He! Kinder!« hat Papa gerufen, aber der Herr
mit der Mütze hat gesagt:

»Lassen Sie die Kinder in Ruhe und schaufeln Sie das
Loch zu – sofort, wenn ich bitten darf!« – und er ist weg-
gegangen.

Papa hat gestöhnt und er hat mir geholfen, das Loch zu-
zuschaufeln. Aber wir haben nur die eine kleine Schaufel
gehabt und es hat ziemlich lange gedauert. Wir waren
kaum fertig, da hat Mama schon gerufen, es ist Zeit, zum
Hotel zurückzugehen zum Mittagessen, und wir müssen
uns beeilen, denn wenn wir zu spät kommen, kriegen wir
nichts mehr. »Hol deine Sachen zusammen, deine Schaufel, deinen Eimer, und dann komm«, hat Mama gesagt.
Ich hab meine Sachen geholt, aber den Eimer habe ich
nicht gefunden. »Macht nichts – los, gehen wir!« hat Papa
gesagt. Aber da habe ich angefangen zu weinen, richtig
feste. So ein schöner Eimer, ganz toll gelb und rot und
man kann phantastische Kuchen damit backen.

»Nun mal langsam«, hat Papa gesagt. »Wo hast du den
Eimer denn hingetan?«

16

Ich habe gesagt, vielleicht ist er unten in dem Loch, das wir gerade zugemacht haben. Papa hat mich angeschaut, als wenn er mich durchhauen will und ich habe gleich noch ein bißchen mehr geweint und Papa hat gesagt, also gut, er sucht den Eimer, aber ich soll um Himmels willen mit der Heulerei aufhören. Mein Papa – also wirklich, der ist unheimlich Klasse!

Weil wir ja nur die eine kleine Schaufel hatten, habe ich ihm nicht helfen können und ich habe zugeschaut. Aber da hat auf einmal hinter uns einer laut gebrüllt: »Sie haben es wohl nicht nötig, meine Anordnungen zu befolgen, was?«

Papa hat einen richtigen Schreck gekriegt und wir haben uns umgedreht und da stand der Herr mit der weißen Mütze. »Ich glaube mich zu erinnern, daß ich Ihnen untersagt habe, Löcher zu graben«, hat er gesagt. Papa hat ihm erklärt, wir suchen meinen Eimer. »Na gut«, hat der Herr gesagt, »aber das Loch muß sofort wieder zugeschaufelt werden.« Er ist dageblieben und hat kontrolliert, ob Papa auch gehorcht.

»Hör mal«, hat Mama zu Papa gesagt, »ich gehe schon mit Nick ins Hotel zurück. Komm gleich nach, wenn du den Eimer gefunden hast.« Und wir sind los.

Papa ist erst sehr spät ins Hotel gekommen. Er war sehr müde und hatte keinen Hunger mehr und er ist auch gleich aufs Zimmer gegangen und hat sich hingelegt. Den Eimer hat er nicht gefunden, aber das war nicht so schlimm, denn ich habe gemerkt, daß ich ihn in meinem Zimmer gelassen hatte. Am Nachmittag haben wir den Doktor holen müssen, nämlich, Papa hat einen schlimmen Sonnenbrand. Der Doktor hat zu Papa gesagt, er muß zwei Tage im Bett bleiben.

»Wie kann man sich nur so der Sonne aussetzen«, hat der Doktor gesagt, »ohne sich den Körper einzuölen!«

»Ah«, hat Papa gesagt, »wenn ich an die Kollegen denke, die jetzt zu Hause sitzen!«

Aber er hat gar kein freundliches Gesicht gemacht dabei.

Enttäuschter Badegast

Wenn ich im Badeanzug bin
Und im Familienbade,
Geht die Erotik fort. Wohin
Weiß Gott. Wie schade!

Und Weiber jederlei Gestalt
Sie lassen alle dann mich kalt,
Wie die verdammte Jauche
Der See, in die ich tauche,
Kalt macht, speziell am Bauche.

Von der Kabine bis ans Meer
Geniere ich mich immer sehr.
Trotz Spucke und trotz Laufgeschwind
Merkt jede Frau und jedes Kind,
Daß meine Füße dreckig sind.
Und niemand fragt woher.

Daß jemanden, der nicht gut schwimmt,
Daß man den gar nicht mehr als Mann,
Sondern als Tauchemännchen nimmt –

So handeln Weiber, die bestimmt
Wären, mich aufzuregen.

Mir schmeckt das Badewasser nie.
Ich denke immer an Pipi
Und kann das auch belegen.

Es liegt mir fern, hier indiskret
Krampfadern aufzuwühlen,
Doch jede Frau, die baden geht,
Weiß nichts von meinen Gefühlen.

Erfolglose Anbiederung

Aus: e.o. plauen: Vater und Sohn. Gesamtausgabe. © Südverlag GmbH, Konstanz 1982 (ren.). Mit Genehmigung der Gesellschaft für Verlagswerte GmbH, Kreuzlingen/Schweiz.

JOHN CHEEVER

Ein Sonntag am Meer

Rosalie Young, den Wapshots ebenso unbekannt wie Sie
mir, nahm morgens, ganz früh, schon lange bevor sich
weiter südlich, in St. Botolphs, der Festzug zu formen begann, den Weg zum Strand. Ihr Freund hatte sie in seinem alten Kabriolett vor dem Logierhaus in der Stadt, wo
sie wohnte, erwartet. Mrs. Shannon, die Zimmerwirtin,
beobachtete die beiden durch die Scheiben ihrer Haus-
tür, als sie abfuhren. Jugend war für Mrs. Shannon ein
schmerzliches Mysterium, es wurde an diesem Tage noch
vertieft durch Rosalies weißen Mantel und die Sorgfalt,
mit der sie ihr Gesicht bemalt hatte. Wenn sie zum Schwimmen wollten, überlegte die Wirtin, hätte sie doch nicht
den neuen weißen Mantel angezogen, und wenn sie nicht
zum Schwimmen fuhren, warum nahm sie dann ein
Badetuch mit – eins von Mrs. Shannons Badetüchern? In
dieser Aufmachung hätten sie zu einer Hochzeit oder zu
einem Betriebsausflug, zu einem Ballwettspiel fahren oder
Verwandte besuchen können. Es bedrückte Mrs. Shannon,
darüber nichts Genaues zu wissen. (…)

Während sie sich von der Stadt entfernten, passierten
sie jene überfüllten Badestrände, die sich aus dem Bereich
der Wohnbezirke, nur durch einige Industrieanlagen unterbrochen, meilenweit nach Süden erstrecken. Jetzt, mitten am Vormittag, war das Strandleben in vollem Gange,
und der besondere Geruch des Bratfetts und der Butter
beim Puffmaisrösten war stärker als die Ausdünstungen
des Atlantischen Ozeans, der hier, zwischen den Inseln
einer absinkenden Küste festgehalten, zwar auch kraftvoll
gegenwärtig, aber doch trist erschien. Tausende halbnackt
Badende verdunkelten den hellen Sand oder standen zögernd knietief im Ozean, als wäre dieses Wasser heilig,
gleich dem des Ganges, und könnte sie läutern. So war es,
als gäben die ihrer alltäglichen Umgebung entrückten

nackten Menschenmengen diesem jahrmarkthaft oberflächlichen Ferienbetrieb den Beigeschmack einer Pilgerfahrt, an der Rosalie und ihr Freund ebenso teilnahmen wie die Tausende, an denen sie vorbeifuhren. (...)

Das Gestade, an das er sie bringen wollte, war unbeliebt, weil der Weg dorthin schlecht und der Strand steinig war. Er bemerkte enttäuscht, daß in der Lichtung, wo sie parkten, schon zwei andere Wagen standen.

Sie nahmen ihren Imbißkorb und gingen auf einem gewundenen Pfad ans Meer hinab – an das hier offene Meer. Hellrote Buschröschen wuchsen am Wegrand, und Rosalie spürte das Salz der Luft auf ihren Lippen. Sie konnte es mit der Zunge schmecken. Ein schmales Stück grobsandigen Strandes schnitt in eine Lücke der Klippen, und dort sahen sie unter sich ein ihnen ähnliches Paar und eine Familie mit Kindern und jenseits dieser Gruppe die grüne See. Indem er verlegen den Blick von der Intimität der Fremden abwandte, die er selbst so heftig herbeisehnte und die er zwischen den Klippen ringsum auch finden konnte, trug er den Eßkorb, die Flasche Whisky und den Tennisball zum Strand und ließ sich vor den Augen der anderen Badenden nieder, als erwiese er durch diese momentane, auf ein simples, jedermann zustehendes Vergnügen deutende Geste dem Wesen seiner Mutter, von dem die belegten Brote zeugten, eine besondere Reverenz. Rosalie begab sich hinter einen Felsen, wo sie in ihren Badeanzug schlüpfte. Er wartete am Rande des Wassers auf sie, und als sie sich überzeugt hatte, daß ihr Haar restlos von der Badekappe bedeckt war, faßte sie ihn bei der Hand und sie gingen hinein.

Das Meer war hier, wie immer, grausam kalt. Als es ihnen bis zu den Knien ging, ließ sie seine Hand los und sprang im flachen Tauchstoß vor. Im Unterricht hatte sie Kraulen gelernt, sich aber ihren kurzen, hastigen Schlag nicht abgewöhnen können. Das Gesicht halb im grün leuchtenden Wasser, schwamm sie schnell ein paar Meter, drehte sich um, tauchte noch kurz, schrie unter der schmerzhaften Kälte auf und rannte zum Strand. Dort war es sonnig, und die Hitze nach dem kalten Wasser tat ihr wohl. Sie rubbelte sich mit einem Handtuch tüchtig ab, riß ihre Badekappe vom Kopf und blieb in der Sonne stehen, um die Wärme bis ins Mark dringen zu lassen. Sie trocknete ihre Hände, zündete sich eine Zigarette an, und jetzt kam auch er aus dem Wasser, rieb nur seine Hände ab und ließ sich neben ihr nieder.

Sie hatte gelbes Haar, helle Haut, lange Glieder, einen üppigen Busen und einen kokett flirrenden Blick und wirkte sogar in der Kirche, im Gewand einer Chorsängerin, das sie schon getragen hatte, hochhüftig und wie unbekleidet. Er ergriff ihre Hand und streifte ihren Arm, den der zarte junge Flaum heller Härchen bedeckte, mit den Lippen. »Jetzt möchte ich zu gern Blaubeeren pflücken«, sagte sie laut, denn die anderen Leute am Strand sollten es hören. »Ach, so gern möchte ich Blaubeeren pflücken, aber laß uns deinen Hut mitnehmen, da tun wir sie rein.«

Hand in Hand erkletterten sie die Felsen über dem Strand, doch das Suchen nach der Abgeschlossenheit, wie sie sie wollte, dauerte lange, und so zogen sie hin und her, bis er schließlich anhielt und sie ihm, noch zögernd, zustimmte, denn einen besseren Platz gab es wahrscheinlich nicht. Er streifte ihr den Badeanzug von den Schultern, und als sie nackt war, legte sie sich munter hin, froh, auf der besonnten Erde die einzige Hochzeit in die Erinnerung ihres Leibes aufzunehmen, die sie kannte. Zärtlichkeit und Güte umhüllten sie beide noch, nachdem sie es getan hatten, und sie lehnte sich an seine Schulter, während sie wieder in ihren Badeanzug stieg. Hand in Hand gingen sie zum Strand zurück und schwammen noch einmal, ehe sie den Imbiß auswickelten, den seine sorgenvolle Mutter am Abend vorher zubereitet hatte.

Es gab da feingewürzte Eier und Hühnerkeulen, Sandwiches, Kuchen und Kekse, und als sie gegessen hatten, soviel sie konnten, packten sie den Rest wieder in den Korb, und er trabte am Strand entlang und warf ihr von da den Tennisball zu. Der leichte Ball wich im Wind aus seiner Bahn, doch sie erreichte ihn und warf ihn zurück mit einem Schwung, der, wie ihre Schwimmstöße, nicht ganz ausreiche, aber er fing den Ball im Sprung und warf ihn ihr wieder zu. Nun wurde das Fangen und Werfen, Fangen und Werfen zu einer angenehm eintönigen Beschäftigung, bei der sie den Nachmittag vergehen spürte. Die Ebbe hatte eingesetzt, das Wasser ließ am Strande wellige Streifen gröberen Sandes und Strähnen von Seetang zurück, dessen knospige Blasen knallend zerplatzten, wenn sie sie zwischen den Fingern zerdrückten. Die Familiengruppe hatte begonnen, ihre Siebensachen einzusammeln und die Kinder herbeizurufen. Das andere Liebespaar lag Seite an Seite und lachte und schwatzte. Sie legte sich wieder in den Sand, er setzte sich neben sie, rauchte eine Zigarette an und bat »Jetzt, jetzt«, doch sie sagte »Nein«. Da ging er ans Wasser. Als sie hochschaute, sah sie ihn in den Wellen schwimmen. Dann stand er wieder bei ihr, trocknete sich ab und bot ihr Whisky in einem Becher an, aber sie sagte »Nein, nein, noch nicht«, und er trank selbst davon und blickte aufs Meer.

Jetzt kamen dick, weiß, überfüllt und seeuntüchtig die Ausflugsdampfer zurück, die morgens ausgelaufen waren. Unter ihnen auch die *Topaze*. Die Dünung hatte sich ein bißchen gelegt. Ihr Freund trank seinen Whisky aus und zerdrehte den Pappbecher in der Hand. Das Paar zu ihrer Linken stand auf und entfernte sich, und als sie fort waren, bat er wieder »Jetzt, jetzt«, und sie sagte noch »Nein«, unter einer vagen Vision von Keuschheit, die ihr gerade vorschwebte. Der Versuch, die Macht des Einsamseins von der Macht der Liebe zu trennen, ermüdete sie, und sie war einsam. Einsam war sie, und die Sonne zog ihre Wärme vom Strand ab, und vor der nahenden Nacht überkamen sie Zärtlichkeit und Furcht. Nun blickte sie ihn an, während in einem Winkel ihres Bewußtseins noch die Vision der Keuschheit haftete. Er starrte aufs Meer hinaus. Die Wollust hockte wie Kummer auf seinem hageren Gesicht. Er erblickte in den Riffen, die wie mähnige Löwenhäupter aus der See ragten, feine Frauenschultern und Knie. Auch die Wolken am Himmel vermochten ihn davon nicht abzulenken. Die Vergnügungsdampfer kamen ihm vor wie fahrende Bordelle, und er fand den Geruch des Ozeans lüstern. Er wird eine Frau mit dickem Busen heiraten, dachte sie – die Tochter eines Tapezierers – und wird in Desinfektionsmitteln reisen. »Ja, ja«, sagte sie, »ja, jetzt!«

Dann tranken sie noch einmal Whisky und aßen wieder, und inzwischen waren die heimkehrenden Vergnügungsdampfer verschwunden; der Strand und die Klippen, bis auf die höchsten, lagen schon im Dunkel. Er ging zum Wagen und holte eine Decke, und nun fanden sie schnell einen intimen Platz im Dunkeln. Die Sterne kamen heraus, und als sie es hinter sich hatten, wusch sie sich im Meer, zog ihren weißen Mantel an, und zusammen schritten sie barfuß am Strand auf und ab und sammelten sorgfältig das Einwickelpapier, die Flaschen und Eierschalen auf, die sie selbst und andere hinterlassen hatten, denn sie waren saubere, brave Kinder des Mittelstandes.

Er hängte die nassen Badeanzüge zum Trocknen an die Tür des Autos, klopfte ihr sanft das Knie – seine zärtlichste Geste – und ließ den Wagen anspringen. Sobald sie auf die Chaussee kamen, gerieten sie in dichten Verkehr, und an vielen Wagen, die sie überholten, hatte man ebenso wie sie das Badezeug an die Türgriffe gehängt. Obgleich sein Wagen alt war, fuhr er ihn schnell und, nach ihrer Ansicht, geschickt. Die Scheinwerfer waren schwach, und als die Lampen eines entgegenkommenden Autos ihn blendeten, hielt er das seine knapp auf dem Straßenrand, unsicher wie ein blinder Mensch im Laufen. Aber er war stolz auf sein Kabriolett, denn er hatte einen neuen Zylinderkopf und einen Kompressor einbauen lassen – und stolz auf die Tapferkeit, mit der er das klapprige und halbblinde Vehikel durch die Kurven der Straßen von Travertine und St. Botolphs manövrierte. Als sie aus dem Verkehrsgewühl heraus und in eine Nebenstraße gebogen waren, wo nicht kontrolliert wurde, soviel er wußte, fuhr er mit Vollgas. Bei dem Tempo fühlte Rosalie sich behaglich entspannt, bis sie ihn fluchen hörte und noch wahrnahm, wie der Wagen ins Schleudern kam und auf einen Acker stürzte.

Die Badegäste reisen an

Das Fräulein blieb in dem von Sonne erfüllten Hof stehen, in dem das Zimmermädchen die pickenden Tauben fütterte.

– Agathe, sagte sie, vergiß nicht, wir müssen heute Tischtücher auf die Bleiche legen, und ging die Treppe hinauf.

Kurz danach kehrte sie zurück, das Badetuch über ihrem Arm, und sie ging über den Hof hinaus auf die Straße.

Alle grüßten sie, und für alle neigte sie ihren Kopf mit der selben Höflichkeit, ohne sie anzusehen.

Als sie zur Fischerstadt kam, liefen ihr ein paar Kinder über den Weg, und sie ging fast in die Hocke, während sie mit ihnen sprach. Danach ging sie weiter. Das Pflaster in der Fischerstadt war sehr uneben, sodaß die anderen jungen Damen der Stadt sonderbare Sprünge machten und mit den Absätzen steckenblieben, wenn sie zum Bad wollten, aber Fräulein Ingeborg spürte es nicht einmal.

– So, da sind Sie, Fräulein, sagte die Badefrau, die die Tür aufmachte, während ihr altes Gesicht aufleuchtete. Es war Madam Poulsens größte Lust, die schöne Gestalt des Fräuleins im Wasser zu sehen.

– Denn *das* ist eine Gestalt, sagte Madam Poulsen.

Aus der Badekabine rief das Fräulein:

– Jetzt gibt es Arbeit, Madam Poulsen, denn heute bekommen Brasens Gäste.

– Jesses, schrie Madam Poulsen und flog Hals über Kopf in eine kleine Kammer, die voll von alten Handtüchern und muffigen Bürsten und Möbeln war, für die es keinen Ausdruck gibt.

Das Fräulein öffnete die Tür. Einen Augenblick stand sie an der Badetreppe, während ihre Augen auf dem Wasser ruhten:

– Wie blau das Meer ist, sagte sie.

– – – Schlachter Andersen wollte gerade aus der Stadt herausfahren, da begegnete er Frau Jespersen, die, unter ihrem weißen Sonnenschirm, aus dem Wald zurückkam:

– So, sagte sie, sind Sie da wieder?

– Ja, antwortete Andersen: und heut kommen Leute.

– Zu Brasens?

– Ja, sagte der Schlachter. (…)

Heut geht es los.

– Was, sagte die Frau langsam.

– Die Badegäste, sagte der Schlachter. (…)

Der erste Wagen war schon in der Einfahrt.

– Lauf raus, lauf raus, rief Frau Brasen der ›Elevin‹ zu. Selbst mußte sie erst die Schürze wechseln.

– Lauf raus, rief sie wieder, während alles an ihr zitterte – und ›sie hatte ja keine Haube auf‹ –:

– Lauf raus, denn jetzt sind sie da.

– Christian, schrie Brasen an seinem Tresen.

Christian stand mitten in der Schankstube und war zu nichts anderem gekommen als sich den ganzen Kopf mit einem Küchentuch abzutrocknen.

Aber der Stallpächter Nielsen war zur Stelle und öffnete die Tür des ersten Kremsers, in dem vierzehn Menschen plapperten wie ein Vogelschwarm.

Frau Brasen war bis zur Außentür gekommen, in der sie grüßte, mit einem halben Knicks.

Die vierzehn schwirrten vom Wagen herunter, und in einem Augenblick war das ganze Billardzimmer voll von Handkoffern und Plaids und unbestimmbaren Schals und Körbchen und Schoßhunden und Hutschachteln. Alle vierzehn Personen fielen einander ins Wort, reckten die Glieder, riefen nach Auskunft, streckten ihre Beine aus und lachten. Es waren drei Herren und elf Damen.

Der andere Kremser war vorgefahren. Aber eine Dame, die mit ihrem Kleid am Wagentritt hängengeblieben war, hielt den Strom auf, bis sie mit einem Kreischer loskam. Ein Familienvater, der von seiner Frau, drei Kindern und

Kindermädchen begleitet war, drängte sich vor, zum Tresen, und verlangte die Zimmer, die er bestellt habe.

Brasen, der ganz runde Augen bekommen hatte, sagte:

– Ja, sind Sie das, der bestellt hat?

– Na, das werden wir schon herausfinden; und machte sich daran, in einer alten Zigarrenkiste herumzuwühlen, in der er die Gästekorrespondenz aufbewahrte.

– Ich bin Inspektor Rasmussen, sagte der Familienvater, der mit Nachdruck sprach, wie einer, der gewohnt ist, in einem geistlichen Amt den Ton anzugeben.

– Na, sagte Brasen, der weiter in seiner Kiste herumwühlte.

Eine Frau, die die Reise in einem dunkelroten ausgeschnittenen Schleppkleid zurückgelegt hatte, setzte sich hart in einen Stuhl neben dem Tisch und sagte zu ihrem Mann, der klein, blond und kurzsichtig war:

– Hans, ich habe es dir doch gesagt. Ich muß sofort auf mein Zimmer.

Auch Herr Hans Lindegaard hatte Unterkunft bestellt und fragte nach seiner Zimmernummer.

– Ich hab es, sagte Brasen, dessen Kopf glutrot war. Er hatte in der Zigarrenkiste ein Papier mit ›Rasmussen‹ gefunden.

Aber Herr Lindegaard fragte weiter nach seiner Nummer, und eine kleine, freundliche Witfrau, die von einer hinkenden Tochter begleitet war, die sich an einem Stock fortbewegte, sagte bescheiden:

– Wir möchten gerne unsere Zimmer haben.

Brasen sah zu ihr auf, von seiner Kiste:

– Sie waren zugesagt, sagte die Witfrau, für heute. Sie sprach sehr korrekt.

– Warn sie? sagte Brasen.

Christian, rief er:

– Hol meine Frau.

Frau Brasen ging im Billardzimmer herum und sagte unaufhörlich:

– Wenn wir sie bloß einen nach dem andern abfertigen …

Frau Brasen fertigte überhaupt keinen ab, sondern ging nur immer herum, während sie immer wieder sagte:

– Das kommt halt was plötzlich.

Frau Brasen kamen die Wörter etwas entstellt aus dem Mund, wenn sie verschreckt war.

– Liebe Frau, wir warten doch gerne, sagte ein großer und braungetönter Herr von schlanker und knochenstarker Gestalt.

– Ja, danke, sagte Frau Brasen und sah ihm ins Gesicht. Das war das erste Gesicht, das sie sah. Sonst sah sie den Schwarm um sich herum eher wie der, der Karussell fährt, die sieht, die sich auf festem Boden befinden.

– Wir sind ja so viele und alle auf einmal gekommen, sagte der braungetönte Herr.

– Ja, so ist es, sagte Frau Brasen, und plötzlich rief sie nach Jens, er solle mit Inspektors zur Dependance laufen.

Herr Lindegaard mit seiner Frau hatte Nummer sechzehn bekommen, und von dort klingelte die Frau bereits. Frau Brasen flog zur Durchreiche und rief in die Küche, daß die Elevin raufgehen solle:

– Bind eine Schürze um, rief sie und schloß die Durchreiche.

– Da is meine Frau, sagte Brasen, der die Zigarrenkiste losließ, in der alle Brieffetzen herumflogen.

Frau Brasen sagte, während vier andere Damen ebenfalls Zimmer verlangten, zu der Witfrau:

– Doch, es ist Nummer zwölf in der Dependance; und auch sie, die vom Dampf und Qualm in ihrer Küche nicht recht sehen konnte, fing an, in der Zigarrenkiste herumzuwühlen:

– Ja, es war schrecklich, es war schrecklich mit Brasen und dem Briefeschreiben. Und was nützte es schon, daß Sørensen geholfen hatte?

Die eine von den vier Damen, die Volksschullehrerinnen waren, sagte:

– Wir haben vor einem Monat geschrieben.

Und Brasen, der auf dem Stuhl mit dem Kissen saß, sagte:

– Jansine, die hat Sørensen …

Jens lief vor dem Inspektor nebst Familie und Kindermädchen die Straße hinunter zur Dependance.

Er war barhäuptig und rief in alle Ladentüren:

– Es sind die Reisenden, rief er. Er trug eine Weste und ein Paar dunkelgraue Hosen mit einem hellgrauen Flicken an der Stelle, wo man sich setzt. Der Flicken sah wie eine geschwenkte Flagge aus, während er lief.

– Wenn man nur über die Betten beruhigt sein könnte, sagte der Inspektor, der einen Schmerbauch und einiges durch die Frau erworbene Vermögen besaß.

– Und die Liegen für die Kinder, sagte die Frau, die mager, in Schwarz und unterleibsleidend war.

Sie kamen zu der Dependance, in der Jens die Türen zu all den hellblauen und leeren Zimmern aufriß.

– Hier ist es, sagte Jens.

– Aber wo sind *unsere* Zimmer? fragte der Inspektor, der vor der wartenden Dependance stehenblieb.

– Das müssen Sie die Frau fragen, antwortete Jens, der nachhause raste.

– Wir nehmen die da, sagte die Frau, die sich hingesetzt hatte, und zeigte auf drei von den Zimmern zur Straße hin.

Sie begann das Möbelumstellen zu dirigieren, während sie sagte:

– August, hilf Louise. Louise war das Kindermädchen.

Die sanfte Witfrau kam mit ihrer Tochter. Es sah, unter Frau Rasmussens Anordnungen, bereits so aus, als würde mit der ganzen Dependance umgezogen.

Die Frau und die Tochter nahmen still ein paar Kammern.

– Liebe Else, sagte die Mutter: laß uns hierbleiben.

Und sie gingen in zwei Zimmerchen, deren Türen sie schlossen.

… Im Hotel hatten fast alle Zimmer bekommen, und siebzehn Personen schellten gleichzeitig, um umgehend ihre Koffer zu bekommen.

– Christian, rief Brasen, und niemand kam.

Der Stallknecht Nielsen rackerte sich mit Rohrkoffern

und Holzkoffern ab, daß die alten Treppen nur so krachten, und Frau Brasen lief hinundher, um die Letzten unterzubringen, während sie unablässig an das Essen dachte. In der Küche war alles ins Stocken geraten, und alle Mädchen und die Manglerin standen draußen im Hof und glotzten hinter den Fremden her.

– Ja, ja, sagte Frau Brasen und lief wieder herum: Jens solle Stine Näherin holen. Stine solle bei der Bedienung helfen und die Handtücher müßten eben warten.

– *Christian!* Brasen war bei seiner Suche nach dem Kellner bis zum Fenster in dem kleinen Speisesaal gekommen.

Christian schoß wie der Blitz aus einer Tür mit einem Herzen. Jeder Schreck schlug ihm gleich auf den Magen.

– *So*, sagte Brasen: da haben wir ihn wieder.

Frau Lindegaard klingelte nach Wasser für eine kalte Abreibung, und bei den vier Lehrerinnen, die in Dachstübchen untergebracht waren, gab es nur zwei Handtücher für sie alle vier.

… Der Doktor, der einen Gehrock aus den Achtzigern angezogen hatte, öffnete die Tür zum Billardzimmer und schaute hinein. Brasen saß auf seinem Kissenstuhl.

– Wie soll das nur *gehen*? sagte Brasen.

Frau Brasen, die die Letzten hinunter zur Dependance führte, sagte:

– Es *muß* gehen, Brasen.

Ihr war zumute, als wäre Seegang in den Dielen unter ihren Beinen.

– Bitte, sagte sie: es ist nur eben die Straße hinunter. Sie ging neben den beiden letzten Gästen her, einer ostjütischen Großhändlersfrau mit ihrer Tochter, mitten auf der Straße, wo hinter allen Fensterscheiben Gesichter auftauchten:

– Ja, hier ist es so schön bei Sonnenschein, sagte Frau Brasen. Die Pflastersteine glühten unter ihren Füßen.

– Ist es ebenso weit bis zum Strand, sagte die Tochter, Fräulein Lucie, die ein wenig blaß und kopenhagnisiert war und in allem ihren Willen bekam, weil der Hausarzt des Großkaufmanns es leid war, sie ihre Krämpfe bekommen zu sehen.

– Es ist nur ein kurzer Weg, sagte Frau Brasen.

– Ist es hier, sagte Fräulein Lucie, als sie zur Dependance kamen.

Frau Brasen war ein Stück voraus, und die Großhändlersfrau sagte:

– Lucie, du bist es doch gewesen, die hierher wollte.

Frau Brasen machte die Tür zu den Vorderzimmern auf. Die Koffer der Familie Rasmussen waren angekommen und kein einziges Möbelstück stand mehr auf seinem Platz:

– Ja, sagte Frau Rasmussen, das waren doch unsere Zimmer?

Frau Brasen, die sah, daß die Zimmer besetzt waren, sagte:

– Ja, so war es ja verabredet.

Der Inspektor, der die Betten untersucht hatte, sagte: Es ist Roßhaar, mein Mädchen.

– Aber August, kannst du mir sagen, wie wir die Kinder unter diese Lumpen legen sollen?

Frau Rasmussen wollte sich an Frau Brasen wenden, aber Frau Brasen hatte schon die Tür hinter sich zugemacht. Sie ging über den Hof, gefolgt von den ostjütischen Damen:

– Ja, sagte sie, indem sie eine Tür öffnete: das sind die besten Zimmer. Aber der Eingang geht eben durch die Küche.

Die Küche war gepflastert und eigentlich eine Waschküche. Fräulein Lucie war auf der Schwelle stehengeblieben:

– Das ist ja großartig, sagte sie.

– Ja, sagte Frau Brasen, die ist gut zu haben, wenn man dies und das loswerden will.

Die Mutter und Fräulein Lucie gingen in die beiden Zimmer und sagten: Danke.

– Meinst du, ich bleibe *hier*? sagte Fräulein Lucie.

Ihre Mutter, die die Stuben musterte, sagte:

– Vielleicht kann man irgendwo in der Stadt ein paar Möbel geliehen bekommen.

Fräulein Lucie antwortete nicht. Sie brachte sich in einem Schaukelstuhl unter und summte.

Als Frau Brasen am Fenster der Witfrau vorbeikam, das offenstand, steckte die alte Dame den Kopf heraus.

– Hier ist es richtig schön, sagte sie:

– Wir möchten nur gern einen Schrank weggerückt haben, Frau Brasen, irgendwann einmal, wenn Zeit ist.

Der Schrank sollte vor eine Tür gerückt werden, die sie von der Familie Rasmussen trennte. Das würde den Lärm etwas abhalten.

Frau Brasen ging hinunter zum Garten und hinein zur Großmutter, die nach wie vor mit ihrer Harke arbeitete.

– Du mußt nachhause kommen, Mutter, sagte sie.

Die Alte hob den Kopf:

– Warum, sagte sie.

– Weil sie jetzt dasind, Mutter.

Frau Brasen hatte das Gefühl, gleich in Tränen ausbrechen zu müssen:

– Und das ist ja gut, Mutter, sagte sie, der Alten ins Gesicht.

– So, antwortete die Alte nur und ließ ihre Harke los und ging hinter ihr her.

– Ist *das* der Garten, rief die lahme Tochter der Witfrau an ihrem Fenster.

Und sie lief in den Hof – sie war zwar lahm, aber sonst quicklebendig –, rein in den Garten.

– Aber Mutter, ist *das* ein Garten, rief sie vom Hof aus, etwas später, als sie zurückkam, und als Frau Rasmussen im Flurfenster sichtbar wurde, fügte sie hinzu:

– Das wird wunderbar für die Kinder sein.

Wenig später kam sie wieder zurück, die Arme voller Zweige:

– Mutter, rief sie, damit schmücken wir die Zimmer, wenn wir bloß ein paar Vasen bekommen.

Und nachdem sie ihre Zweige auf der Fensterbrüstung

abgeladen hatte, ging sie hinaus auf die Straße, gestützt auf ihren Stock.

– Die kleine Lahme hat ein schönes Gesicht, sagte der braungetönte junge Mann.

Er hatte gemeinsam mit seinem Freund die Dachstübchen gegenüber von den vier Lehrerinnen, und er saß in seinem Fenster, von dem aus man die ganze Stadt und alle fünf kleinen Straßen sehen konnte.

– Das ist das Haus des Bürgermeisters, sagte sein Freund, der neben ihm stand, und zeigte auf die rote Burg.

– Ach so, sagte der junge Mann und starrte vor sich hin ins Sonnenlicht.

Die Straßen unter ihnen lagen wie ausgestorben in der Sonne. Das kleine lahme Fräulein ging da unten, ganz bis zum letzten Haus, und kehrte wieder zurück.

– Wie niedlich sie an ihrem Stock geht, sagte der Freund.

Sonst war niemand zu sehen. Nur beim Hotel liefen sie aus und ein.

Die vier Lehrerinnen kamen aus dem Tor. Sie hatten nach dem Weg zum Wald und nach dem Weg zum Badehaus gefragt. Sie hatten beschlossen, zwanzig Bäder zu nehmen und konnten keinen Tag vertrödeln. Sie gingen, zwei und zwei, die Straße hinunter und verschwanden.

– Na, sagte der Freund, hier kann man sich richtig gut langweilen.

Der Braungetönte, der in der Fensterlaibung saß, starrte stetig in das selbe Licht – seine Augen hatten so einen eigenartigen Ausdruck bekommen, entweder von Trübsinn oder von einem langen Sehnen – und antwortete, womöglich ohne zu wissen, worauf:

– Vielleicht.

Eine Staubwolke erhob sich draußen auf der Landstraße gegen das Sonnenlicht. Das war ein Landauer mit braunen Pferden und drei Koffern. Jetzt bog er von der Chaussee ab und in den Weg entlang den Häusern der Stadt. Zwei Damen saßen im Wagen, verborgen hinter zwei hellen Sonnenschirmen.

– Wer ist das, sagte der Freund im Giebelfenster.

– Wer weiß, antwortete der Braungetönte, der sich aus der Laibung erhob:

– Wollen wir baden? (…)

… Im Männerbadehaus war der reine Aufruhr. Inspektor Rasmussen badete seinen Jungen, der brüllte, und die Viehhändler, die immer ein kleines Bad nahmen, wenn sie in der Stadt waren, riefen, jeder aus seiner Kabine, nach Handtüchern.

– Ich komm ja schon, sagte der Bademeister, der ein ehemaliger Sandschiffer war, der nie etwas anderes vorhatte, als von seiner Brücke aus Dorsch zu angeln.

Unter all dem Lärmen war der Braungetönte, der weit, weit ins Meer hinausgeschwommen war, die Treppe hinaufgegangen.

Er blieb einen Augenblick stehen: Den Kopf trug er hoch; schlank und schmal wie ein Strich war sein ganzer Körper, und braun, als wäre er aus Bronze gegossen:

– Beeil dich, Knud, rief der Freund; und der Braungetönte ging hinein.

Als er angekleidet wieder herauskam, war es still auf dem Badesteg geworden.

Inspektor Rasmussen zog seinen Sprößling an, und die Viehhändler gönnten sich ein Glas Rum. Der Braungetönte hatte bezahlt, während er immer weiter über das Meer blickte:

– Wo ist das Badehaus für die Damen, fragte er, langsam.

Und der Schiffer zeigte hinüber zu Madam Poulsens weißer Bude. (…)

Die Badende

Bald schlüpfte sie in eine Waldpartie wie in ein grüntape-
ziertes Zimmer, worin sie von den Gewächsen großäugig,
still dreinschauend angeschaut wurde, bald flog und tän-
zelte sie mit ihren ausgezeichneten Beinen, die ihr wie ein
Naturgeschenk vorkommen durften, über den Rücken
von geduldig und großartig daliegenden Bergen, die eigens wie für die Badende erschaffen worden zu sein schienen. Unter weißschimmerndem Gestein streckte sich das
Meer aus, dessen helle und schwarze, glühendrote und
kalte Bläue unbegreiflich blau war. Das Meerblau flackerte,
loderte, jauchzte und glich wieder einer vor Entzücken in
unbeweglicher Ruhe verharrenden, wundervollen Fau-
lenzerin. Wie war es möglich, daß das Meer so meerartig,
die Meerwirklichkeit so traumhaft auszusehen vermochte,
als befände man sich gegenüber einem Gemälde, an dessen Schönheit man soundso oft gedacht, das man vielleicht
zum erstenmal in einer Bilderausstellung angetroffen
hatte? Bald trug sie einen Hut, bald keinen; sie besaß wenige, aber kleidsame Kleider, und wenn sie sich einer gewissen Eingebildetheit zu überlassen für gut fand, strahl-
ten ihre Augen wie der Himmel über der Badegegend und
lächelten ihre schlanken Hände auf Blumen- oder Schmet-
terlingsart. An den Rand von Buchten gelagert, lagen kin-
derspielsachenähnliche, kleine, zierliche, wunderliche,
gleichsam vollkommen unnütze Städte, aus dem und dem
längst entflohenen, interessanten Jahrhundert abstam-
mend. Herrlich, ich meine, tief-demütig, spiegelten sich
Häuser, die sich ihres Überliefertheitswertes keineswegs
bewußt zu sein schienen, im bildwiedergebenden, uralt-
treuen Wasser ab. Treu zu sein, war leicht, und naß zu
sein, war von ganz wässerlicher Natürlichkeit oder natür-
licher Feuchtelei. Wer vermag zu erzählen, was das Wasser ist, aus was es besteht, woher es kommt. Die Badende

badete ebenso gern in den Strömungen und Erfrischungen der Luft als in der sich aus durchsichtigen, klaren, nassen Massen zusammensetzenden Flut, die sich still verhielt wie eine sanfte, gewaltige Ebene, wie der immens schöne Boden eines fabelhaft großen Prachtgemaches, wie eine sauber gereinigte Straße, woran kein Mensch zu arbeiten nötig gehabt hatte. Ihr Stübchen war zu warm, als daß sie häufig Gebrauch davon hätte machen mögen. Eine Bank aus der Biedermeierzeit im Gärtchen vor dem Häuschen lud abends zum Sitzen ein, wie sich schmale Wege, die in die umliegende Landschaft führten, zu mittäglichen oder nächtlichen Spaziergängen eigneten.

Am Ufer berührten sich Land und Wasser wie zwei zugleich zaghafte und starke Menschen, denen die Annäherung befremdend und selbstverständlich sei, und über kleine Steine rollten feine, glänzende Wellelein, aber bei Windwetter gab es Wellen, vor deren Kraft man die Badende warnte, die übrigens unter anderm einmal ein regenbogenzustandekommenlassendes Gewitter erlebte. Nach dem Essen mit einem Kätzchen zu tändeln, ausziehende oder heimkehrende Herden träumerisch zu betrachten, sich in den Ton der Dorfkirchglocke zu versenken, Meerfische im Meer schwimmen zu sehen, das Ursprüngliche und Behagliche daran wahrzunehmen, gehörte hübsch mit zum Badeleben, das sich nachts mit einem sterngestickten Mantel schmückte. Wenn sie badete, sah sie sich von nichts als Licht umschwommen und in nichts als in Schwimmendes hineingestellt, und jede Stelle, jedes Plätzchen im Bad glich dem andern. Sie brauchte nicht noch erst schwimmen zu lernen, da sie's schon verstand. Die Badegäste, die Notiz von ihr nahmen, wunderten sich über ihr an Kindlichkeit erinnerndes Alleinsein nicht im mindesten, da es Menschen gibt, denen man zutraut, sie seien wie Künstler im Zufriedensein glücklich, und das Ausgeglichene verstehe sich bei ihnen von selbst, sie seien liebend, ohne zu lieben, freuten sich ohne Freude, und das Vergnügen, das sich verliert und wiederkommt, umgebe ihren Hals wie ein Band.

Das Meer

Das Meer, nicht müde des ewigen Rollens, und Rauschen liegt an der Ostsee, dort wurde mein Bruder geboren, und als ich das erste Mal auf Borkum war, wurde die DDR zugemacht und Brigitte Bardot auf jeder Strandpromenade gesichtet, in Rot und schlank, als Akt, ganz nackt, mit Buchten und Küsten, wie Mutter Teresa kümmerte sie sich um die armen, sehnsüchtig Schmachtenden, die nicht müde wurden, diesen theatralischen Pferdeschwanz wie einen Sonnenaufgang zu bewundern ...

21 Liegestühle, 21 Tage Ferien, Bikini, Bikini, Mini, Nizza und Cannes – und alles hat einmal am Timmendorfer Strand angefangen, und später sind wir an die Adria gefahren, und das Wasser war warm und babyblau, und natürlich hätte ich nichts dagegen, wenn ich jetzt auf einer Luftmatratze auf irgendeinem Ozean läge und Claudia Schiffer auf einem Floß mir entgegenströmte ...

Das Meer, nie müde des ewigen Wellens, und ich, nie müde des ewigen Wollens, wenn ich dort liege, in der ersten Reihe, direkt an der Strandkante, denke ich im Bacardi-Rausch: Was für ein ungeheurer Landschaftsverbrauch, welch eine Vergeudung, ohne die Luft zu verpesten, das ist für uns so hergestellt worden, jederzeit nachzubestellen, und ich finde es gut und schön, daß an uns gedacht wird, daß wir nicht ausgelassen werden, hier schwimmt es, wortlos, hebt sich und senkt sich, atmet, gleich hinter dem Deich ankert es, wie auf einem Bild von Matisse: Ein blauer Strich, eine Andeutung, mehr nicht.

BURKHART LAUTERBACH

Bei Durchsicht eines Fotoalbums

> An dem Strande saß der Knabe ...
>
> *Frei nach Schiller*

In einem klugen Buch jüngeren Datums steht geschrieben, das Foto sei »zur Veranschaulichung von Situationen und Ereignissen der Vergangenheit immer eine vorzügliche Quelle«; und: »Die Vergangenheit scheint so, dank des Realitätsbezugs der Lichtbilder, unmittelbar gegenwärtig zu werden«. Nun denn ...

Im Juni 1953 dürfte ich, zweieinhalb Jahre alt, das erste Mal »die See« gesehen haben. Jedenfalls läßt das Familienfotoalbum diesen Schluß zu: gleich mit sechs Bildbelegen ist unser Sommerurlaub in St. Peter-Ording dokumentiert. Dort hatte ich einen Freund; der hieß Flocki und war der Hund der Alberts, jener Bauernfamilie, in deren reetgedecktem Haus wir, direkt hinter'm Deich, einquartiert waren. Strandwanderungen standen auf dem Pro-

gramm, auch Faul-in-der-Sonne-liegen. Bisweilen trug ich eine zünftige Lederhose.

Ebensoviele Fotos finde ich vor für das Jahr 1954, als unser Urlaubsort Pelzerhaken hieß. In der Mode war man damals offensichtlich nicht so wählerisch; meine Mutter trägt noch denselben Badeanzug wie im Vorjahr: dunkel mit Margeritenmuster. Meine eigene Badebekleidung besteht aus einer weißen Unterhose – oder eben: Adam läßt grüßen.

1958 bis 1960 fuhren wir in Serie nach Dahme, der Ostsee treubleibend. Eine größere Menge Fotos hält das fest. Mittlerweile hatte ich eine Schwester bekommen, deren Haltung zum Wasser sich nicht ganz ausmachen läßt. Ich selbst besitze inzwischen eine Badehose und scheine mich mit dem nassen Element vertraut gemacht zu haben. Auf einem Bild sitzen wir zu dritt auf einer Bank auf einem Steg. Die Sonnenbrille meiner Mutter würde man heute als zutiefst schrill – und daher begehrenswert – empfinden. Die Begegnung mit einer sicher nicht nur seebadspezifischen, aber auch dort attraktiven

Einrichtung ist bildlich festgehalten: ich meine die Eisdiele, die nicht nur uns Kindern Annehmlichkeiten mannigfacher Art bot.

Mit der Schwester im Wasser, von einer Welle überrascht; Vorlesestunde aus einem Bilderbuch, betitelt

»Hopsi Topsi«; die Erprobung der ersten Schwimmweste; die Teilnahme an einem trickreichen Wettrennen beim alljährlichen Kinderfest – die Eltern haben's festgehalten. Für fotografische Betreuung war stets gesorgt, zunächst mit einer einfachen, aber leistungsfähigen Box. Um so erstaunlicher ist es, daß sich im Fotoalbum etliche Bilder finden, die aus einer fremden Kamera stammen. Hier taucht in der Erinnerung ein witziger, aber auch lästiger, bisweilen mit gelbem Pullover und einer gleichfarbenen Pudelmütze bekleideter Strandfotograf auf. Der Typ war einfach überall: meine Schwester und mich drapierte er zu einem netten Paar, im Innern einer fremden Strandburg hockend. Ein andermal hielt er die Familien-Schaufelaktion zur Rettung unserer vom Hochwasser bedrohten Burg fest. Schließlich knipste er einen – wie die entsprechende Bildbeschriftung erklärt – »Ronni aus Berlin« und mich, beide Lufthansa-Wasserbälle haltend. Ein Strandburgenwettbewerb hatte uns diese Gegenstände beschert. Ronni's Ball ist erheblich größer: offensichtlich hat er es der Jury gegenüber besser zu kaschieren gewußt, daß ihm – wie allen anderen teilnehmenden Kin-

dern und Jugendlichen auch – die Eltern kräftig bei der Dekoration der Burg geholfen haben. Ich selbst habe einer der Jurydamen gegenüber treudoof angegeben, daß elterliche Hilfe durchaus im Spiel war. Egal, dieser Strandburgenwettbewerb hat mir bei der Preisverteilung noch ein weiteres Objekt von mittlerweile musealem Wert beschert: eine Wurfscheibe, »Discup« genannt. Und das rund fünfzehn Jahre vor der »Frisbee«-Mode hierzulande!

Apropos Strandburg: es war elterlicherseits streng verboten, anderen Leuten den penibel begossenen und glatt und fest geklopften Schutzwall zu zertrampeln, wie man auch selbst sehr darauf achtete, daß einem niemand die eigene, bestens gepflegte Urlaubsbehausung beschädigte.

Passierte derartiges doch, so gab es mitunter heftige Wortwechsel zwischen den Kontrahenten. Immer wenn es ein nächtliches Feuerwerk zu bestaunen gab und viele Leute sich, um besser sehen zu können, den Strand als Beobachtungsstandort aussuchten, wurden die genannten Verbote jedoch radikal gebrochen, ohne Absicht natürlich; es war halt dunkel. Einige Male haben meine Schwester und ich derartige abendliche Strandbesuche dazu benutzt, uns von den Eltern zu entfernen und fremde Burgen mutwillig zu zerstören – warum nur?

Urlaub an der See hatte in meinem ersten Lebensjahrzehnt in einem Fall andere Qualitäten, solche, die nicht mit dem Geruch von Sonnencreme, mit dem Reklamezeppelin, mit Minigolf und Kurkonzert, Paddeln und Tretbootfahren, mit Lesehalle und Kurmittelhaus, »Der Schatz im Silbersee« als Belohnung für den Freischwimmer, mit Taucherbrille und Ausflugsdampfer in Verbindung zu bringen waren. 1958, im November und Dezember, hatten Kinderarzt und Krankenkasse das Hamburger Großstadtkind dazu verdonnert, zwecks allgemeiner ge-

sundheitlicher Aufrüstung einen mehrwöchigen Aufenthalt in einer sogenannten Kindergesundungsstätte in Westerland auf Sylt zu verbringen. Da ging es natürlich anders zu als im sommerlichen Familienurlaub: spannende lange Wanderungen, im als gräßlich erinnerten braunen Trainingsanzug mit gelben Schultereinsätzen, viel Sport und Spiel, viel Ruhe, viel Musizieren, viel Basteln, viel Essen, viel Gemeinschaft; auch: eine Fahrt mit der Inselbahn. Zum Zweck der kraftvolleren Gesundung durfte ich ab einem bestimmten Zeitpunkt jeden Morgen, zwischen Frühstück und Ausrücken zum Wandern, in der Küche aufkreuzen, um dort einen Becher Sahne pur austrinken zu müssen. Irgendwann bin ich dann wirklich krank geworden; irgendwann, ich mußte immer noch das Bett hüten, ist dann der neue Kugelschreiber ausgelaufen und hat nicht nur die Hände, sondern auch die Bettdecke kräftig eingefärbt – oh weh! Überflüssig zu sagen, daß es von derlei Ereignissen keine Erinnerungsfotos gibt.

MARCEL PROUST

Die Strandpromenade

Es war die Stunde, da Damen und Herren täglich ihren Spaziergang auf der Strandpromenade machten, dem unerbittlichen Blitzen des Stiellorgnons ausgesetzt, das, als hätten sie irgendeinen Makel an sich, den sie in den kleinsten Einzelheiten zu untersuchen vorhabe, die Frau des Gerichtspräsidenten auf sie richtete, die stolz vor dem Musikpavillon inmitten jener gefürchteten Stuhlreihe thronte: dort, wo jene anderen selbst gleich darauf, aus Schauspielern nunmehr zu Kritikern geworden, sich niederlassen würden, um ihrerseits die Vorübergehenden zu beurteilen. Alle diese Leute, die die Strandpromenade entlanggingen, schlingerten, als befänden sie sich an Deck eines Schiffes (denn sie konnten ihre Beine nicht heben,

ohne gleichzeitig die Arme zu bewegen, die Augen zu ver-
drehen, die Schultern zurechtzuschieben, durch einen
ausgleichenden Ruck der entgegengesetzten Seite der auf
der anderen vollführten Übung zu entsprechen und im
Gesicht vor Anstrengung rot zu werden), und taten, um
den Anschein zu erwecken, als kümmerten sie sich gar
nicht um die anderen, obwohl sie insgeheim achtgaben,
nicht an sie anzustoßen, ganz so, als ob sie die Personen,
die an ihnen vorübergingen oder ihnen entgegenkamen,
überhaupt nicht sähen; tatsächlich aber rannten sie dennoch gerade gegeneinander an oder blieben aneinander
hängen, weil sie beiderseits der Gegenstand solcher unter
dem Anschein der Nichtbeachtung versteckten Aufmerksamkeit gewesen waren.

ROBERT FROST

Weder weit noch tief

Neither Out Far Nor In Deep

Die Sommergäste im Sand
Haben alle den gleichen Dreh.
Sie drehn den Rücken zum Land
Und blicken hinaus auf die See.

Wie es vorüberweht!
Ein Schiff hebt Bug und Gatt.
Und eine Möwe steht
gespiegelt im spiegelnden Watt.

Mag sein, es geht an Land
Abwechslungsreicher her –
Das Wasser rinnt zum Strand,
Und die Leute schaun aufs Meer.

Sie sehen nicht sehr weit,
Und auch sehr tief sehn sie nicht,
Aber das stört sie, du liebe Zeit,
niemals in ihrer Sicht.

EDUARD VON KEYSERLING

Das Meer schläft nicht

Der Morgen dämmerte, als Doralice erwachte. (...) Sie
sprang aus dem Bette und kleidete sich an. Als sie draußen auf die Düne hinaustrat, wehte ein lebhafter, kühler
Seewind ihr entgegen. Über einen blaßblauen Himmel
zogen eilige hellgraue Wölkchen und auf dem Meere ho-
ben sich die Wellen ohne Schaum, groß und grüngrau,
ein mächtiges, stilles Atmen, erst näher dem Strande wurden sie lebhafter und ließen die weißen Schaumtücher
flattern. Dieses Atmen des Meeres erinnerte Doralice an
etwas, was war es? Ach ja, an Hans, an seine Brust, die
sich dort in dem Zimmer eben ruhig und kraftvoll hob
und senkte. Sie begann am Strande entlangzugehen, der
Wind fuhr ihr in die Röcke, er trieb sie, sie spürte es deutlich, wie er zu kleinen Stößen ausholte, bald von hinten,
bald von der Seite sie anfiel und das war ein köstlich er-
frischendes Spiel, so muß es den Wellen zumute sein, sie
wiegte sich im Gehen; es war ihr, als wogte sie, jetzt fuhr
ihr ein stärkerer Windstoß in die Haare, schüttelte sie.

46

Doralice machte einen Satz, stieß einen lustigen kleinen Schrei aus. Jetzt brande ich, jetzt brande ich, dachte sie. Über ihr antwortete ein schriller Ruf, eine große weiße Möwe hing über dem Wasser, sie schlug mit den Flügeln, warf sich wie von plötzlicher Lust berauscht auf das Wasser nieder und schwamm dort, ein kleiner weißer Punkt auf dieser wogenden grüngrauen Seide. Vor den Fischerhäusern auf der Düne standen Fischerfrauen, ihre grauen Röcke, ihre roten Tücher flatterten und sie schützten die Augen mit der Hand und schauten auf das Meer hinaus nach den Männern, die in der Nacht zum Fischfang hinausgefahren waren.

Als Doralice um den Vorsprung einer Düne bog, sah sie den Geheimrat von Knospelius, der vor ihr her den Strand entlangging. Im gelben Leinenanzug, den Panama im Nacken, einen schönen gelben Setter neben sich, holte er mit dem dicken Spazierstock weit aus, machte große Schritte, warf sich in den Schultern hin und her, hatte, wie es Verwachsene lieben, die Bewegungen starker, großer Leute. Als er Schritte hinter sich hörte, wandte er sich um, er grüßte sehr tief, und das große, bleiche Knabengesicht lächelte. Da es schien, als wolle er etwas sagen, blieb Doralice stehen. »Guten Morgen, gnädige Frau«, begann er und schaute mit seinen stahlblauen Augen scharf und aufmerksam hinauf in Doralices Gesicht, »schon vor Sonnenaufgang auf dem Posten?«

Doralice errötete und lachte: »Es ist Ihnen wohl entfallen, Exzellenz, daß das letztemal, als wir uns sprachen, Sie mir dasselbe sagten, auch so etwas von auf dem Posten stehen.«

»So, so« meinte Knospelius, »möglich, ich interessiere mich für diese Sachen. Sie haben ein gutes Gedächtnis. Darf ich Sie einige Schritte begleiten, gnädige Frau?«

Sie nickte, obgleich es ihr nicht recht war, dieses kleine Ungeheuer neben sich zu haben, das sie von unten auf ansah, unbekümmert, wie man einen Kupferstich, nicht wie man einen Menschen anschaut. Im Gehen sprach er mit tiefer Stimme, deren Metall ihm selbst zu gefallen schien. »Mit dem Schlafen, meine Gnädige, scheint es Ihnen hier auch nicht recht gelingen zu wollen.«

»Doch«, meinte Doralice, »nur die anderen alle sind so früh auf, die Fischersleute, die Hähne, nun und das Meer schläft ohnehin nicht.«

Knospelius lachte jetzt sein lautloses Lachen: »Ja, ja, hier ist Betrieb, hier kann man was lernen.« (…)

Der Himmel wurde jetzt farbig, die Wolken am Horizont bekamen dicke goldene Säume, und eine Welle von Rot übergoß den Himmel. Auch in das Graugrün des Meeres mischten sich blanke Fäden, und die Höhlungen der brechenden Wellen am Strande füllten sich mit Rosenrot, und plötzlich begann das Meer weiter dem Horizonte zu ganz in Rotgold zu brennen. Knospelius blieb stehen und machte mit seinem langen Arm eine große Bewegung auf das Meer hinaus, als wollte er das Meer vor Doralice ausbreiten.

»Sehen Sie«, sagte er, »das ist nun der allmorgendliche Farbenspektakel. Eine hygienische Maßregel. Die Natur wird ganz rücksichtslos da mit all diesem Rot und Gold überschüttet. Das soll anregen, wie uns die Morgendusche oder der Morgenkaffee.« (…)

Doralice sah ihm einen Augenblick zu, dann wandte sie sich mit einem kurzen »guten Morgen« ab und ging schnell weiter. Jetzt hatte sie Eile, bei Hans Grill zu sein. Da kam er ihr schon entgegen in seinem weißen Leinenanzug, das Badetuch über der Schulter, das Gesicht rot und über und über lächelnd. Wie er sich freut, mich zu sehen, dachte Doralice, und sie fühlte diese Freude wie etwas, das sie plötzlich erwärmte. Hans legte seinen Arm um ihre Taille, nahm sie an sich, wie man sein Eigentum an sich nimmt. Er hatte schon gebadet, er roch nach Seewasser. »Kalt war's«, berichtete er, »aber das liebe ich, wenn die Wellen einen ins Fleisch zwicken, willst du nicht auch baden?« Nein, Doralice wollte später baden.

»Ich weiß, ich weiß«, meinte Hans, »du liebst es, wenn das Meer eine lauwarme Tasse Tee ist. Schön, schön. Aber hungrig sind wir, ich habe Agnes gesagt, daß sie für jeden von uns wenigstens vier Eier bereithalten soll.« (…)

Es folgten sich Tage mit unbewölktem Himmel und unerbittlichem Sonnenschein. Überall lag dieses heiße grelle Licht, es schwamm und zitterte auf dem Wasser, es sprühte auf dem Sande, erweckte Funken auf den Kieseln und auf den harten Stengeln des Strandhafers und der Seggen. (…)

Unten am Strande gingen ganz stille Liebespaare hin, sie gingen mit herabhängenden Armen nebeneinander her, träge die Füße über den Sand ziehend. Was sollten sie sich sagen, hier hatte immer seit Menschengedenken das Meer das Wort und wozu ihm unnütz dreinreden.

Doralice und Hans wohnten jetzt fast den ganzen Tag in einer Einsenkung der Düne. Hans spannte dort seinen Malschirm aus, breitete eine Decke über den Sand, auf der Doralice liegen konnte, er selbst saß vor seiner Staffelei und malte das Meer. »Das ist das einzige«, behauptete Grill, »wir müssen es machen wie die Hühner, die sich Erdlöcher machen und sich kühlen.«

Doralice schloß die Augen und murmelte, fast zu faul, um die Lippen zu bewegen: »Ganz still liegen, sich nicht bewegen, denn, spürst du das auch? In uns da zittert und flackert es immer so wie der Sonnenschein auf dem Wasser. Das macht müde.«

»Gut, gut, lieg nur still«, sagte Hans väterlich und beruhigend. Sie schwiegen eine Weile, bis Hans seinen Pinsel fortwarf und sich auf den Sand ausstreckte.

»Es will und will nicht werden«, sagte er ärgerlich. Doralice öffnete die Augen und schaute das Bild auf der Staffelei an und meinte: »Warum, es ist ja ganz gut, das ist durchsichtig, das ist grün.«

Hans fuhr auf, erregt und eifrig. »Durchsichtig und grün. Ein Stück Glas ist auch durchsichtig, ein Stück Stoff kann grün sein. Nein, das ist noch kein Meer. Das Meer muß gezeichnet werden, siehst du, nur die Linie hat Bewegung und Leben. Ich kann dein blaues Kleid malen, nichts Leichteres als das, aber es so zu malen, daß jeder sieht, du steckst da drin unter dem Blauen, das ist die Kunst. Im Meer steckt eben auch unter dem Durchsichtigen und Grünen etwas, das lebt und sich bewegt, und *das* ist eben das Meer.« (…)

Die Septembertage waren hell, dabei wehte ein frischer Nordost. Die Wolken ballten sich zu großen weißen Inseln zusammen und zogen schnell über den Himmel, und ihre Schatten liefen dunkelgrün über das grüngraue Meer. Am Ufer war alles in beständiger Bewegung, die harten Halme auf den Dünen zitterten, die zum Trocknen aufgehängten Netze und Fische wiegten sich und die Röcke und Tücher der Fischersfrauen flatterten.

»Ich habe, wie Sie wissen, meinen Abschied genommen«, sagte der Geheimrat Knospelius zu Hans, während sie langsam dem Winde entgegen am Meere spazierengingen, »ich habe genug gerechnet, und ich finde, daß meine Tage vollkommen befriedigend mit dem Kämpfen gegen den Wind ausgefüllt werden.«

»Mich ärgert dieser Wind«, meinte Hans. »Sie wissen, ich male das Meer, ich male es den ganzen Tag, wenn ich es nicht gerade studiere. Nun, bei diesem Winde sitzt das Meer schlecht, es hat alle fünf Minuten ein anderes Gesicht.«

»Das kann ich mir denken«, bemerkte Knospelius. »Die Mutter Wardein ist bequemer, die sitzt da wie eine aus Holz geschnittene heilige Anna.«

Hans, von seinen Gedanken hingenommen, fuhr eifrig fort: »Überhaupt eine verteufelte Geschichte mit diesem Meere, es läßt sich nicht fassen, ich kriege die Logik seiner Linien und Bewegungen nicht heraus, sein Durchschnittsgesicht, wissen Sie, denn bei dem Porträt muß ich mir in dem Modell ein Durchschnittsgesicht konstruieren, das die Möglichkeit aller Augenblicksgesichter in sich schließt. Nun, bei dem Meere bringe ich es nicht fertig, und ich studiere es doch in- und auswendig. Ich schwimme Stunden in ihm herum, ich fahre auf ihm bei

Tag und bei Nacht, ich beschleiche es zu allen Tageszeiten. Wahrhaftig, es wird für mich zu einer Art Besessenheit.« (…)

Um Mitternacht erwachte Doralice von einem starken Geräusch, das im Zimmer um sie her sich vernehmen ließ. Das Meer rauschte stark, so stark, als stünde das Häuschen mitten in den Wellen. Dazu war es, als ob alle Gegenstände im Zimmer sich bewegten, die Sachen auf der Toilette klirrten, der Waschkrug schnurrte leise vor sich hin, die Tür klapperte. Draußen aber über dem Dache schienen schwere Gegenstände sausend durch die Luft zu fahren, zuweilen kam ein Pfeifen, ein ausgelassenes, höhnisches Pfeifen, als jagte dort irgendwo ein Gassenbube durch die Luft. Oder ein Klagelaut kam schrill und verzweifelt, und plötzlich wurde all das übertönt von dem mächtigen Rollen und Krachen des Donners. Doralice sprang aus dem Bett und lief an das Fenster des Wohnzimmers. Die Nacht war ganz schwarz und schien voll wilden Getümmels, ein Blitz zuckte auf und zeigte für einen Augenblick in einem blauen Lichte das seltsam veränderte Meer. Es erhob sich dort wie große schwarze Mauern, Mauern, die schwankten und stürzten, und überall lag es auf ihnen wie bläulicher Schnee. Doralice hatte Angst, nur das, keinen anderen Gedanken als nur diese Angst, die uns treibt, uns zu verbergen, zu verkriechen, nach Hilfe zu rufen. Das Zimmer wurde hell, Agnes stand da, die Lampe in der Hand, und die gelben Augen der alten Frau sahen Doralice starr und böse an. Da begriff Doralice. »Hans«, murmelte sie.

»Ja, bei diesem Wetter auf dem Wasser zu sein«, sagte Agnes scheltend, »hat man so was gehört, und mit diesem Saufaus von Steege, der zu faul ist, um sein Boot ordentlich zu halten.« (…)

In der Nacht hatte sich der Sturm gelegt. Der Regen dauerte noch den ganzen Vormittag des nächsten Tages an, erst am Nachmittage hörte er auf. Doralice ging zum Strande hinab, eilig, als warte dort jemand auf sie, die Wellen hatten den Strand aufgepflügt, ihr Fuß sank tief in

Algen und Seetang ein. Unter dem eisgrauen Himmel lag das Meer weiß von Schaum wie kochende Milch. Sehr aufgeregt waren die Möwen, sie schossen hin und her und stritten sich mit ihren schrillen, keifenden Stimmen. Das war wild und grausam, aber man konnte hier wenigstens atmen. Doralice hörte hinter sich eilige Schritte nackter Füße über den Seetang laufen. Die Steegin war es, die sie einholte und sich ihr anschloß. Sie sprach und klagte unausgesetzt: »Nein, die kommen nicht mehr heraus, die Mutter Wardein sagt das auch. Dort weit muß eine Stelle sein, von der sie nicht mehr zurückkommen. Dort unten müssen Spalten und Höhlen sein oder, was kann man wissen, was sie dort hält. Der Wardein Mathies kam auch nicht heraus.« Und während die beiden bleichen Frauen eilig am Strande hingingen, schauten sie mit weitoffenen Augen suchend und angstvoll auf das Meer hinaus.

HARALD KIMPEL / JOHANNA WERCKMEISTER
Die Strandburg

Der übersehene Architekturtypus

Intensiv hat sich die Architekturgeschichtsschreibung des 20. Jahrhunderts um öffentliche wie private Bauaufgaben in Vergangenheit und Gegenwart gekümmert: Burg und Bürgerhaus, Schloß und Kathedrale, Gefängnis und Theater, Rat- und Krankenhaus, Brücke und Tunnel sind funktional sortiert, in ihrem spezifischen Formenaufwand analysiert und in ihrer historischen Bedeutung gewürdigt. Und parallel zu diesen Bemühungen gegenüber der Hochkultur haben sich Volkskunde und Feuilleton den vielfältigen Erscheinungsformen des Alltagslebens und dessen kulturellen Hervorbringungen gewidmet.

Vollständig durch die Maschen der wissenschaftlichen wie journalistischen Betrachtungsraster gefallen scheint jedoch eine Bauform von enormer Popularität und Häufigkeit: die Strandburg, jene kulturelle Manifestation, die überall dort entsteht, wo eine konkrete massentouristische Bedürfniskonfiguration und bestimmte natürliche Gegebenheiten zusammentreffen. Wann immer nämlich der seit dem Ende des 19. Jahrhunderts aufblühende »Fremdenverkehr« (durch die zuständige Wissenschaft definiert als »die lokale oder gebietliche Häufung von Fremden mit einem jeweils vorübergehenden Aufenthalt«) die Küstenstriche von Nord- und Ostsee mit Erholungssuchenden überschwemmt, ereignet sich das Phänomen Strandburg als unabdingbarer Bestandteil des öffentlichen Badevergnügens.

Der Grund für die Totalität aber, mit der diese Zeugnisse von Kreativität und handwerklicher Kunstfertigkeit aus den Medien des kritischen Kommentars ausgeklammert werden, liegt in ihrer Anonymität und Vergänglichkeit. Denn weder können die Namen illustrer Baumeister oder Auftraggeber mit den gefälligen Konstruktionen in Verbindung gebracht werden, noch sind die Gebilde von Touristenhand mit derjenigen zeitlichen Dauerhaftigkeit ausgestattet, die eine historische Betrachtungsweise begründen könnte: Wer nach Jahr und Tag seine Kreation wieder aufzusuchen wünscht, wird kaum mehr Spuren seiner vorjährigen Aufwendungen finden.

Noch immer also warten die flüchtigen Beispiele eines saisonbedingten Baubooms, die von den konservierenden Maßnahmen der Denkmalpflege nicht erfaßt werden, auf angemessene Würdigung. Ihr kurzlebiger Charakter läßt sie die Schwelle des historischen Blickes nicht passieren; ihr doppeltes Manko – aus Sand, auf Sand – macht sie anfällig für das Vergessen.

Charakteristisch für den übersehenen Architekturtypus ist außerdem der Umstand, daß er während seiner

Stichwort »Badestrand«
Aus: Der große Duden. Bildwörterbuch 1938

Der Badestrand (im Seebad)

1 die Düne
2 der Dünenweg
3 der Strandhafer
4 der Stacheldrahtzaun
5 die Bank (Ruhebank)
6 der Sonnenschirm
7 der Sandstrand (Strand)
8 der Strandweg (ein Bohlen-
9 der Bademantel   ⌊weg)
10 der Strandanzug
11 die Strandtasche
12 das Kopftuch
13 der Badeschuh
14 der Badeanzug (Schwimm-
   anzug, Bade-, Schwimmtrikot)
15 die Badehose (Schwimmhose)
16 das Badetuch (Badelaken)
17 die Bademütze (Badekappe,
   -haube)
18 das Badecape (Cape, der Um-
   hang)
19 die Schwimmweste (Kork-
   weste, der Schwimmkorken,
   Korkgürtel)
20 der Bock
21 der Badewärter (Strandwärter)
22 der Karren
23 der Rettungsring
24 die Warnungstafel
25 der Kahn (Nachen, das Boot)
26 der Strandschuh
27 der Strandkoffer (ein Hand-
28 der Zeitball   ⌊koffer)
29 der Fahnenmast (die Fahnen-
   stange)
30 der Photoladen
31 die Rettungsstation
32 das Strandzelt
33 die Strandburg (Sandburg)
34 der Strandkorb
35 der Wimpelmast mit den
   Wimpeln
36 das Gummitier (Badetier)
37 die Buhne (Strandbuhne,
   Stake, Schlenge, Kribbe,
   Höfte, Wuhre, das Stack,
   Wuhr, der Abweiser)
   a die Buhnenwurzel
   b der Buhnenkopf
38 die Möwe

39 die Verbotstafel
40 die Strandplastik
41 das Ringtennis
   a der Ring
42 der Badekarren
43 das Wellenreiten
   a das Motorboot
44 die Sandbank
45 das Halteseil (Haltetau)
46 die Uferwellen (Strandwellen,
   Wellen)
47 die Badeanstalt (Schwimm-
   anstalt, das Strand-, Schwimm-
   bad)   ⌊nen)
   a die Badezellen (Badekabi-
   b die Rutschbahn (Wasser-
   rutschbahn)
   c der Sprungturm (Spring-
   turm)
48 die Strandtreppe (Treppe,
   Stiege)
49 die Strandpromenade (Promenade, der Promenadenweg),
   auf der gerade ein Blumen-
   korso (Korso) abgehalten wird
50 der Musikpavillon (in dem
   die Kurkapelle spielt)
51 das Strandhotel (Kurhaus,
   -hotel, Kasino)
52 das Fremdenheim (die Pension)
53 das Kartenverkaufshäuschen
   mit Wartehalle
54 die Landungsbrücke (See-
   brücke, der Landungssteg)
55 der Fischerkahn (das Fischerboot, Boot, der Kahn)
56 die Fischernetze (Netze; zum
   Trocknen aufgespannt)
57 das Fischerdorf (Stranddorf)
58 die Wanderdüne (Düne)
59 der Windflüchter (der vom
   Wind gebogene Baum)
60 der Blockstrand
61 die Mole (der Steindamm,
   Damm, Wellenbrecher)
62 der Leuchtturm
63 das offene Meer (die See)
64 der Dampfer (das Dampfschiff)
65 die Rauchfahne
66 das Flugzeug

mehr als hundertjährigen Aktualität keine nennenswerte Formentwicklung aufweist. Im Augenblick seines ersten belegbaren Auftretens ist er mit all seinen wesentlichen Merkmalen sogleich vollständig präsent. Seine Entwicklungsgeschichte vollzieht sich weniger auf der Ebene seiner formalen Eigenschaften, als vielmehr der seiner ideologischen Funktionen. (...) Denn was sich auf den ersten Blick wie das harmlose Treiben von Alltagssorgen entlasteter Menschen ausnimmt, erweist sich bei näherer Hinsicht als gesellschaftliches Verhalten von vielfältiger sozialgeschichtlicher Aussagekraft und erstaunlichem Symbolgehalt. (...)

Distanz und Nähe

Wenn am ersten der schönsten Tage des Jahres die Familie erwartungsvoll ausrückt – Schanzzeug im Gepäck, schwereres Gerät vor Ort entliehen –, derjenigen Stelle näherzutreten, an der die überwiegende Zeit der kommenden Urlaubsphase verbracht werden soll, geht es um mehr als die Suche nach einer vorübergehenden Aufenthaltsmöglichkeit unter Seinesgleichen. Vielmehr gilt es, einen Standort zu gewinnen, von dem aus sich die übrige Ferienwelt organisatorisch und emotional erschließen läßt: eine Basis des sommerlichen Treibens, Ausgangs- und Rückzugsort aller Aktivitäten, die das Urlaubsleben ausmachen. Die Festlegung dieses Mittelpunktes im subtilen Geflecht der räumlichen und gesellschaftlichen Relationen am Strand wirkt sich entscheidend auf die Lebensqualität der folgenden Tage aus. Denn als zentrales Element der Kommunikationsstrukturen ist die Strandburg unerläßliches Instrument zur Anpassung des einzelnen bzw. der familiären Kleingruppe an die spezifischen sozialen Verhältnisse der Freizeitlandschaft.

Wesentliches Merkmal eines derartigen Knotenpunkts im zwischenmenschlichen Beziehungssystem der Urlauber ist die Kombination zweier Primärfunktionen, die – freilich nur auf den ersten Blick – einander auszuschließen scheinen: Jede Strandburg entwickelt einen eigentümlichen Doppelcharakter von Abgrenzung und Kommunikation, von Distanzierung und Annäherung, von Individualität und Konformismus.

Zunächst dient der Sandwall dem Bedürfnis der Strandbelegschaft nach Abstand. Denn um seine persönlichen Vorstellungen von Erholung in der Menge der Gleichgesinnten optimal verwirklichen zu können, muß sich jeder Urlauber möglichst seine Nachbarn vom zu bräunenden Leib halten.

Im Gedränge der Mitkonkurrenten um einen optimalen Platz an der Sonne schafft sich der erholungsbedürftige Badegast Raum – verstanden als den »Spielraum, den der Mensch braucht, um sich frei zu bewegen« (Otto Friedrich Bollnow). Auf der Suche nach Entspannung geht der Tourist auf Distanz, indem er eine Barrikade gegen seinen Nächsten errichtet; er agiert in den Grenzen einer Welt, die er persönlich abgesteckt hat, er definiert seinen Aktionsradius, innerhalb dessen er zu sich selbst zu kommen hofft. Sein Ziel ist die Vereinzelung in der Masse. Der Zweck des Arbeitens am Strand liegt also im Erlangen von Kontrolle über einen begrenzten Abschnitt, der mit einer Hemmschwelle gegen Annäherungen umgeben wird. Mit der Schaffung eines überschaubaren Bezirks legt sich ein magischer Zirkel um die Erholungsinsel, innerhalb dessen alles Geschehen dem eigenen Kommando gehorcht und die Dinge den eigenen Maßstäben unterworfen sind. (…)

Wenn nun aber die Intimsphäre durch Umwallung gesichert ist, können die Parzellenbesitzer darangehen, ihr Terrain nach eigener Fasson herzurichten. Eine reichhaltige Ikonographie beginnt sich unter Verwendung von Muscheln, Steinen und Strandgut aller Art insbesondere auf den Außenseiten der Einfriedungen zu entfalten. Ihre motivischen Anregungen verdankt diese urlaubsspezifische Ornamentik neben der eigenen Herkunft (»BERLIN«, »STUTTGART« …) unter anderem auch den Attraktionen der unmittelbaren Umgebung (Marine-Ehrenmal

LABOE ...), Aktualitäten des Tages (Olympische Spiele, Fußball-Weltmeisterschaft ...), dem nautischen Kontext (Schiffe, Anker ...), der maritimen Fauna (Fische, Robben, Wale, Seepferdchen ...) und der sagenhaften submarinen Bevölkerung (Nöcks und Nixen, Meeresgötter und -jungfrauen ...), zuletzt auch den populären Leitfiguren der Medienwelt (Film- und Fernsehstars, Disney-Kosmos ...) sowie den Kronzeugen einer umfassenden Infantilisierung der Welt (Mainzelmännchen, Schlümpfe ...). Eine Inspirationsquelle von andauernder Beliebtheit geben darüber hinaus die deutschen Volksmärchen ab. (...)

Was also als Barriere entsteht, wandelt sich im Zuge seiner dekorativen Ausstattung in ein Mittel individueller Repräsentation: in ein verbindendes Element, mit dessen Hilfe Fremde zueinander in Beziehung treten. Die Strandburg gibt sich als Medium zu erkennen, in dem sich das Bedürfnis nach Distanzierung mit dem nach Selbstdarstellung verbindet. Über den Wall hinweg kommt der Badegast mit seinesgleichen in Kontakt; aus der Sicherheit der eigenen Einflußzone wird gegenseitiger Umgang möglich. Hinter dem abweisenden Grundcharakter der Anlage tritt also die Aufforderung zur Kontaktaufnahme hervor – wenn auch oftmals nur eine pauschale Verbrüderungsgeste die generelle Bereitschaft zu kommunikativem Handeln signalisiert: »BERLIN GRÜSST SCHLESWIG-HOLSTEIN«. (...)

Die jurierte Kreativität

Unwohl würde sich der konkurrenzgewohnte Erholungsbedürftige fühlen, könnte er nicht auch während seiner Freizeit in Wettstreit mit seinen Urlaubskollegen treten. Der spärlich bekleidete Mensch am Strand, allen anderen gleich, sucht unverzüglich solche Gleichheit vor der Natur zu korrigieren. Komplett ist das Reisevergnügen nämlich erst dann, wenn der Ausnahmefall des Urlaubs die alltägliche Normsituation widerspiegelt: wenn selbst unter Freizeitbedingungen die Kriterien der Leistungsgesellschaft aufrecht erhalten werden können, kurz: wenn die Chance geboten wird, sich besser als der Nachbar zu erweisen.

Alljährliche Saisonhöhepunkte seit Beginn der 20er Jahre markieren daher die Burgenbauwettbewerbe, bei denen diejenigen, die das Hobby zum Expertenjob verfeinert haben, ihre Virtuosität in Wort und Bild unter Beweis stellen können. Hier endlich hat das Strandvergnügen sein Image von Unschuld und Harmlosigkeit verloren. Urlaub verwandelt sich stattdessen in Sport, unterliegt dem Drang zum Besserseinwollen. Gefordert ist jetzt der wahre Könner; die Spielereien des dilettierenden Nachwuchses geraten ins Hintertreffen: Wenn der Ehrgeiz im Manne erwacht, wird offenkundig, daß Burgenbauen kein Kinderspiel ist.

Nach einem festen Reglement, das von Ort zu Ort im Hinblick auf Ausmaße, Material, Ausstattung und Motivkanon differiert, entstehen Schaustücke, in denen sich das Burgenbauwesen von seiner bizarrsten Seite zeigt: Prachtbauten, losgelöst von jeder Nutzungsüberlegung, gegenüber denen sich die bewohnten Normalfälle des Badealltags jedenfalls kärglich ausnehmen. Das Ringen um Formvollendung zeitigt Renommierobjekte, die beweisen, wie weit man es bringen kann, wenn man seine Freizeit statt zum Nichtstun zur Herstellung von Schönheit verwendet. Da tanzt kein Körnchen aus der Reihe, keine Muschel verwackelt die Typographie, kein nachlässig ausgeführtes Detail stört das Bild, wenn am Ende der Schöpfer zusammen mit dem Produkt seiner Bemühungen fotografisch festgehalten wird. (…)

Die verarbeitete Freizeit

Ein wesentliches Ziel des Grabens am Strand liegt im Zeitvertreib: in Vorbeugung und Bekämpfung von Langeweile, jenem traditionellen Feriensyndrom, das immer dann auftritt, wenn die eingefahrenen Rituale der Alltagsroutine gegenstandslos geworden und die gewohnten Sinnstiftungsverfahren entfallen sind. Und die durch die unversehens verlorene Mitte des täglichen Lebens entstehende urlaubliche Krisenlage verschärft sich noch in der Monotonie der neuen Umstände: »Der Geist verabscheut die unendliche Wiederkehr«, klagt Paul Valéry angesichts des pausenlos sich reproduzierenden Küstenerlebnisses. Der Mensch an der »gepeitschten Front des Meeres«, die Sinne »zermalmt von dieser ewigen Wiederholung«, muß sich Abwechslung verschaffen von der Wiederkunft des ewig gleichen. Kurzfristig aus den Anstrengungen des Alltags in die Eintönigkeit eines allseits präsenten Einerleis entlassen, fühlt sich manch Verreister gedrängt, die drohende Leere der veränderten Umstände mit vertrauten Inhalten aufzufüllen.

Was hier Abhilfe schafft, ist der Strandburgenbau als Fortsetzung der Alltagsarbeit. Der schon früh erkannte Zusammenhang von Meeresaufenthalt und Langeweile wird zersprengt. Denn wer gräbt, verhindert die aus Untätigkeit erwachsende Melancholie; wer schippt, überwindet die Selbstzweifel des vorübergehend arbeitslos gewordenen Urlaubers durch die mit unbezweifelbarer Funktionalität versehene Aktion. Das Projekt Strandburg ist damit geeignet, der Verweildauer am Meeresrand einen praktischen Sinn zu unterschieben. Der Prozeß ihrer Erstellung und die permanente Pflegebedürftigkeit der von widrigen Begleitumständen bedrohten Anlage ersetzen die Tatenlosigkeit der Beurlaubten durch eine dauerhafte Aufgabe: Mit Beginn des zielgerichteten Handelns ist die Strandexistenz legitimiert, die Ausnahmesituation mit Bedeutung ausgestattet. Der Burgenbau verhindert also das, was Friedrich Nietzsche »Die Posse vieler Arbeitsamen« genannt hat: »Sie erkämpfen durch ein Uebermaas an Anstrengung sich freie Zeit und wissen nachher Nichts mit ihr anzufangen, als die Stunden abzuzählen, bis sie abgelaufen sind.«

Eine wesentliche Funktion dieser Sinnerarbeitung liegt somit in der Abschaffung des Müßiggangs. Denn erst nachdem das voluntaristische Strandleben Züge von Verpflichtung angenommen hat, scheint der Urlaub genießbar zu werden. (…)

Sandburg mit Muschelporträts von Wagner, Weber und Mozart.
Postkarte Wyk auf Föhr, 1921
Altonaer Museum in Hamburg, Inv.-Nr. 1986/4

ROBERT GERNHARDT

Ein Strandduett

Anna: Wind umfächelt unsre Leiber,
   doch wo ist mein Kugelschreiber?
Bella: Ist er weg? Kann ich dir helfen?
Anna: Möglich. Hör: Das Ding war elfen-
   beinern teils, teils rot,
   länglich wie ein Sechspfundbrot –
Bella: So ein Otto? Du – sag bloß …
Anna: Ja, das Ding war riesengroß,
   maß gut einen halben Meter …
Bella: Sooo ein Johnny?

Anna: Stimmt. Der Peter
   schenkte ihn mir in Davos,
   damals war der Teufel los –
Bella: Aber heut steh'n wir am Meer –
Anna: Darum muß der Schreiber her,
   sonst geh'n unsre Urlaubsgrüße
Bella: In die Hüse …
Anna: Hüse?
Beide: Hose!

*Seebäder
an
Nord- und Ostsee*

Saisonbeginn an der Ostsee

Oben an der Nordostküste Deutschlands rollen die Wogen in langen Linien auf den Strand – es ist sehr kalt und frisch, und der Sand ist ganz naß. Horch! läutets da nicht silberhell durch die Lüfte? Du hast dich nicht verhört, herzliebster Leser: ist ers doch, der rosafüßige Frühling, der soeben – mit Genehmigung der zuständigen Wetterwarte – seinen Einzug gehalten hat. Frühling, ja, er ists! Marie, der Lenz ist da – und allenthalben hebt ein geschäftiges Leben und Treiben an und versetzt die biedere Bevölkerung der Wasserkante in die höchste Aufregung.

Die Ostseewirte sind aus langem Winterschlaf erwacht und recken faul die gewaltigen Glieder. Langsam kriechen sie aus den wärmenden Speckhüllen, die sie in der rauhen Jahreszeit vor den Unbilden des unwirschen Klimas geschützt haben, die Fenster fliegen auf, und in riesigen Schwaden entweicht ein trüber Grogdunst in den hellblauen Frühlingshimmel. Kräftige Fäuste packen die Stoffüberzüge, mit denen winters die Wälder zugedeckt werden, zerren daran und reißen sie herunter; die jubelnde Jugend reinigt den Strand und schüttet frischen Sand als Streu für die zu erwartenden Kurgäste auf. Saisonbeginn!

Die fleißigen Gemeindeväter treten zu ernster Beratung zusammen: gilt es doch, die Kurtaxe mit Rücksicht auf den Ernst der Zeit um das Dreifache zu erhöhen und den lieben Gästen das Leben im Ort so angenehm wie möglich zu gestalten. Nachdem noch rasch der Mindestpreis für das Zimmer mit voller Pension (Mittagessen mit einbegriffen, Beleuchtung, Bewässerung, Bedienung und Beschlafung extra) auf 410 Mark festgesetzt worden ist, eilen die wetterfesten Männer an die Arbeit.

Da heißt es, angeschwemmte Strandgutplanken zum Familienbad zusammenzuzimmern, Strandkörbe werden ausgebessert, ja, ein luxuriöser Badeort, dessen Name hier nicht genannt sein soll, trägt sich bestem Vernehmen nach mit der Absicht, einen Rettungsring anzuschaffen. Er soll Ende August eintreffen. Der Strand wird rasch von Quallen und Tang befreit und beides vor die einzelnen Häuser ausgebreitet, zwecks Herstellung der ff. Seeluft. Viele große Badeorte schließen mit Berlin Lieferungsverträge für den kommenden Sommer ab, und große Kisten Flundern rollen aus der Residenz an, wohin sie das fleißige Fischervölkchen verschoben hat. Die Weinkarte (mit Gummizug) wird aktualisiert, auch werden große Sterilisationsapparate aufgestellt, mit denen man Seewasser trinkbar machen kann. Bei dieser Gelegenheit wird der alte Bestand in den Weinkellern aufgefrischt. Waisenkinder verteilen längs des Strandes Bernsteinstücke, die später bestimmungsgemäß von den aufjubelnden Kurgästen gefunden werden. Viele Muscheln erleiden einen qualvollen Tod: sie tragen als Aschbecher und Briefbeschwerer verkleidet, das Bild Hindenburgs und werden mit Recht den daheim gebliebenen Verwandten zum Andenken mitgebracht.

Auf mancherlei Besuch gilts sich einzurichten. Tiere und Menschen suchen in heißer Sommerszeit das kühlende Naß der Ostsee auf – an manchen Orten verkehren auch Sachsen. Zinnowitz läßt auf dem Gemeindehaus ein großes blank poliertes Hakenkreuz anbringen: im dortigen Herrenbad werden Badehosen nur nach vorheriger Revision durch den Badearzt abgegeben. (Es sollen dabei böse Vertuschungsmanöver vorgekommen sein.) Ein herzerfrischender antisemitischer Wind pfeift brausend über den judenreinen Strand des anmutigen Badeörtchens, seine Toiletten sind sämtlich schwarz-weiß-rot angestrichen und mit frommen Wünschen für die Monarchie versehen. Horrido –! Die Stellung kann bezogen werden.

Ein sanfter Zephyr hingegen mauschelt um die geschwungene Bucht Heringsdorfs. »Freya«, der germanische Dampfer, das einzige arische Lebewesen weit und breit, ächzt durch die Fluten; pflichttreu, alt und gebrechlich, hat das wackre Boot, das kurz vor Erfindung der Dampfmaschine in Dienst getreten ist, schon manchen Kummer erlebt. Es ist auch heuer zur Stelle. In den Hotels wibbelt und kribbelt es: einem neu eingetretenen Angestellten, der ein Zimmer aufzuschrubbern versucht, wird vom Direktor seine Ungehörigkeit ernst verwiesen, und der zweite Gemeindevorsteher geht mit seinem Söhnchen spazieren, um ihm eine Fensterscheibe zu zeigen, die er einmal als Knabe eingeschlagen hat. Nach gutem alten heringsdorfer Brauch ist sie bis heute nicht erneuert.

In Mecklenburg hängen sich die Schiffer die Umhängebärte um, die ihnen ein so biderbes Aussehen verleihen, und die übrige Landbevölkerung lernt noch einmal rasch aus dem Polyglott Kuntze das gute Platt, um bei den Preisangaben durch mangelhafte Verständigung mit dem hochdeutschen Kurgast gedeckt zu sein. Ostpreußens Steilküste strahlt in schönster Ausstattung und ist am besten dran: Mücken und Berliner sind daselbst unbekannt.

Auf den Dünen werden die Polizeiverordnungsschilder neu angepinselt: »Das Betreten der Dünen und das Ausreißen derselben ist streng untersagt. Königl. Preuß. Hafenamt. 14. Juli 1876.« (Wie habe ich immer die Leute beneidet, die am 13. Juli 1876 da gebadet haben! Die durften noch!) Rasch werden einige hundert Schilder mit der Aufschrift ›… ist verboten‹ ausgeteilt – die Lücke kann später beliebig ausgefüllt werden. Am Horizont dampft inzwischen das deutsche Kriegsschiff zu Reklamezwecken hin beziehungsweise her. Ganz Berlin kann mit Operngläsern feststellen, wofür es seine dicken Steuern bezahlt …

Die frisch gesalzenen Wogen rollen an den Strand. In einer Reihe, die ganze Küste entlang, stehen die Wirte, großen Raubvögeln gleich, vor ihren Horsten und lauern auf Beute. Sie klappern mit den Schnäbeln, die leeren Kröpfe baumeln im Winde, ab und zu fällt einem von ihnen hinten ein kleiner Prospekt heraus. Sie scharren ungeduldig mit den riesenhaften Fängen im Sande. Und warten.

Sieh! Da naht ein langer Zug ernster Männer dem Strande. Es ist der Landrat von Swinemünde, gefolgt von einer unabsehbaren Reihe Badeort-Delegierter. Von Holstein bis Samland ist alles vertreten. Die Geistlichkeit beider Konfessionen sowie heringsdorfer Kultusbeamte eröffnen den Zug. Fahnen wehen ihnen voran. Die Emma-Möwen kreischen und klacksen kleine Glückwünsche. Der Wind weht. Schulkinder singen. Der Zug steht.

Und hervor tritt der Landrat und hält eine schöne Rede, in der er auf die gute alte Zeit hinweist und darauf, wie grade die Ostsee allezeit treu zum Deutschen Reiche gehalten habe, weil in ihr (früher: auf ihr) dessen Zukunft liege, und weil Nepptun der Gott des Meeres sei. Biegen oder Brechen sei auf See stets die Losung gewesen. Von der Schmutzkonkurrenz der Nordsee wolle er schweigen – hie gut Ostsee allewege! Die Möwen schreien. Die Geistlichkeit spricht Gebete, Messen und Broochen und erfleht vom Himmel eine feiste Saison. Das Meer wird eingesegnet.

Und der Landrat hebt den Zylinder und spricht. Auftakt und Anfangssignal der Sommerzeit 1922: »Hiermit erkläre ich die Ostsee für eröffnet –!«

HEINRICH HEINE

Unsere armen Insulaner

Unsere armen Insulaner (...) stehen an der Grenze einer (...) neuen Zeit, und ihre alte Sinneseinheit und Einfalt wird gestört durch das Gedeihen des hiesigen Seebades, indem sie dessen Gästen täglich etwas Neues ablauschen, was sie nicht mit ihrer altherkömmlichen Lebensweise zu vereinen wissen. Stehen sie des Abends vor den erleuchteten Fenstern des Konversationshauses, und betrachten dort die Verhandlungen der Herren und Damen, die verständlichen Blicke, die begehrlichen Grimassen, das lüsterne Tanzen, das vergnügte Schmausen, das habsüchtige Spielen usw., so bleibt das für diese Menschen nicht ohne schlimme Folgen, die von dem Geldgewinn, der ihnen durch die Badeanstalt zufließt, nimmermehr aufgewogen werden. Dieses Geld reicht nicht hin für die eindringenden, neuen Bedürfnisse; daher innere Lebensstörung, schlimmer Anreiz, großer Schmerz. Als ich ein Knabe war, fühlte ich immer eine brennende Sehnsucht, wenn schöngebackene Torten, wovon ich nichts bekommen sollte, duftig-offen, bei mir vorübergetragen wurden; späterhin stachelte mich dasselbe Gefühl, wenn ich modisch entblößte, schöne Damen vorbeispazieren sah; und ich denke jetzt, die armen Insulaner, die noch in einem Kindheitszustande leben, haben hier oft Gelegenheit zu ähnlichen Empfindungen, und es wäre gut, wenn die Eigentümer der schönen Torten und Frauen solche etwas mehr verdeckten. Diese vielen unbedeckten Delikatessen, woran jene Leute nur die Augen weiden können, müssen ihren Appetit sehr stark wecken, und wenn die armen Insulanerinnen, in ihrer Schwangerschaft, allerlei süßgebackene Gelüste bekommen, und am Ende sogar Kinder zur Welt bringen, die den Badegästen ähnlich sehen, so ist das leicht zu erklären. Ich will hier durchaus auf kein unsittliches Verhältnis anspielen. Die Tugend der Insulanerinnen wird durch ihre Häßlichkeit, und gar besonders durch ihren Fischgeruch, der mir wenigstens unerträglich war, vor der Hand geschützt. Ich würde, wenn ihre Kinder mit badegästlichen Gesichtern zur Welt kommen, vielmehr ein psychologisches Phänomen erkennen, und mir solches durch jene materialistisch-mystischen Gesetze erklären, die Goethe in den »Wahlverwandtschaften« so schön entwickelt.

JOSEPH VON EICHENDORFF

Fürchterlich-schöne Fluthen

Gegen 10 Uhr des Morgens traten wir auf einer Lehnkut-
sche die Spazierfahrt nach Travemünde an, die Krone u.
der höchste Gipfel unserer Reise. Ein anmuthiger Weeg
zwischen Aleen u. Gärten führte uns bis an die Trave, wo
wir auf einer Fähre, die an Thauen fortgezogen wird,
übergesezt wurden. Von hier aus bemerkten wir schon an
allen Umgebungen, daß wir uns in der Nähe des Meeres
befänden. Die Gegend senkt sich immer mehr abwärts,
wird immer wilder u. seltsamer. Kleine Wäldchen von
niedrigem Nadelholtze, streken sich an langen Sümpfen
u. Seen hin, u. Schiffe von bedeutender Größe seegeln auf
der Trave, die sich bey Travemünde ins Meer stürzt, auf
und ab. Mit der gespanntesten Erwartung sahen wir dem
Augenblike entgegen, wo wir das *Meer* zu Gesicht bekommen würden. Endlich, als wir den Gipfel der lezten
Anhöhe von Travemünde erreicht hatten, lag plötzlich
das ungeheure Gantze vor unseren Augen, u. überraschte uns so fürchterlich-schön, daß wir alle in unserem
Innersten erschraken. Unermeßlich erstrekten sich die
grausigen Fluthen in unabsehbare Fernen. In schwind-
lichter Weite verfloß die Riesen-Waßerfläche mit den
Wolken, und Himmel u. Waßer schienen Ein unendliches
Gantze zu bilden. Im Hintergrunde ruhten ungeheure
Schiffe, wie an den Wolken aufgehangen. Trunken von
dem himmlischen Anblike erreichten wir endlich *Travemünde*, ein, fast wie Karlsbad an der Küste erbautes
niedliches Städtchen, welches wegen des dasigen Seebades von Fremden sehr häufig besucht wird. Gleich nach
unserer Ankunft bestiegen wir im Hafen ein Boot, und
ließen uns bis auf die sogenannte *Lübeker Rhede*, d. h. an-
derthalb Meilen in die offne See hinaus schiffen. Mit klop-
fenden Herzen verließen wir die enge Beschränkung des
Hafens, und seegelten in das Unermeßliche hinein. Ver-

gebens suchte unser ungewohntes Auge im Hintergrunde ein Ende, eine Gräntze; einzelne Schiffe nur, die von hier wie Nußschaalen erschienen, schwebten in tiefer Ferne. Ein niegefühlter Schauer überfiel uns bey diesem Anblike, u. wir sahen uns oft genöthigt, unsere Augen von dem herrlichen Schauspiele abzuwenden. Wie zwey Arme streken sich zu beyden Seyten felsige waldigte Landzungen ins Meer hinein. Das Waßer hat durchaus eine schöne dunkelgrüne Farbe, u. ist demohngeachtet so rein, daß wir bis auf den Grund, diese fürchterliche wilde Unterwelt, die wie ein düstres Forst-Gebürge mit Meergrads bedekt ist, hinabschauen konnten, obschon bereits hier (nach eigner Meßung) eine Tiefe von   Klaftern statt findet. Nicht wenig erfreuten uns auch die großen Seepolypen, die auf der Oberfläche herumschwammen.

JOSEPH ROTH

Ostsee-Reise

Die »Saison« – ein Wort, das leider unvermeidlich ist – hat an der deutschen Ostseeküste sehr erfolgverheißend »eingesetzt«. Man unterscheidet auch hier, wie in anderen Weltbädern, eine Vor-, Hoch- und Nachsaison. Die zweite beginnt jetzt, im Juli, die dritte im Spätaugust. Für beide sind so viele Teilnehmer angemeldet, daß die meisten Hotels, Villen und Pensionen keinen Platz mehr zu vergeben haben. Es scheint diesmal ein besonders gewinnbringender Sommer für die Gastwirte und die ansässige Bevölkerung des Ostseestrandes zu werden. Sie verdient es. Der Sommergast, der das Meer und die Küste nur im Sonnenglanz sieht oder schlimmstenfalls einen mehrtägigen Regen erlebt, hat naturgemäß keine Vorstellung von den Schwierigkeiten, mit denen die Bewohner im Herbst, im Winter und den ersten Frühjahrstagen zu kämpfen haben. Die Ostsee ist nicht immer so freundlich wie in den Zeiten der »Saison«. Während die Gäste aus dem Binnenland fern sind, in zivilisierten, sturmfernen Städten den Segen der Kamine und Zentralheizungen genießen, spielt sich an der Küste ein erschütternder Kampf zwischen den Bewohnern und den Elementen ab. Was die nicht übermäßig reichen, kleinen Gemeinden mit viel Geld und Mühe errichten – Brücken, Hütten am Strand, kleine, hölzerne Türme –, vernichtet der Sturm einer einzigen Frühjahrsnacht. Es ist eine Zähigkeit ohnegleichen, die hier erste und wichtigste Voraussetzung des Lebens ist. Ich habe mit Einwohnern gesprochen, sie haben mir von den grausamen, weißen, unendlichen Wintern ihres Lebens erzählt, Wintern, in denen niemand auf die Straße kommt, in denen der Schnee haushoch liegt, die Elektrizität, die Gasbeleuchtung nicht funktionieren, das Wasser in den Brunnen gefriert und am Strande der Sturmwind mit einer so unbarmherzigen Wucht dahinrast, daß ihm kein Lebewesen standhalten kann. Der Sommer bedeutet diesen Menschen mehr als uns eine Gesundung, eine Rekonvaleszenz, eine Auferstehung. In diesen grausamen Wintern haben sie gelernt, schweigsam zu sein, hart, mißtrauisch, stiernackig. Dennoch ruht eine warme Menschlichkeit in ihnen, ihre Gastfreundschaft ist herzlich, ihr Wort einfach, ihr Gruß stumm, aber freundlich. In unserm vielgestaltigen, stämmereichen Deutschland ist diese Bevölkerung eine der interessantesten. Ihre Lieder sind einfach wie der Rhythmus des Meeres, ihre Sprache ist reich an dumpfen Konsonanten, die dem ewigen Brausen Widerstand leisten müssen, um hörbar zu werden. Man kann es diesen Leuten nicht übelnehmen, wenn sie verhältnismäßig hohe Preise verlangen, zurzeit höhere als die Bäder an der Riviera. Die Schönheiten des Ostseestrandes entschädigen für hohe Ausgaben reich-

lich. Die Bäder sind außerdem näher als andere Seekur-
orte, und sie gehören schließlich – uns selbst. Wir fördern
uns, indem wir sie besuchen. Zimmer mit Verpflegung ko-
sten in der Hochsaison 7–10 *Mark pro Tag und Kopf*. In der
Frühsaison sind sie um 2 bis 3 Mark billiger.

Die Ostseebäder vereinigen mehr natürliche Schönheiten als die meisten europäischen Kurorte. Es kennzeich-
net sie eine fast unwahrscheinliche Verbindung von ländlicher Vielfältigkeit und der ewigen Monotonie des Meeres.
Man kann tagelang wandern – und hat zu einer Hand die
See, zur anderen eine Landschaft von kontinentaler, abwechslungsreicher Beschaffenheit. Hügel, Täler, Wälder
und Meer, Meer, Meer. Man erwacht früh, hört die Brandung an der Küste, ein wachsendes und wieder verrau-
schendes Brausen. Kommen und Gehen, Ankunft und
Abschied, den Kuß der Welle, in dem Begrüßung und
Schmerz der Trennung liegt – und gleichzeitig ertönt ein
süßer, millionenfacher Vogelsang, ein fast exotischer Chor,
daß man glaubt, im fernen Süden zu sein. Man stellt sich
vor, daß außer der Stimme des Meeres nur noch der Schrei
der Möwe hörbar sein wird. Aber hier ist der Melodien-
reichtum eines kontinentalen Laubwaldes und kämpft
gegen den eintönigen Rhythmus des Wassers mit verzeh-
render Energie. Und es ist so unwahrscheinlich, Vogelge-
zwitscher und Meeresrauschen gleichzeitig zu hören, daß
man zu träumen vermeint und sich erst langsam an diese
märchenhafte Verbindung disharmonischer Melodien ge-
wöhnen muß.

Man kennt die großen Bäder: *Swinemünde, Heringsdorf,
Bansin, Ahlbeck* besser als die Insel *Rügen*. Die naive Vorstellung von einer »Insel«, die die meisten Binnenland-
menschen beherrscht, verursacht es, daß manche vor Rügen jene leise Scheu empfinden, die man vor schwer
erreichbaren Gegenden hat. Und man muß, obwohl –
oder weil es so selbstverständlich ist, immer wieder be-
stätigen: die Bäder der Insel Rügen sind genauso komfor-
tabel, genauso europäisch, genauso zivilisiert wie jene an
der Küste des Kontinents. Sie haben Elektrizität, Gas,

Wasserleitung, Telephon, Friseure, Bäder, Hotels. Und sie haben noch mehr: nämlich jenes Quentchen unberührter, naiver Natürlichkeit, das dem zivilisierten Städter erst recht eine Erholung von der Kultur garantiert. Man kann sich rasieren lassen, ein Telegramm aufgeben, eine Kapelle hören – und dennoch eine einsame Wanderung durch verzauberte Gegenden unternehmen und einem Fischer begegnen, der aus einem Märchenbuch gestiegen ist. Ja, in *Binz*, dem größten der Rügenschen Bäder, ist es sogar sehr schwer, einer Jazzband zu entgehen. Poetisch veranlagte Naturen und geschickte Reklamefachleute nennen es: »Das nordische Sorrent«. Es hat 20 Hotels und 200 Mietvillen und eine 2 Kilometer lange Strandpromenade, von Schminke, Puder, Atropin, Tennisschlägern und Bügelfalten, Likördielen und Angeheiterten bevölkert; ein Kurhaus mit Tanzgelegenheiten für Smokings und Abendtoiletten; und sogar Hakenkreuzfahnen. Man trifft in *Saßnitz* mit mehr als 26 000 Badegästen zusammen und kann dennoch etwas für die Seele tun und an einem evangelischen wie einem katholischen Gottesdienst teilnehmen. Es liegt in einem Talkessel, durch buchenbewachsene Hügelketten gegen Norden geschützt, und in der Nähe ist *Stubbenkammer*, zu Fuß in etwa 2 Stunden zu erreichen. Der Sand- und Lehmboden wird hier durch *Kreide* abgelöst. Hier ist das Land der alten Seeräubersagen. Die Kreidefelsen sind unwahrscheinlich, sie leuchten in der Nacht gespenstisch, sie sind prädestiniert für Seeräubergeschichten, die Kreidefelsen haben Physiognomie und skurrile Formungen, und es ist ein märchenhafter Widerspruch zwischen der tödlichen Fahlheit des Materials und seinen lebendigen, fratzenhaften Formen.

Wer die Ruhe sucht, Nationaleigentümlichkeit, Idylle – wird die kleinen Bäder *Sellin, Baabe, Göhren, Thießow, Putbus, Lauterbach* aufsuchen. Hier tragen die Kellner weniger steife Hemdbrüste, und die Wirte sprechen plattdeutsch. Hier gackern die Hühner auf den Straßen, und eine schöne Frau darf im Bademantel durch die Stadt wandern. Die dörfische Ruhe wird nur durch einen unschädlichen Marsch der Kapellen hier und da unterbrochen. Keine Jazzband reizt Neptun und die Götter des Meeres. Und wenn du Glück hast, siehst du die alten Mönchsguter in ihren Trachten tanzen. Sie haben selbstgewebte Leinenkleider an, schwarze Röcke, bunte Westen, goldene Ketten und breite, wallende, kurze, weiße Hosen, die um schwere Wasserstiefel schlottern und aussehen wie Glocken. Die Beine sind wie dünne Klöppel – trotz den Stiefeln. Es sind die letzten Tänzer. Die jungen Bauern weben nicht mehr, tanzen nicht mehr. Eine ganze alte Welt versinkt.

Badegästen, die der Politik aus dem Wege gehen wollen, sei Baabe empfohlen, das von dem tüchtigen, klugen und modernen Vorstand Thormann verwaltet wird und das übrigens eines der stillsten und – billigsten Bäder der Ostsee ist. Auch in den anderen Orten ist die einheimische Bevölkerung nicht etwa hakenkreuzlerisch von Natur, und was sich an völkischer Propaganda findet, wird gewaltsam ins Land geschleppt – von den Gästen selbst.

Das *Meer* aber ist ewig, rein und unberührt von dem kindischen und grausamen Spiel der Menschen. Man sieht in die weite Unendlichkeit aus Himmel und Wasser und vergißt. Der Wind, der die Hakenkreuzfahne bläht, weiß nichts von ihr. Die Welle, in der sie sich spiegelt, kann nichts dafür, daß sie entweiht wird. So töricht sind die Menschen, daß sie selbst im Anblick dieser Ewigkeiten nicht erschauern.

THOMAS MANN

Strandleben um 1845 –
Travemünde I

Sie hatte ihren großen Strohhut aufgesetzt und ihren Sonnenschirm aufgespannt, denn es herrschte, obgleich ein
kleiner Seewind ging, heftige Hitze. Der junge Schwarz-
kopf schritt, in seinem grauen Filzhut, sein Buch in der
Hand, neben ihr her und betrachtete sie manchmal von
der Seite. Sie gingen die Vorderreihe entlang und spazier-
ten durch den Kurgarten, der stumm und schattenlos mit
seinen Kieswegen und Rosenanlagen dalag. Der Musiktempel, zwischen Nadelbäumen versteckt, stand schwei-
gend dem Kurhaus, der Konditorei und den beiden, durch
ein langes Zwischengebäude miteinander verbundenen
Schweizerhäusern gegenüber. Es war gegen halb zwölf
Uhr; die Badegäste mußten sich noch am Strande befinden.

Die beiden gingen über den Kinderspielplatz mit den
Bänken und der großen Schaukel; sie gingen nahe am
Warmbadehause vorbei und wanderten langsam über das
Leuchtenfeld. Die Sonne brütete auf dem Grase und ließ
diesen heißen, würzigen Geruch von Klee und Kraut daraus aufsteigen, in dem blaue Fliegen surrend standen und
umherschossen. Ein monotones, gedämpftes Rauschen
kam vom Meere her, in dessen Ferne dann und wann
kleine Schaumköpfe aufblitzten. (…)

Tony stieg behutsam durch das hohe, scharfe Schilfgras,
das am Rande des nackten Strandes stand. Die Reihe der
hölzernen Strandpavillons mit ihren kegelförmigen Dächern lag vor ihnen und ließ den Durchblick auf die Strandkörbe frei, die näher am Wasser standen, und um die Familien im warmen Sande lagerten: Damen mit blauen
Schutzpincenez und Leihbibliotheksbänden, Herren in
hellen Anzügen, die müßig mit ihren Spazierstöcken
Figuren in den Sand zeichneten, gebräunte Kinder mit

großen Strohhüten auf den Köpfen, die schaufelten, sich wälzten, nach Wasser gruben, mit Holzformen Kuchen buken, Tunnels bohrten, mit bloßen Beinen in die niedrigen Wellen hineinwateten und Schiffe schwimmen ließen ... Rechts ragte das Holzgebäude der Badeanstalt in die See hinaus.

THOMAS MANN

Sommerferien an der See! –
Travemünde II

Sommerferien an der See! Begriff wohl irgend jemand weit und breit, was für ein Glück das bedeutete? Nach dem schwerflüssigen und sorgenvollen Einerlei unzähliger Schultage vier Wochen lang eine friedliche und kummerlose Abgeschiedenheit, erfüllt von Tanggeruch und dem Rauschen der sanften Brandung ... Vier Wochen, eine Zeit, die an ihrem Beginne nicht zu übersehen und ermessen war, an deren Ende zu glauben unmöglich und von deren Ende zu sprechen eine lästerliche Roheit war. Niemals verstand es der kleine Johann, wie dieser oder jener Lehrer es über sich gewann, am Schlusse des Unterrichtes Redewendungen laut werden zu lassen wie etwa: »Hier werden wir nach den Ferien fortfahren und zu dem und dem übergehen ...« Nach den Ferien! Er schien sich noch darauf zu freuen, dieser unbegreifliche Mann im blanken Kammgarnrock! Nach den Ferien! War das überhaupt ein Gedanke! So wundervoll weit in graue Ferne entrückt war alles, was jenseits dieser vier Wochen lag!

In einem der beiden Schweizerhäuser, welche, durch einen schmalen Mittelbau verbunden, mit der Konditorei und dem Hauptgebäude des Kurhauses eine gerade Linie bildeten: welch ein Erwachen, am ersten Morgen, nachdem tags zuvor ein Vorzeigen des Zeugnisses wohl oder übel überstanden und die Fahrt in der bepackten Droschke zurückgelegt war! Ein unbestimmtes Glücksgefühl, das in seinem Körper emporstieg und sein Herz sich zusammenziehen ließ, schreckte ihn auf … er öffnete die Augen und umfaßte mit einem gierigen und seligen Blick die altfränkischen Möbel des reinlichen kleinen Zimmers … Eine Sekunde schlaftrunkener, wonniger Verwirrung – und dann begriff er, daß er in Travemünde war, für vier unermeßliche Wochen in Travemünde! Er regte sich nicht; er lag still auf dem Rücken in dem schmalen gelbhölzernen Bette, dessen Linnen vor Alter außerordentlich dünn und weich waren, schloß hie und da aufs neue seine Augen und fühlte, wie seine Brust in tiefen, langsamen Atemzügen vor Glück und Unruhe erzitterte.

Das Zimmer lag in dem gelblichen Tageslicht, das schon durch das gestreifte Rouleau hereinfiel, während doch ringsum noch alles still war und Ida Jungmann sowohl wie Mama noch schliefen. Nichts war zu vernehmen als das gleichmäßige und friedliche Geräusch, mit dem drunten der Hausknecht den Kies des Kurgartens harkte, und das Summen einer Fliege, die zwischen Rouleau und Fenster beharrlich gegen die Scheibe stürmte, und deren Schatten man auf der gestreiften Leinwand in langen Zickzacklinien umherschießen sah … Stille! Das einsame Geräusch der Harke und monotones Summen! Und dieser sanft belebte Friede erfüllte den kleinen Johann alsbald mit der köstlichen Empfindung jener ruhigen, wohlgepflegten und distinguierten Abgeschiedenheit des Bades, die er so über alles liebte. Nein, Gott sei gepriesen, hierher kam keiner der blanken Kammgarnröcke, die auf Erden Regeldetri und Grammatik vertraten, hierher nicht, denn es war ziemlich kostspielig hier draußen …

Ein Anfall von Freude machte, daß er aus dem Bette sprang und auf nackten Füßen zum Fenster lief. Er zog das Rouleau empor, öffnete den einen Flügel, indem er den weißlackierten Haken löste, und blickte der Fliege nach, die über die Kieswege und Rosenbeete des Kurgartens hin davonflog. Der Musiktempel, im Halbkreise von Buchsbaum umwachsen, stand noch leer und still den Hotelgebäuden gegenüber. Das Leuchtenfeld, das seinen Namen nach dem Leuchtturm trug, der irgendwo zur Rechten aufragte, dehnte sich unter dem weißlich bezogenen Himmel aus, bis sein kurzes, von kahlen Erdflecken unterbrochenes Gras in hohe und harte Strandgewächse und dann in Sand überging, dort, wo man die Reihen der kleinen, hölzernen Privatpavillons und der Sitzkörbe unterschied, die auf die See hinausblickten. Sie lag da, die See, in Frieden und Morgenlicht, in flaschengrünen und blauen, glatten und gekrausten Streifen, und ein Dampfer kam zwischen den rotgemalten Tonnen, die ihm das Fahrwasser bezeichneten, von Kopenhagen daher, ohne daß man zu wissen brauchte, ob er ›Najaden‹ oder ›Friederike Oeverdieck‹ hieß. Und Hanno Buddenbrook zog wieder tief und mit stiller Seligkeit den würzigen Atem ein, den die See zu ihm herübersandte, und grüßte sie zärtlich mit den Augen, mit einem stummen, dankbaren und liebevollen Gruße.

Und dann begann der Tag, der erste dieser armseligen achtundzwanzig Tage, die anfangs wie eine ewige Seligkeit erschienen und, waren die ersten vorüber, so verzweifelt schnell zerrannen … Es wurde auf dem Balkon oder unter dem großen Kastanienbaum gefrühstückt, der drunten vor dem Kinderspielplatze stand, dort, wo die große Schaukel hing, – und alles, der Geruch, den das eilig gewaschene Tischtuch ausströmte, wenn der Kellner es ausbreitete, die Servietten aus Seidenpapier, das fremdartige Brot, der Umstand, daß man die Eier nicht wie zu Hause mit knöchernen, sondern mit gewöhnlichen Teelöffeln und aus metallenen Bechern aß, – alles entzückte den kleinen Johann.

Und was folgte, war alles frei und leicht geordnet, ein wunderbar müßiges und pflegesames Wohlleben, das ungestört und kummerlos verging: der Vormittag am Strande,

78

während droben die Kurkapelle ihr Morgenprogramm erledigte, dieses Liegen und Ruhen zu Füßen des Sitzkorbes, dieses zärtliche und träumerische Spielen mit dem weichen Sande, der nicht beschmutzt, dieses mühe- und schmerzlose Schweifen und Sichverlieren der Augen über die grüne und blaue Unendlichkeit hin, von welcher, frei und ohne Hindernis, mit sanftem Sausen ein starker, frisch, wild und herrlich duftender Hauch daherkam, der die Ohren umhüllte und einen angenehmen Schwindel hervorrief, eine gedämpfte Betäubung, in der das Bewußtsein von Zeit und Raum und allem Begrenzten still selig unterging … Das Baden dann, das hier eine erfreulichere Sache war als in Herrn Asmussens Anstalt, denn es gab hier kein ›Gänsefutter‹, das hellgrüne, kristallklare Wasser schäumte weithin, wenn man es aufrührte, statt eines schleimigen Bretterbodens schmeichelte der weich gewellte Sandboden den Sohlen, und Konsul Hagenströms Söhne waren weit, sehr weit, in Norwegen oder Tirol. Der Konsul liebte es, im Sommer eine ausgedehntere Erholungsreise zu unternehmen – und warum also nicht, nicht wahr … Ein Spaziergang, zur Erwärmung, den Strand entlang, bis zum Möwenstein oder zum Seetempel, ein Imbiß, am Sitzkorbe eingenommen, – und die Stunde näherte sich, da man hinauf in die Zimmer ging, um vor der Toilette zur Table d'hôte eine kleine Stunde zu ruhen. Die Table d'hôte war lustig, das Bad stand in Flor, viele Leute, Familien, die den Buddenbrooks befreundet waren, sowohl wie Hamburger und sogar englische und russische Herrschaften füllten den großen Saal des Kurhauses, an einem feierlichen Tischchen kredenzte ein schwarz gekleideter Herr die Suppe aus einer silberblanken Terrine, es gab vier Gänge, die schmackhafter, würziger und jedenfalls auf irgendeine festlichere Weise zubereitet waren als zu Hause, und an vielen Stellen der langen Tafeln ward Champagner getrunken. Oftmals kamen einzelne Herren aus der Stadt, die sich von ihren Geschäften nicht während der ganzen Woche fesseln ließen, die sich amüsieren und nach dem Essen die Roulette ein wenig in Bewegung setzen wollten: Konsul Peter Döhlmann, der seine Tochter zu Hause gelassen hatte und mit schallender Stimme auf plattdeutsch so ungenierte Geschichten erzählte, daß die Hamburger Damen vor Lachen husteten und um einen Augenblick Pause baten; Senator Doktor Cremer, der alte Polizeichef; Onkel Christian und sein Schulfreund, Senator Gieseke, der ebenfalls ohne Familie war und alles für Christian Buddenbrook bezahlte ... Später, wenn die Erwachsenen zu den Klängen der Musik unter dem Zeltdache der Konditorei den Kaffee tranken, saß Hanno auf einem Stuhle unermüdlich vor den Stufen des Tempels und lauschte ... Es war gesorgt für den Nachmittag. Es gab eine Schießbude im Kurgarten, und zur Rechten der Schweizerhäuser standen die Stallgebäude mit Pferden, Eseln und Kühen, deren Milch man warm, schaumig und duftend zur Vesperstunde trank. Man konnte einen Spaziergang machen, in das Städtchen, die Vorderreihe entlang; man konnte von dort aus mit einem Boote zum Priwall übersetzen, an dessen Strande es Bernstein zu finden gab, konnte sich auf dem Kinderspielplatze an einer Krocketpartie beteiligen oder sich auf einer Bank des bewaldeten Hügels, der hinter den Hotels gelegen war und auf dem die große Table-d'hôte-Glocke hing, von Ida Jungmann vorlesen lassen ... Und doch war das klügste stets, zur See zurückzukehren und noch im Zwielicht, das Gesicht dem offenen Horizonte zugewandt, auf der Spitze des Bollwerks zu sitzen, den großen Schiffen, die vorüberglitten, mit dem Taschentuch zuzuwinken und zu horchen, wie die kleinen Wellen mit leisem Plaudern wider die Steinblöcke klatschten und die ganze Weite ringsum von diesem gelinden und großartigen Sausen erfüllt war, das dem kleinen Johann gütevoll zusprach und ihn beredete, in ungeheurer Zufriedenheit seine Augen zu schließen. Dann aber sagte Ida Jungmann: »Komm, Hannochen; müssen gehen; Abendbrotzeit; wirst dir den Tod holen, wenn du hier wirst schlafen wollen ...« Welch ein beruhigtes, befriedigtes und in wohltätiger Ordnung arbeitendes Herz er immer mitnahm vom Meere! Und wenn er

sein Abendbrot mit Milch oder stark gemalztem Braun-
bier im Zimmer gegessen hatte, während seine Mutter
später in der Glasveranda des Kurhauses in größerer
Gesellschaft speiste, so senkte sich, kaum daß er wieder
zwischen dem altersdünnen Linnen seines Bettes lag, zu
den sanften und vollen Schlägen ebendieses befriedigten
Herzens und den gedämpften Rhythmen des Abendkon-
zertes ganz ohne Schrecken und Fieber der Schlaf über
ihn …

Am Sonntag erschien, gleich einigen anderen Herren,
die während der Woche von ihren Geschäften in der Stadt
zurückgehalten wurden, der Senator bei den Seinen und
blieb bis zum Montagmorgen. Aber obgleich dann Eis und
Champagner an der Table d'hôte serviert ward, obgleich
Eselritte und Segelpartien in die offene See hinaus veran-
staltet wurden, liebte der kleine Johann diese Sonntage
nicht sehr. Die Ruhe und Abgeschlossenheit des Bades
war gestört. Eine Menge von Leuten aus der Stadt, die gar
nicht hierher gehörten, »Eintagsfliegen aus dem guten
Mittelstande«, wie Ida Jungmann sie mit wohlwollender
Geringschätzung nannte, bevölkerte am Nachmittage
Kurgarten und Strand, um Kaffee zu trinken, Musik zu
hören, zu baden, und Hanno hätte am liebsten im ge-
schlossenen Zimmer den Abfluß dieser festlich geputzten
Störenfriede erwartet … Nein, er war froh, wenn am
Montag alles wieder ins alltägliche Geleise kam, wenn
auch die Augen seines Vaters, diese Augen, denen er
sechs Tage lang fern gewesen war, und die, er hatte es
wohl gefühlt, während des ganzen Sonntages wieder kri-
tisch und forschend auf ihm geruht hatten, nicht mehr da
waren …

Und vierzehn Tage waren vorbei, und Hanno sagte sich
und beteuerte es jedem, der es hören wollte, daß jetzt
noch eine Zeit komme, so lang wie die Michaelisferien.
Allein das war ein trügerischer Trost, denn war die Höhe
der Ferien erreicht, so ging es abwärts und gegen Ende,
schnell, so fürchterlich schnell, daß er sich an jede Stunde
hätte klammern mögen, um sie nicht vorüberzulassen,

und jeden Seeluftatemzug verlangsamen, um das Glück nicht achtlos zu vergeuden.

Aber die Zeit verging unaufhaltsam im Wechsel von Regen und Sonnenschein, See- und Landwind, stiller, brütender Wärme und lärmenden Gewittern, die nicht über das Wasser konnten und kein Ende nehmen zu wollen schienen. Es gab Tage, an denen der Nordostwind die Bucht mit schwarzgrüner Flut überfüllte, welche den Strand mit Tang, Muscheln und Quallen bedeckte und die Pavillons bedrohte. Dann war die trübe, zerwühlte See weit und breit mit Schaum bedeckt. Große, starke Wogen wälzten sich mit einer unerbittlichen und furchteinflößenden Ruhe heran, neigten sich majestätisch, indem sie eine dunkelgrüne, metallblanke Rundung bildeten, und stürzten tosend, krachend, zischend, donnernd über den Sand ... Es gab andere Tage, an denen der Westwind die See zurücktrieb, daß der zierlich gewellte Grund weit hinaus freilag und überall nackte Sandbänke sichtbar waren, während der Regen in Strömen herniederging, Himmel, Erde und Wasser ineinander verschwammen und der Stoßwind in den Regen fuhr und ihn gegen die Fensterscheiben trieb, daß nicht Tropfen, sondern Bäche daran hinunterflossen und sie undurchsichtig machten. Dann hielt Hanno sich meistens im Kursaale auf, am Pianino, das zwar bei den Réunions von Walzern und Schottischen ein wenig zerhämmert war und auf dem sich nicht so wohllautend phantasieren ließ wie zu Haus auf dem Flügel, aber mit dessen gedeckter und glucksender Klangart doch recht unterhaltende Wirkungen zu erzielen waren ... Und wieder kamen andere Tage, träumerische, blaue, ganz windstille und brütend warme, an denen die blauen Fliegen summend in der Sonne über dem Leuchtenfeld standen und die See stumm und spiegelnd, ohne Hauch und Regung lag. Und waren noch drei Tage übrig, so sagte sich Hanno und machte es jedem klar, daß jetzt noch eine Zeit komme, so lang wie die ganzen Pfingstferien. Aber so unanfechtbar diese Rechnung war, glaubte er doch selbst nicht daran, und seines Herzens hatte sich längst die Erkenntnis bemächtigt, daß der Mann im blanken Kammgarnrock dennoch recht gehabt, daß die vier Wochen dennoch ein Ende nahmen und daß man nun dennoch da fortfahren, wo man aufgehört, und zu dem und dem übergehen werde …

Die bepackte Droschke hielt vorm Kurhause, der Tag war da. Hanno hatte frühmorgens der See und dem Strande sein Adieu gesagt; er sagte es nun den Kellnern, die ihre Trinkgelder entgegennahmen, dem Musiktempel, den Rosenbeeten und dieser ganzen Sommerszeit. Und dann, unter den Verbeugungen des Hotelpersonals, setzte sich der Wagen in Bewegung.

Er passierte die Allee, die zum Städtchen führte, und fuhr die Vorderreihe entlang … Hanno drückte den Kopf in die Wagenecke und sah, an Ida Jungmann vorbei, die frischäugig, weißhaarig und knochig ihm gegenüber auf dem Rückplatz saß, zum Fenster hinaus. Der Morgenhimmel war weißlich bedeckt, und die Trave warf kleine Wellen, die schnell vor dem Winde dahereilten. Dann und wann prickelten Regentropfen gegen die Scheiben. Am Ausgange der Vorderreihe saßen Leute vor ihren Haustüren und flickten Netze; barfüßige Kinder kamen herbeigelaufen und betrachteten neugierig den Wagen. *Die* blieben hier …

Als der Wagen die letzten Häuser zurückließ, beugte Hanno sich vor, um noch einmal den Leuchtturm zu sehen; dann lehnte er sich zurück und schloß die Augen. »Nächst's Jahr wieder, Hannochen«, sagte Ida Jungmann mit tiefer, tröstender Stimme; aber dieser Zuspruch hatte nur gefehlt, um sein Kinn in zitternde Bewegung zu setzen und die Tränen unter seinen langen Wimpern hervorquellen zu lassen.

Julius 22.

440. Herr Bellenger, aus Hamburg.
441. Demoiselle Gerard, aus Hamburg.
442. Demoiselle Stüwe, aus Hamburg.
443. Demoiselle Söhn, aus Hamburg.
444. Demoiselle Petersen, aus Hamburg.

                                     im Predigerwitwen Hause.

445. Frau Gräfin v. Zacisky, aus St. Petersburg.
446. Comtesse v. Zacisky.

                                     b. Hrn. Badechirurg. Schmidt.

— 23. 447. Herr Siggelkow, Kaufmann aus Parchim.
448. Madame Siggelkow.
449. Demoiselle Martiens, aus Parchim.

                                     b. Holzwärter Tiedemann.

450. Frau v. Swinarska, aus Posen.
451. Fräulein v. Swinarska.

                                     im Behackeschen Hause.

452. Herr Paetow, aus Rostock.

                                     b. Fuhrmann Boosmann.

453. Herr Meyer, Kaufmann aus Braunschweig.

                                     b. Hrn. Kaufm. Fränkel.

454. Herr Schneider, aus St. Petersburg.

                                     b. Hof-Bäcker Hn. Bielefeldt.

455. Herr Susemihl, Stud. theol., aus Rostock. im Lindenhof.

456. Frau Doctorin Roentgen, aus Güstrow.
457. Demoiselle Roentgen.
458. Herr Jacobson, aus Klentz.
459. Madame Jacobson.
460. Demoiselle Hirsch, aus Klentz.
461. Herr Fränkel, aus Hamburg.
462. Herr Syndicus, Doctor Schultze, aus Rostock.
463. Frau Doctorin Schultze.
464. Herr Schultze, Kaufmann aus Rostock.

                                     b. H. Badeinsp. Burmeister.

Gästeliste des Seebades Doberan, 1829
Altonaer Museum in Hamburg, Inv.-Nr. 1970/685/919

THEODOR FONTANE
Dobberan

Unmittelbar am Strande, keine 50 Schritt von dem Fenster entfernt, an dem ich schreibe, erhebt sich ein Granitblock, der in Goldbuchstaben dem Besucher erzählt, daß 1793 Großherzog Friedrich Franz das *erste* deutsche Seebad an dieser Stelle errichtet habe.

Dieser Ruhm soll unbestreitbar bleiben, aber in allem Übrigen hat mir nicht leicht eine als Sehenswürdigkeit geltende Lokalität eine so arge Enttäuschung bereitet, wie dieses Seebad Dobberan. Und zu diesem Ausspruche fühle ich mich gedrungen, nachdem Warnemünde hinter mir liegt. Das »Spill« dieses letztgenannten Ortes zählt doch am Ende auch nicht zu den Örtlichkeiten, die einen verwöhnen können.

Seebad Dobberan, im Gegensatz zu der eine halbe Meile landeinwärts gelegenen *Stadt* Dobberan, liegt hart am Meere, am sogenannten »Heiligen Damm«. Mit dieser seltsamen Bildung der Natur, der, wie es scheint, von einem Spötter ihr hochtönender Name beigelegt wurde, lassen Sie mich beginnen. Bis zu meinem Eintreffen hier knüpfte ich daran die Vorstellung von etwas Großem, poetisch Gewaltigem, oder doch wenigstens von etwas auf den ersten Blick *Sichtbarem*. Es ist aber weder das eine noch das andere. Ich war schon ein halbes Dutzend Mal auf diesem vielgenannten Grund und Boden spazierengegangen, als ich endlich auf meine Frage: »wo ist denn nun aber Ihr berühmter ›*Heiliger Damm*‹?« die Antwort erhielt: »Dies ist er, Sie stehen auf demselben.« Es ist ein buchenbestandener Uferrand, zu dessen Füßen viele Kieselsteine liegen; eine andere Erklärung vermag ich auch heute noch nicht vom Heiligen Damm zu geben. Ich hatte an Stubbenkammer, oder Steffe oder den Giants Causeway in Irland gedacht und nun dies! Möglich, ja wahrscheinlich, daß es vor 70 Jahren, bei Gründung des Bades, hier schöner war. Uralte Buchen standen auf Meilen hin und der Abhang selbst (von dem es heißt, es wäre seitdem viel fortgespült worden) präsentierte sich noch in charaktervoller Gestalt. Nur so vermögen wir uns den Ruhm dieser Stelle zu erklären. Was jetzt da ist, ist ein Nichts. Die alten mächtigen Buchen sind hin, ein Jungholz, wie man es überall sieht, ist an ihre Stelle getreten; unbedeutende, ziemlich dicht stehende Stämme; das Ganze von einem Grabenwasser durchlaufen, das eine Atmosphäre erzeugt, nicht viel besser als die von Moritzhof.

Soviel über die Natur. Nun über das *Bad* selbst, »Bad« im weitesten Sinne genommen. Auch in Bezug hierauf läßt sich sagen: es war besser. In dem ersten Drittel dieses Jahrhunderts herrschte hier ein Badeleben, von dem jetzt kaum noch Spuren vorhanden sind. Dobberan war Reunion des mecklenburgischen Adels, eine Art Tafelrunde, wo sich die Ritter des Landes um ihren König Arthur sammelten. Dieser König Arthur hieß Großherzog Friedrich Franz. Die Parallele ließe sich noch weiter ausführen. Es gab zahllose Tristans und Isoldens, die Liebestränke (einfach in einer Bowle gebraut) waren an der Tagesordnung und »König Arthur«, ein wahrer Vater seines Volkes, ging in *allem* mit gutem Beispiel voran. Es war das goldene Zeitalter Mecklenburgs. Wer es noch erlebt hat, spricht mit satter Wehmut davon, ein eigentümlicher Gemütszustand, der nur in Mecklenburg vorkommt.

Der Höhepunkt dieser goldenen Tage, die durch das ganze Land gingen, war nun immer Dobberan. Man wohnte nicht wie jetzt am »Heiligen Damm«, sondern landeinwärts in der Stadt selbst. Dort gab es Hoftheater und Hofkonzerte, Wettrennen, Roulette und Farospiel, und in prächtigen Equipagen fuhr man allmorgens ins Bad und wieder zurück, um dann sechs Stunden später die Fahrt zum *zweiten* Mal und zwar zum Diner im Kurhause, das auch damals schon am Heiligen Damm gelegen war, zu machen. Hier präsidierte dann der Großherzog, alle Anwesenden waren im gewissen Sinne seine Gäste, wobei die Tafelordnung nach einem eigentümlichen Anciennetäts-Prinzip gehandhabt wurde. Nicht die ersten Adligen, sondern die ersten Ankömmlinge saßen dem Großherzog zunächst und die später Eintreffenden rückten nach dem Datum ihrer Ankunft allmählich in den Sommerzirkel ein. Das Leben damals, mit allem, was ihm fehlen mochte, hatte immerhin einen gewissen aristokratischen Glanz, alles trug den breiten Stempel mecklenburgischen Behagens, und der landesübliche Appetit würzte das ohnehin vortreffliche Mahl. Der vorherrschende Zug war der das Patriarchalischen. Ihren Fürsten in der Mitte, gab sich der reiche Adel des Landes hier ein Rendez-vous. Man war heiter, glücklich, natürlich, weil man *unter sich* war. Alles war versippt und verschwägert. Eine große Familie.

Aber diese Tage liegen jetzt längst zurück. Nicht bloß daß die antipatriarchalische Weltentwicklung zuletzt doch auch Alt-Mecklenburg leise streifte, – es ereigneten sich nebenher noch ganz bestimmte Dinge, die der alten Herrlichkeit ein Ende machten. Zuerst starb Friedrich Franz – das war schlimm; dann wurde der Heilige Damm, der bis dahin nur *Bad* und *Kurhaus* gewesen war, mit Umgehung von Dobberan, mehr und mehr zum *Wohnsitz* der Badegäste gemacht – das war schlimmer; endlich drittens tauchte der »orientalische Fremdling«, der jetzt überall mit dem Adel in Konkurrenz tritt, auch an dieser exklusiven Stelle mit seinem Heergefolge auf; – das war das Schlimmste. Unter dem Einfluß aller dieser Vorgänge ist das seiner Zeit berühmt und eigenartig gewesene Dobberan zu einem gewöhnlichen Badeplatze geworden. Man könnte auch von dieser gesellschaftlichen Umwandlung sagen: die alten Buchen wurden niedergeschlagen und alltägliches Jungholz wuchs nach.

Der Heilige Damm in seiner gegenwärtigen Gestalt, zeigt am Meeresstrande hin ein Dutzend Logierhäuser, große und kleine, von denen jene in einem Durcheinander von Hotel- und Kastell-Stil, diese im Stile englischer Cottages errichtet wurden. Eingepfercht in Wohnungen von drei bis vier Zimmern sitzen hier die Nachkömmlinge der »alten Barone«, das Meer, wenn nicht gerade ein scharfer Nordwestwind weht, langweilig vor sich; kein Boot, kein Schiff, das sichtbar würde. Sie lesen die Zeitung, spielen Billard oder Whist und frühstücken. Ein wahres Glück, daß man diesem letzteren Geschäft eine gewisse Ausdehnung geben kann. Die Damen baden und schlafen, machen viermal Toilette, genießen die multrige Sumpfluft »unter den Buchen« und lassen gelegentlich über den im Kursaal aufgestellten Flügel ihre Finger hingleiten, nicht um zu spielen, sondern nur um zu prüfen. Eine Musik, wie sie das Vorrecht des Klavierstimmers ist. Der Löwe der Gesellschaft aber, von Herren und Damen gleich bewundert und gleich gesucht, ist der hannoversche Graf X., von dem die Heldensage geht: er habe den König von Preußen *nicht* gegrüßt. Wenn er vorübergeht, so folgen ihm aller Augen, als sei er der Träger von Deutschlands Zukunft. Selbst der jüdische Bankier folgt ihm mit Interesse, aber mit einem anderen. Er weiß am besten, daß es mit dem Grafen nicht lange mehr dauern kann.

Das Meer schweigt, das Leben auch. Dann und wann eine Welle, zu wenig um die Stille zu unterbrechen. Die Unbefangenheit der alten Tage ist dahin; aus der Seeluft ist Sumpfluft geworden; öde, bleiern liegt es über Dobberan.

PÉTER NÁDAS

Weiße Stadt am Meer

In Heiligendamm schien die Sonne, doch was dort mit mir geschehen ist, kann ich mir nicht erklären.

Wenn ich mit Worten nachlässig umginge, würde ich sagen, daß ich mich dort glücklich fühlte, und bei diesem Glücksgefühl spielte gewiß das Meer eine Rolle, die Reise und alles, was ihr unmittelbar voraufgegangen war, aber auch der hübsche kleine Ort, den man die »weiße Stadt am Meer« nennt, eine leichte Übertreibung, weil zu beiden Seiten des ansehnlichen Kurhauses im Halbkreis nur ein Dutzend gleicher einstöckiger Villen stehen, mit der Stirnseite zum Meer, aber in der Tat ist alles weiß, die Fensterläden, die jetzt geschlossen sind, die Bänke auf dem glatten grünen Rasen, die Säulenhalle, die in einer Ecke aufgestapelten Stühle des Sommerorchesters, gleich weißen Bollwerken zwischen giftiggrünen, zu geometrischen Formen gestutzten Buchsbaumhecken und hoch aufgeschossenen Schwarztannen, die Hauptrolle aber fiel dem trügerisch schönen Wetter und der Stille zu.

Trügerisch sage ich, weil der Wind heulend pfiff und an der Uferbefestigung sich mächtige Wellen brachen, Wellen, hart wie Stahl, die zu weißem Schaum zerbarsten; Stille sage ich, weil die horchenden Sinne in den Pausen zwischen zwei Donnerschlägen in die Wellenschluchten abstürzten, in eine spannungsvolle Erwartung, und es einer Erlösung gleichkam, das Getöse einer in Schwere verwandelten Kraft zu vernehmen; aber am Abend, als ich zu einem Spaziergang aufbrach, hatte sich alles beruhigt, der Mond, ein Vollmond, schien, tief unten über dem offenen Meer.

Insel Hiddensee

Kühe weiden bis zum Rande
Großer Tümpel, wo im Röhricht
Kiebitz ostert. – Nackt im Sande
Purzeln Menschen selig töricht.

Und des Leuchtturms Strahlen segnen
Eine freundliche Gesundheit.

Andrerseits: Vor steiler Küste
Stürmen Wellen an und fliehen. –
Nach dem hohen Walde ziehen
Butterbrote und Gelüste.

Fischerhütten, schöne Villen
Grüßen sich vernünftig freundlich.

Steht ein Häuschen in der Mitte,
Rund und rührend zum Verlieben.
»Karusel« steht angeschrieben.
Dieses Häuschen zählt zu Vitte.

Asta Nielsen – Grischa Chmara,
Unsre Dänin, und der Russe –.

Auf dem Schaukelpolster wiegen
Sich zwei Künstler deutsch umschlungen. –
Gar kein Schutzmann kommt gesprungen. –
Doch im Bernstein träumen Fliegen.

Um die Insel rudern, dampfen,
Treiben, kämpfen Boote, Bötchen.

WALTER BENJAMIN

Nordische See

Möwen. Abends, das Herz bleischwer, voller Beklemmung,
auf Deck. Lange verfolge ich das Spiel der Möwen. Immer
sitzt eine auf dem höchsten Mast und beschreibt die Pen-
delbewegungen mit, die er stoßweise in den Himmel zeich-
net. Aber es ist nie auf lange Zeit ein und dieselbe. Eine
andere kommt, mit zwei Flügelschlägen hat sie die erste,
– ich weiß es nicht: erbeten oder verjagt. Bis mit einem
Male die Spitze leer bleibt. Aber die Möwen haben nicht
aufgehört, dem Schiffe zu folgen. Unübersehbar wie immer, beschreiben sie ihre Kreise. Etwas anderes ist es, was
eine Ordnung in sie hineinbringt. Die Sonne ist längst untergegangen, im Osten ist es sehr dunkel. Das Schiff fährt
südwärts. Einige Helle ist im Westen geblieben. Was sich
nun an den Vögeln vollzog – oder an mir? – das geschah
kraft des Platzes, den ich so beherrschend, so einsam in
der Mitte des Achterdecks mir aus Schwermütigkeit ge-
wählt hatte. Mit einem Male gab es zwei Möwenvölker,
eines die östlichen, eines die westlichen, linke und rechte,
so ganz verschieden, daß der Name Möwen von ihnen ab-
fiel. Die linken Vögel behielten gegen den Grund des er-
storbenen Himmels etwas von ihrer Helle, blitzten mit jeder Wendung auf und unter, vertrugen oder mieden sich
und schienen nicht aufzuhören, eine ununterbrochene,
unabsehbare Folge von Zeichen, ein ganzes, unsäglich ver-
änderliches, flüchtiges Schwingengeflecht – aber ein les-
bares – vor mich hinzuweben. Nur daß ich abglitt, um mich
stets von neuem bei den andern zurückzufinden. Hier
stand mir nichts mehr bevor, nichts sprach zu mir. Kaum
war ich denen im Osten gefolgt, wie sie, im Fluge gegen
einen letzten Schimmer, ein paar tiefschwarzer, scharfer
Schwingen, sich in die Ferne verloren und wiederkehr-
ten, so hätte ich ihren Zug schon nicht mehr beschreiben
können. So ganz ergriff er mich, daß ich mir selber, schwarz

vom Erlittenen, eine lautlose Flügelschar, aus der Ferne zurückkam. Links hatte noch alles sich zu enträtseln, und mein Geschick hing an jedem Wink, rechts war es schon vorzeiten gewesen, und ein einziges stilles Winken. Lange dauerte dieses Widerspiel, bis ich selbst nur noch die Schwelle war, über der die unnennbaren Boten schwarz und weiß in den Lüften tauschten.

ALFRED KERR

Quallen

I.

Wie schön, wenn jemand möglichst weit an Mecklenburgs Meer entlanggeht, weit weg von bewohnten Siedelungen – und dort ins Wasser schreitet.

Die Gewandung hat man zuvor abgeworfen, so daß beim Gehn der Körper die Salzluft atmet – mit allen Poren.

II.

Verlassene Stätte. Meilenlanger Wald in Einsamkeit schiebt sich bis an das Gestade. Wild ist nicht viel abgeschossen worden, darum flitzt plötzlich ein Hasentier dahin. Alle Augenblick' eins. Manche beeilen sich gar nicht mehr; sie wissen, daß Krieg ist; das Pulver wird anderswo verbraucht …

Einmal wird im Wald ein Eber sichtbar. Ungefährlich, denn niemand hat ihn angeschossen. Ist es der Gatte dieser schwarzen Sau mit den spaßhaft kleinen Ferkeln, die neulich über den Weg lief?

92

III.

Der Wind flattert in halb träger Gangart von Dänemark, der Himmel ist lichtblau, hier am Strand hat das Waldgrün eine stumpfe Färbung (als ob es mit Beize, vom Spielzeugladen, überzogen sei). Wieder ein Hase. Ohne Achtung zieht er seines Wegs – weiß er, daß unbekleidete Leute kein Schießgewehr haben? (Er schwindet gemächlich, behaglich in Sanddeckung.)

IV.

Wenn man zwanzig Meter hineingegangen ist, steigt einem das Wasser kaum bis über die Knie. Keine Seele rings. Man guckt über die gekrauste Fläche – ob ein Wassermann (lieber eine Wasserfrau) in der Richtung von Norden her auftaucht. Nichts. Im Wald auch nichts, wo der Hase schwand. Seitwärts abermals keine Seele.

V.

– – Man sitzt in der Flut wie in einer Badewanne. Doch, da kommt was an. Wunderbare Schale von Kristall mit veilchenfarbenem Inhalt.

Ist ein Schiff untergegangen, ein nobles Schiff – und die Geräte, worin man sich nach Tisch die Finger abspült, um dann den einen etwas feucht an die Lippen zu führen, sind davongeschwommen? Ach nein: eine Qualle. Sechzig Quallen, hundert, anderthalbhundert kommen fast in einer Reihe an, vom aufsteigenden Wind gelenkt. Noch nicht in dem trüben Zustand, wie sie manchmal halb zerfetzt am Ufer liegen, vom Gestein zerrissen, von Kieseln zerbeult, geviertelt.

Nein, in ursprünglicher Herrlichkeit, im hohen Glanze des Meerdaseins.

VI.

Soviel man packen kann, wirft man wieder zurück in die Flut, oder man trägt sie hinein an tiefe Stellen – damit sie nicht, an den Strand geworfen, verdursten, verkümmern, ersticken ... Mit etlichen macht man sogenannte Intelligenzversuche; setzt sie ins Wasser an eine klare Stelle, läßt sie schwimmen, stellt ihrer Schwimmrichtung dann eine Hand entgegen. Weicht sie aus, die Qualle, so ist sie intelligent. Schwimmt sie auf die Hand los bis zur Berührung, so ist sie doof ...

VII.

Alle sind intelligent; weichen aus.

Wer sie hält, aus dem Wasser gehoben hat, glaubt doch nur ein lebloses Stück Glibber-Bibber zu haben. (Wer sagt uns, daß ein Stein nicht ebenso belebt ist – daß wir vorläufig nur zu dumm sind, es zu erkennen. Auch der Stein sieht unbelebt aus in meiner Hand ... und hat vielleicht Nervenstränge, ein Hirn, ja ein Herz – in seiner eignen mir verschlossenen Brust.)

VIII.

Gleichviel; was an mir liegt, sollen die Quallen zurück in die See – entweder sind sie schuldlos vom Wellengang hierher verschlagen, dann ist es Nächstenpflicht sie zu retten. Oder es sind freche Biester, Pioniere, die sich vorgewagt, Grenzen ihrer Daseinswelt zu erforschen; in gefährliche Polargegend zu dringen; – dann verdienen sie doppelt gerettet zu werden: weil dem Mutigen anständige Behandlung werden muß ...

Von der Sandbank herunter trägt man wieder vierzig, fünfzig tiefer hinein in die Flut.

IX.

Und jetzt, wo man ein gutes Werk vollbracht hat, aalt man sich – im Wasser, auf dem Rücken schwimmend.

Weiter hinaus; manchmal wirft man sich auf die Brust und äugt, ob noch kein Meergeschöpf kam. Es kommt keins …

Zwischendurch schwimmt und kriecht man ans Gestade, geht in den Wald, guckt Krähen nach (Möwen gibt es hier nicht viel) und überläßt es dem Wind, dem himmlischen Kind, den triefenden Leib zu trocknen.

X.

Nachher geht man wieder hinein ins Wasser. Man wünscht, alles dies möchte kein Ende nehmen.

EUGEN ROTH

Nordsee

Der Fremdling kommt. Er ist gespannt.
Was sieht er? Sand und wieder Sand.
Der Kitsch der Welt begegnet ihm –
Hier ausgesprochen maritim.
Ob rechter Weg, ob linker Weg,
Es ist der gleiche Klinkerweg.
Und hier soll er drei Wochen bleiben?
Wie soll er sich die Zeit vertreiben?
Soll er sich einen Strandkorb chartern?
Sich gar mit Burgenbauen martern?
Er fühlt sich über die erhaben,
Die eifervoll im Sande graben.

Am zweiten Tag, als Stundenschmelzer,
Holt er hervor den dicken Wälzer,
Doch schaut er, durch und durch versandet,
Bald nur noch, wie die Woge brandet.
Am dritten – wie ein Teufelchen
Gräbt selbst er mit dem Schäufelchen
Und hat am vierten sich, als Gast,
Schon ganz der Umwelt angepaßt.
Die Zeit, der Sand, die Welle rinnt:
Der Mensch wird unversehns zum Kind
Und heult auch wie ein Kind zum Schluß,
Unglücklich, weil's nach Hause muß.

ERICH KÄSTNER

Meine erste Reise

In den Sommerferien des Jahres 1914 griff Tante Lina tief und energisch in den Geldbeutel. Sie schickte uns beide mit Dora an die Ostsee. Das war meine erste große Reise, und statt des Rucksacks trug ich zum ersten Mal zwei Koffer. Ich kann nicht sagen, daß mir der Tausch sonderlich gefallen hätte. Ich kann Koffertragen nicht ausstehen. Ich habe dabei das fatale Gefühl, daß die Arme länger werden, und wozu brauch ich längere Arme? Sie sind lang genug, und auch als Junge wünschte ich mir keine längeren.

Vom Anhalter zum Stettiner Bahnhof spendierten wir uns eine Pferdedroschke ›zweiter Güte‹, und so sah ich, zwischen Koffern hindurchlugend, zum ersten Mal ein Eckchen der Reichshauptstadt Berlin. Und zum ersten Male sah ich, auf der Fahrt durch Mecklenburgs Kornfelder und Kleewiesen, ein Land ohne Hügel und Berge. Der Horizont war wie mit dem Lineal gezogen. Die Welt war flach wie ein Brett, mit Kühen drauf. Hier hätte ich nicht wandern mögen.

Besser gefiel mir schon Rostock mit seinem Hafen, den Dampfern, Booten, Masten, Docks und Kränen. Und als wir gar von einer Bahnstation aus, die Rövershagen hieß, durch einen dunkelgrünen Forst laufen mußten, wo Hirsche und Rehe über den Weg wechselten und einmal sogar ein Wildschweinehepaar mit flinken gesprenkelten Frischlingen, da war ich mit der norddeutschen Tiefebene ausgesöhnt. Zum ersten Male sah ich Wacholder im Wald, und an meinen Händen hingen keine Koffer. Ein Fuhrmann hatte sie übernommen. Er wollte sie abends beim Fischer Hoff in Müritz-Ost abliefern. Der Wind, der die Baumwipfel wiegte, roch und schmeckte schon nach der See. Die Welt war anders als daheim und genau so schön.

Eine Stunde später stand ich, vom Strandhafer zerkratzt, zwischen den Dünen und sah aufs Meer hinaus. Auf diesen atemberaubend grenzenlosen Spiegel aus Flaschengrün und Mancherleiblau und Silberglanz. Die Augen erschraken, doch es war ein heiliger Schrecken, und Tränen trübten den ersten Blick ins Unendliche, das selber keine Augen hat. Das Meer war groß und blind, unheimlich und voller Geheimnisse. Gekenterte Schiffe lagen auf seinem Grund und tote Matrosen mit Algen im Haar. Auch die versunkene Stadt Vineta lag drunten, durch deren Straßen Nixen schwammen und in die Hutläden und Schuhgeschäfte starrten, obwohl sie keine Hüte brauchten und Schuhe schon gar nicht. Fern am Horizont tauchte eine Rauchfahne auf, dann ein Schornstein und nun erst das Schiff, denn die Erde war ja rund, sogar das Wasser. Monoton und naß, mit weißen Spitzenborten gesäumt, klatschten die Wellen gegen den Strand. Schillernde Quallen spuckten sie aus, die im Sande zu blassem Aspik wurden. Raunende Muscheln brachten sie mit und goldgelben Bernstein, worin, wie in gläsernen Särgen, zehntausendjahralte Fliegen und Mücken lagen, winzige Zeugen der Urzeit.

Sie wurden im Kiosk neben der Mole als Andenken verkauft, zwischen Zwetschgen und Kinderschaufeln, Gummibällen, Basthüten und Zeitungen von gestern. Am Rande des Erhabenen fand das Lächerliche statt. Man war den Städten entflohen und hockte jetzt, angesichts der Unendlichkeit, noch viel enger nebeneinander als in Hamburg, Dresden und Berlin. Man quetschte sich auf einem Eckchen Strand laut und schwitzend zusammen wie in einem Viehwagen. Links und rechts davon war der Strand leer. Die Dünen waren leer. Die Wälder und die Heide waren leer. Während der Ferien lagen die Mietskasernen am Ozean. Sie hatten keine Dächer, das war gut. Sie hatten keine Türen, das war peinlich. Und die Nachbarn waren funkelnagelneu, das war für die Funkelnagelneugierde ein gefundenes Fressen. Der Mensch glich dem Schaf und trat in Herden auf.

Wir gingen an den Strand, ins Wasser und auf die Mole nur hinaus, während die Herde in den Pensionen zu Mittag und zu Abend aß. Sonst machten wir Spaziergänge und Ausflüge wie daheim. Die Küste entlang nach Graal und Arendsee. In die Wälder, an schwelenden Kohlenmeilern vorbei, zu einsamen Forsthäusern, wo es frische Milch und Blaubeeren gab. Wir borgten uns Räder und fuhren durch die Rostocker Heide nach Warnemünde, wo die Menschenherde auf der Ferienweide noch viel, viel größer war als in Müritz. Sie schmorten zu Tausenden in der Sonne, als sei die Herde schon geschlachtet und läge in einer riesigen Bratpfanne. Manchmal drehten sie sich um. Wie freiwillige Koteletts. Es roch, zwei Kilometer lang, nach Menschenbraten. Da wendeten wir die Räder um und fuhren in die einsame Heide zurück.

Am schönsten war die Welt am Meer in sternklaren Nächten. Über unseren Köpfen funkelten und zwinkerten viel mehr Sterne als daheim, und sie leuchteten königlicher. Der Mondschein lag wie ein Silberteppich auf dem Wasser. Die Wellen schlugen am Strand ihren ewigen Takt. Von Gjedser zuckte das Blinkfeuer herüber. Es war ein Gruß aus Dänemark, das ich noch nicht kannte. Wir saßen auf der Mole. Uns war so vieles unbekannt, und wir schwiegen. Plötzlich erscholl Operettenmusik in der Ferne und kam langsam näher. Ein Küstendampfer kehrte, mit Lampions geschmückt, von einer der beliebten und preiswerten ›Mondscheinfahrten in See‹ zurück. Er legte schaukelnd am Molenkopf an. Ein paar Dutzend Feriengäste stiegen aus. Lachend und lärmend trabten sie an unserer Bank vorüber. Kurz darauf versank das Gelächter hinter den Dünen, und wir waren wieder mit der See, dem Mond und den Sternen allein.

Am 1. August 1914, mitten im Ferienglück, befahl der deutsche Kaiser die Mobilmachung. Der Tod setzte den Helm auf. Der Krieg griff zur Fackel. Die apokalyptischen Reiter holten ihre Pferde aus dem Stall. Und das Schicksal trat mit dem Stiefel in den Ameisenhaufen Europa. Jetzt gab es keine Mondscheinfahrten mehr, und niemand blieb in seinem Strandkorb sitzen. Alle packten die Koffer. Alle wollten nach Hause. Es gab kein Halten.

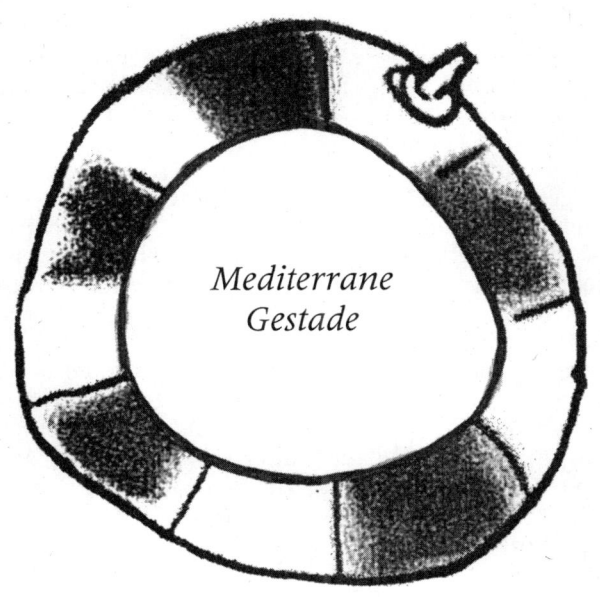

Mediterrane
Gestade

ALBERT CAMUS
Fritten am Strand von Algier

Am schönsten waren die Sommertage, an denen es ihnen unter dem einen oder anderen Vorwand gelang, die Siesta durch eine gute Lüge abzukürzen. (…) Dann rannten sie zum Strand hinunter.

Dazu mußten sie die Straße überqueren, die Schafsweg genannt wurde, weil auf ihr tatsächlich oft Schafherden vom oder zum Markt in Maison-Carrée, östlich von Algier, entlangliefen. In Wirklichkeit war es eine Umgehungsstraße, die den Kreisbogen der auf ihren Hügeln wie ein Amphitheater angelegten Stadt vom Meer trennte. Zwischen der Straße und dem Meer waren Fabriken, Ziegeleien und ein Gaswerk voneinander durch mit Tonplacken oder Kalkstaub bedeckten Sandflächen getrennt, auf denen Holz- und Eisenabfälle bleichten. Wenn man dieses Ödland hinter sich hatte, kam man an die Plage des Sablettes. Der Sand dort war etwas schwarz, und die vordersten Wellen waren nicht immer durchsichtig. Rechts bot eine Badeanstalt ihre Kabinen und an Feiertagen ihren Saal, eine große Holzkiste auf Grundpfählen, zum Tanzen an. In der Badesaison betrieb ein Pommes-frites-Händler täglich seinen Herd. Meistens hatte die kleine Gruppe nicht einmal Geld für eine einzige Tüte. Wenn einer von ihnen zufällig das nötige Geld hatte, kaufte er sich seine Tüte, ging, vom respektvollen Schwarm der Kameraden gefolgt, gemessen zum Strand und ließ sich, die Füße fest in den Sand gestellt, am Meer, im Schatten eines aus den Fugen gegangenen Bootes, auf den Hintern fallen, wobei er seine Tüte in einer Hand schön senkrecht hielt und sie mit der anderen bedeckte, um keine der dicken knusprigen Flocken zu verlieren. Der Brauch wollte es dann, daß er jedem der Kameraden eine Fritte schenkte, die den einzigen heißen, nach starkem Öl riechenden Leckerbissen, den er ihnen überließ, andächtig genossen. Dann sahen sie dem Glücklichen zu, der die übrigen Fritten eine nach der anderen bedächtig schmauste. Unten in der Tüte blieben immer Frittenreste übrig. Der Vollgestopfte wurde angefleht, sie doch bitte zu teilen. Und meistens, außer wenn es sich um Jean handelte, faltete er das fettige Papier auseinander, breitete die Frittenkrümel aus und erlaubte allen, sich nacheinander einen Krümel zu nehmen. Es mußte sich nur irgendeiner bereit finden, zu entscheiden, wer als erster zugreifen durfte und sich folglich den größten Krümel nehmen konnte. Nach beendetem Festmahl waren Lust und Frustration gleich vergessen, und sie rannten unter der grellen Sonne zum westlichen Ende des Strandes bis zu einem halbverfallenen Bau, der wohl als Fundament einer verschwundenen Hütte gedient hatte und hinter dem man sich ausziehen konnte. Im Nu waren sie nackt, im nächsten Augenblick im Wasser, schwammen kraftvoll und ungeschickt, johlten, spuckten und prusteten, forderten sich zum Tauchen heraus und dazu, wer am längsten unter Wasser bleiben könnte. Das Meer war ruhig, lau, die Sonne jetzt sanft auf den nassen Köpfen, und die Herrlichkeit des Lichts erfüllte diese jungen Körper mit einer Freude, die sie unaufhörlich schreien ließ. Sie herrschten über das Leben und über das Meer, und das Prachtvollste, was die Welt zu geben hat, empfingen sie und machten maßlosen Gebrauch davon, wie Herren, die sich ihrer unersetzlichen Reichtümer sicher sind.

Sie liefen vom Strand ins Meer, ließen auf dem Sand, der sie klebrig machte, das Salzwasser trocknen, wuschen im Meer den Sand ab, der sie in Grau hüllte, und vergaßen darüber die Zeit. Sie rannten, und die Mauersegler begannen mit hektischen Schreien über den Fabriken und über dem Strand tiefer zu fliegen. Der Himmel, gereinigt von der Stickigkeit des Tages, wurde klarer und dann grünlich, das Licht milder, und jenseits des Golfs wurde die bis dahin in eine Art Nebel getauchte Biegung der Häuser und der Stadt deutlicher. Es war noch hell, aber um der raschen afrikanischen Dämmerung vorzubeugen, gingen schon Lampen an. Pierre war gewöhnlich der erste, der das Signal gab: »Es ist spät«, und sofort verabschiedeten sie sich schnell und liefen auseinander.

MARIE LUISE KASCHNITZ

Tummelplätze der Sehnsucht

Das Meer, das Tyrrhenische, das Adriatische, das Jonische, diese Tummelplätze der Sehnsucht, Weidegründe des Fernwehs, alte Ferienparadiese, und sei es nur für einen einzigen Tag, Ferragosto, den 15. August. Als ich geboren wurde oder doch nicht viel davor, hielten die Menschen noch Abstand, standen in dicker Kleidung auf den Felsen herum, welches Erlebnis: der Hall der Brandung, die salzigen Spritzer von fern. Dann die vorsichtige Näherung, Strandferien einen Monat lang, keinen Tag länger und wie viele Badegäste, besonders die Mütter, saßen auch da nur im Sande, ließen sich nur das äußerste Uferwellchen über die Zehen laufen, das fremde Element. Erst von den Nordländern lernten sie es dann, das kecke Hineinspringen und das Wasseraufpeitschen, durch die höchste Brandungswelle tauchen und sich wiegen weit draußen im tieferen Blau. Und das fast zu jeder Jahreszeit, bis in den November und im Mai schon wieder. Was ich alles erlebt habe, die leeren Strände, die spärlich belebten, die übervollen, Körper an Körper den Sonnenstrahlen ausgesetzt, und die brutheißen Heimwege in der schleichenden Kolonne, und nun das Neueste, die Ölverschmutzung, die Wasserverseuchung, die Uferwelle, in die keiner mehr springen mag, mit den vergifteten, bauchoben schwimmenden Fischen. Die eine Yacht besitzen, von der aus sie schwimmen kön- nen, sind zu zählen, sogar an den Fingern einer Hand. Die andern, vielen, sitzen mürrisch im brutheißen, schwärz- lichen Sand und schauen auf das trügerische Glitzern, das Leitungswasser der Duschen tröpfelt nur noch, und die Pinienwälder sind lange schon krank. Des Odysseus, des Aeneas Küsten und gerade eben erst, so kommt es mir vor, vom Volk in Besitz genommen mit Hunderttausenden von selbstgemörtelten Häusern, ein Menschenalter, zwei Men- schenalter, und schon verdorben, und selbst der ferne Ozean ist von Öllachen bedeckt.

ALFRED POLGAR

Italisches Seebad

Der Sand

Der Sand heißt italienisch Sabbia, und so ist er auch. Wenn man ihn, den weichen und festen, durch die Fin- ger rieseln läßt, spürt man mit Behagen das Doppel-B. In der Mittagssonne beträgt seine Temperatur, obgleich es schon September ist, fünfundfünfzig Grad Celsius. Die Sa- lamander, die manchmal aus Verstecken unter der Ba- dehütte hervorkommen und im Sande spazieren, glauben sich in ihrem glühenden Element, und mit nackter Sohle über ihn zu schreiten ist Feuerprobe, Gottesgericht, das nur der Badediener lächelnd besteht. Er ist allerdings fast hundert Jahre alt und hat Venedig gekannt, wie es noch romantisch war und noch nicht so viel Fremdsprachen am Lido gesprochen wurden wie jetzt.

Der Sand ist zahlreich gleich dem Sand am Meere. Milliarden Sanduhren – einstmals Attribut des Todes, jetzt nur noch, in patriarchalischen Wirtschaften, beim Eierkochen verwendet – könnte man mit ihm füllen. Die Kinder frönen am feuchten Sande ihrer Lust, zu formen und zu kneten, und werden so abgelenkt vom Nasebohren, das auch nur eine Betätigung jenes wunderlich früh erwachenden plastischen Sinnes ist, ebenso wie das Herauskratzen von Kitt aus Fensterrahmen oder das Drehen von Brotkügelchen. Die Erwachsenen lassen nachdenklich den Sand durch die Finger rieseln, damit die Zeit vergeht, oder graben sich ganz oder teilweise in ihn ein, oder errichten den Pfirsichkernen und Zigarettenresten, die sie weggeworfen haben, kleine Gedenkhügelchen.

Die vierjährige Maud baut aus Sand einen Negerkral zu Seiten der schönen Hügellandschaft ihrer schlummernden Mama, und der Herr in der Badehütte nebenan hat, fasziniert von dieser Landschaft, die Zeitung schon seit zehn Minuten verkehrt in der Hand.

Nacht

Jetzt ist niemand in den Hütten, das Ufer ist Meeresufer, nicht Badestrand. Das Dunkel hat die Menschen fortgeweht in beleuchtete Räume, wo es ihnen nichts anhaben kann. Die See ist flüssige Finsternis. Landschaft schläft des Nachts, aber das Meer ist ewig wach, und obgleich es unendlich viel Zeit hat, läßt es sich doch keine, sondern arbeitet rastlos, wie ein Verfluchter, der die Ewigkeit einholen muß.

Weit draußen fährt ein Schiff (immer fährt weit draußen ein Schiff), es sieht hold-phantastisch aus, umwittert von Ferne und Fremde und Lebewohl und erregender Ungewißheit.

Aus einer ganz leeren Badehütte treten plötzlich doch zwei, die darin waren; so hebt ein Naturgesetz das andere auf. Der Leuchtturm an der Inselspitze, sein großes Auge öffnend und schließend, blinkt Einverständnis.

Ans Ufer kommt eine Gruppe nichtitalienischer Herren. Die Herren bilden einen Halbkreis und singen, indes das Meer ohnmächtig ans Ufer schlägt, ein Lied in Kanonform: »Komm in den Wald!« Wenn sie in ihren heimatlichen Tälern Halbkreise bilden, singen sie gewiß: »Vieni sul mar!« Denn der Mensch muß eine Sehnsucht haben.

Noch eine Abendglocke nur, die Mammut-Atemzüge der See und verwehtes Geräusch von der Hotelterrasse her, auf der die Menschen nach dem Nachtessen etwas Nacht pure et simple zu sich nehmen.

Kino im Meer

Der Rahmen mit der weißen Leinwandfläche steht draußen im Meer, die Zuschauer sitzen auf freier, großer, übers Wasser hinausragender Terrasse, trinkend und rauchend, umfangen von Meer- und Filmzauber. Das einzige Kino sulla unda del mare, sagen die Affichen.

Ich sah in einer Augustnacht, die so heiß war, daß den Frauen das Rot von den Lippen schmolz, im Kino sulla unda ein Filmdrama, das im verschneiten Hochwald spielte. Schlitten mit Pferdchen, denen es wolkig aus den Nüstern dampfte, jagten durch den nordischen Winter in die südliche Sommernacht hinein, Schnee fiel ins Adriatische Meer, ein Eissturm riß Tannen um und bewegte kein Blättchen an den Oleanderbäumen, die einen halben Meter weit von den Tannen blühten, die Heldin des Films erfror auf einigen Quadratmetern tief unter Null bei achtundzwanzig Grad Hitze rundum, und die Wölfe, die sich ihr gefräßig näherten, achteten der Fledermäuse nicht, die, vom Scheinwerfer der Kinolampe angelockt, um das Haupt der Bedauernswerten schwirrten. Endlich kamen Retter und verscheuchten die Wölfe, die, aus der Leinwandfläche rasend, im Dunkel des Badestrands verschwanden. Dann senkte sich Schweigen auf die Schnee-Einsamkeit des nordischen Hochgebirgs, um das ein paar italienische Segelboote sich im Schlafe wiegten.

RAINER MARIA RILKE

Lied vom Meer

Capri. Piccola Marina

Uraltes Wehn vom Meer,
Meerwind bei Nacht:
    du kommst zu keinem her;
wenn einer wacht,
so muß er sehn, wie er
dich übersteht:
    uraltes Wehn vom Meer,
welches weht
nur wie für Ur-Gestein,
lauter Raum
reißend von weit herein ...

O wie fühlt dich ein
treibender Feigenbaum
oben im Mondschein.

RÜDIGER KIND

Badefänger

Ächzend setzt sich die starke Motorwinde des Trawlers in
Gang, Zentimeter für Zentimeter wird das Schleppnetz
eingeholt. Käptn Holger Schöpflin sieht mit konzentrier-
tem Blick seinen Männern zu, die hier, in der unbarmherzigen Glut der Mittagssonne vor der ibizenkischen Küste, den Fang an Bord hieven. Jeder Handgriff sitzt, es ist

eine eingespielte Crew, die nun schon seit drei Jahren auf der *Stella Maris* vor den belebtesten Badeständen des Mittelmeeres auf Menschenfang geht.

Aber als das Schleppnetz an Bord ist, verdüstert sich Schöpflins Miene – gerade mal drei Erwachsene mit Taucherbrille und Schnorchel und ein kleiner Junge mit Gummitier zappeln im Netz. »Zu wenig für die Hochsaison«, knurrt Schöpflin, wirft den Jungen samt Gummitier zurück in die Fluten und schreitet zur Befragung der Erwachsenen. »Wenigstens ist keiner verletzt«, murmelt der knorrige Seebär mißmutig in seinen Bart. Unversehrte und topfrische Ware sind das A & O der Lebendvermarktung.

Der Grund für die menschenverachtende Praxis, ahnungslose Badende, die sich zu weit ins offene Meer hinausgewagt haben, abzufischen, liegt in der drastisch gestiegenen Nachfrage der Fernsehsender nach Talkshowgästen. Jeden Tag flimmern ein gutes Dutzend Talkshows über deutsche Mattscheiben. Längst haben sie sich aus dem Nachtreservat verabschiedet und beglücken den Zuschauer zu jeder Tages- und Nachtzeit mit Prominententratsch, Zurschaustellung aller nur denkbaren Perversionen und Schicksalsschlägen en gros.

Holger Schöpflin hat Glück. Als er erfährt, daß einer der Eingefangenen eine umfangreiche Preßlufthammersammlung in seiner Bottroper Zweizimmerwohnung untergebracht hat und seine Frau sich deshalb scheiden ließ, hellt sich die Stimmung des Käptns etwas auf. »So was hatten 'se noch nie. Den kann ich mindestens an drei Sender verkaufen.«

Die Nachfrage nach immer exotischeren Gästen übersteigt das Angebot inzwischen weit. Konnte 1990 der Bedarf noch locker an Land gedeckt werden, so müssen die TV-Veranstalter heute rund 10 000 Talkgäste pro Jahr heranschaffen, um die Vielzahl an Sendungen auch nur halbwegs bestücken zu können. Dieser Notstand ließ die Verantwortlichen auch auf die zynische Idee verfallen, das notwendige Menschenmaterial in Seelenfängermanier aus dem Meer zu fischen.

Dramatische Folge dieses Raubbaus an menschlichen Ressourcen: die ergiebigsten Talkgast-Gründe vor Gran Canaria, Ibiza und den Seychellen sind mittlerweile fast leergefischt. Schon tobt der Kampf um die noch verbliebenen kläglichen Reste. Der jüngste Höhepunkt der Auseinandersetzungen: Die schnelle Eingreiftruppe von RTL brachte in den von ihrem Sender beanspruchten Fanggründen vor Sylt einen Seelenfänger des Konkurrenzsenders SAT 1 auf und zwang ihn zum Abdrehen. Begründet wurde die spektakuläre Aktion damit, daß es gelte – so die offizielle Version des Kölner Senders –, die bedrohten Bestände an deutschsprachigen Schlagersängern, die dort bevorzugt ihr Feriendomizil aufschlagen, zu retten.

Bereits 1993 hatten Wissenschaftler der Universität Hamburg vor dem Zusammenbruch des umkämpften Bestands gewarnt. Auch die Talkrundenorganisation der Vereinten Nationen, TAGO, warnt seit Jahren vor der drohenden Überfischung und der Zerstörung eines der vielfältigsten Lebensräume der Erde. Doch alle Mahnungen änderten nichts an der weiteren Ausbeutung durch skrupellose Programmgestalter.

Konsequenz dieses Treibens: Die Bestände werden immer kleiner, weil ihnen keine Chance bleibt, sich zu regenerieren. Immer häufiger finden sich in den Schleppnetzen der Talkgastfänger Menschen, die auch beim besten Willen nicht als TV-tauglich bezeichnet werden können – sogenannter »unerwünschter Beifang«. Nach Schätzungen der TAGO sollen sich 1994 etwa 4200 Body-Piercer, Tätowierungskünstler und andere nicht mehr vorzeigbare Arten in Treibnetzen verfangen haben, die eigentlich für den Fang von kritischen Liedermachern und Stasi-Bespitzelten ausgelegt worden waren.

Damit auch im Jahr 2010 noch vier Gäste pro Talkrunde zur Verfügung stehen, müßten die Fänger weltweit 72 000 Gäste aus den Gewässern holen. Sollten die Bestände jedoch weiterhin so rücksichtslos ausgebeutet werden, ist das unmöglich. Nach Ansicht der TAGO kann sich die Menschheit nur dann weiter mit genügend Talkgästen versorgen, wenn echte Züchtungserfolge erreicht werden und die Züchter ihre Produktion in den nächsten 15 Jahren mindestens verdoppeln. Und nur wenn auf verantwortungslose Fangpraktiken verzichtet wird, werden sich überfischte Bestände genügend erholen können.

Wenn Holger Schöpflin die Argumente der Kritiker hört, rastet er – sonst eher ein ruhiger Typ – regelrecht aus. Für ihn sind diese Kritiker Menschen, die ihn und seinesgleichen um das redlich verdiente Brot bringen wollen. »Ich will die mal hören, wenn die in jeder zweiten Talkshow Inge Meysel und Harald Juhnke zu sehen bekommen. Dann sind die es, die als erste abschalten und Beschwerdebriefe an den Sender loslassen.« Wenn es mit der gesellschaftlichen Diskriminierung seines Berufstandes so weitergeht, überlegt er sich, in die Ostsee auszuweichen. »Vor der polnischen Küste gibt es noch ergiebige Bestände an Autoschiebern und Atomschmugglern, für die eine große Nachfrage besteht«, sagt er, die leuchtend blauen Augen in die Ferne gerichtet.

CESARE PAVESE

Am Strand

Seit geraumer Zeit war es zwischen meinem Freund Doro und mir abgemachte Sache, daß ich sein Gast sein solle. Ich mochte Doro sehr gern, und als er seiner Heirat wegen nach Genua übersiedelte, machte mich das halb krank. (…)

Sie besaßen eine kleine Villa an der Riviera, die häufig das Ziel ihrer kurzen Reisen war. Und in dieser Villa sollte ich ihr Gast sein.

Als ich ans Meer kam, hatte ich befürchtet, meine Tage zwischen Unbekannten verbringen, Hände schütteln, mich bedanken und in einer wahren Sisyphusarbeit Konversationen in Gang bringen zu müssen. Statt dessen führten Clelia und Doro, abgesehen von den unvermeidlichen Abenden mit der Clique, ein eher zurückgezogenes Leben. So aß ich zum Beispiel jeden Abend in der Villa, und die Freunde erschienen erst bei Anbruch der Dunkelheit. Unser Trio ließ es nicht an gegenseitiger Herzlichkeit fehlen, und obgleich wir alle drei hinter unserer Stirn unruhige Gedanken verbargen, sprachen wir über viele Dinge sehr offenherzig miteinander.

Bald hatte ich Abenteuer zu erzählen – Geschwätz aus der Wirtschaft, in der ich zu Mittag aß, seltsame Gedanken und merkwürdige Zufälle, wie das Leben am Meer sie mit sich bringt. (…)

Tagsüber am Strand lagen die Dinge anders. Halbnackt ist man seltsam vorsichtig in dem, was man redet. Die Worte bekommen einen anderen Klang, und sogar wenn man schweigt, ist es manchmal so, als entsprängen der Stille selbst zweideutige Worte. Ausgestreckt auf dem Felsen liegend genoß Clelia die Sonne auf eine geradezu ekstatische Weise und antwortete allenfalls mit einem Murmeln, einem Seufzen oder dem Zucken eines Knies oder eines Ellenbogens auf die wenigen Worte dessen, der neben ihr lag. Bald merkte ich, daß Clelia, wenn sie so dalag, im Grunde überhaupt nicht zuhörte. Doro, der das wußte, sprach sie darum gar nicht an. Düster und unruhig saß er auf seinem Handtuch und legte die Hände um seine angezogenen Knie; nie streckte er sich wie Clelia aus; und wenn er es manchmal versuchte, begann er schon kurz darauf, sich hin- und herzuwälzen, sich auf den Bauch zu drehen oder wieder aufzusetzen.

Aber allein war man nie. Der ganze Strand war ein einziges Wimmeln und Lärmen. Darum gab Clelia den Felsen mit ihrem harten, glitschigen Gestein den Vorzug vor dem allgemeinen Sandstrand. Wenn sie sich aufsetzte und benommen und lachend ihr Haar schüttelte, fragte sie uns, wovon wir gerade gesprochen hätten, und schaute sich um, wer da war. Freundinnen, Guido, die ganze Gesellschaft. Die einen kamen gerade aus dem Wasser, die anderen gingen vorsichtig hinein. Guido in seinem weißen Bademantel erschien mit immer neuen Bekannten, die er aber kurz vor dem Sonnenschirm verabschiedete. Dann kletterte er auf den Felsen, neckte Clelia und ging niemals ins Wasser.

Am schönsten war es kurz nach Mittag oder bei Sonnenuntergang, wenn die Wärme oder die Farbe des Wassers selbst die Widerstrebendsten zum Baden oder zu einem Strandspaziergang verlockten und man allein oder allenfalls mit Guido, der liebenswürdig daherplauderte, zurückblieb. Doro, dem seine Malerei ein schwermütiges Vergnügen bereitete, stellte seine Staffelei manchmal auf die Felsen und malte Boote, Sonnenschirme, Farbflecke. Dabei begnügte er sich damit, uns von dort oben zuzuschauen und unserem Geschwätz zuzuhören. Manchmal kam jemand von unserer Clique im Boot vorbei, legte vorsichtig an und rief nach uns. In der Stille, die darauf folgte, lauschten wir dem Geplätscher des Wassers zwischen den Felsen. (...)

Vom ersten Tag an hatte ich Clelia höflichkeitshalber angeboten, mit ihr zusammen schwimmen zu gehen, aber sie war stehengeblieben und hatte mich mit einem rätselhaften Lächeln angesehen. »Nein, nein«, hatte sie geantwortet. Überrascht hatte ich aufgeschaut. »Nein, nein, schwimmen gehe ich allein.«

Und dabei blieb es. Sie hatte mir erklärt, sie tue alles in aller Öffentlichkeit, aber mit dem Meer wolle sie allein sein. »Wie sonderbar.« – »Mag sein, aber so ist es nun einmal.« Sie schwamm gut, es geschah also sicher nicht aus Verlegenheit. Sie hatte es eben so beschlossen. »Das Meer ist mir Gesellschaft genug. Ich will niemanden dabei haben. Im Leben habe ich nichts, was mir allein gehört. Lassen Sie mir also wenigstens das Meer.« Ohne das Wasser aufzurühren, glitt sie schwimmend davon, und bei ihrer Rückkehr erwartete ich sie im Sand.

LUIGI MALERBA
Alle am Meer

Alle am Meer, sagte die Zeitung. Ich ging ans Meer, ich
langweilte mich, ich wußte nicht, daß ich mich langweilte, ich ging weiter ans Meer. Ich glaubte, mich zu
amüsieren. Ich stand jeden Sonntag morgen gegen acht
Uhr auf, legte den Bademantel, die Badehose, das Fläsch-
chen mit Sonnenöl gegen die Verbrennungen ins Auto
und machte, daß ich weg kam, bevor der Verkehr zum
Stocken kam, aber er stockte immer schon, wenn ich
beim Bahnhof von Trastevere war, wo die Autos von drei
Seiten her, von der Porta Portese, von Viale Trastevere
und von der Circonvallazione Gianicolense, zusammenkommen. Man brauchte eine halbe Stunde, bis man
unter der Eisenbahnbrücke durch war. Ich schloß alle
Fenster, um nicht die Auspuffgase der andern Autos
einatmen zu müssen und platzte dann schier vor Hitze,
dann öffnete ich die Fenster wieder und atmete die Auspuffgase ein. In dieser Zone ist die Luft an sich schon ver-
giftet von der Purfina-Fabrik, die giftige Gerüche verbrei-
tet. Meine Nachbarn in ihren Autos schienen mir alle
zufrieden, und ich fühle mich in der Mitte zufriedener
Leute wohl, weil ich sicher bin, daß sie nichts gegen mich
haben. Alle am Meer, sagte die Zeitung.

Bei der Einfahrt zur Autostraße, unten bei San Paolo,
verlor man nochmals zehn Minuten, und dann begann
das Wettrennen zum Strand. Alle Wagen fahren in die
gleiche Richtung, die einen rascher, die andern langsa-
mer. Man muß aufpassen auf die Linien (einfache Linien,
doppelte Linien, gestrichelte Linien), auf die Wagen vor
einem, wenn sie den Winker betätigen, ob man sie über-
holen kann oder nicht, man muß aufpassen auf den
Rückspiegel und auf die Straßenpolizei, die sich hinter
den Säulen der Unterführungen, hinter den Kurven und
manchmal auch hinter den großen Oleanderbüschen auf-

stellt. Es ist ein großes Wettrennen nach dem ersten Platz, ein Wettkampf, eine Corrida. Manche sterben in einem Zusammenstoß.

Auch ich raste mit meinem Fiat sechshundert Multipla nach Ostia, mit meinem Bademantel, meiner Badehose und dem Fläschlein Sonnenöl neben mir auf dem Sitz. Paß auf, daß du keinen Fußgänger überfährst, sagte ich bei der Einfahrt in Ostia. Sie kamen von allen Seiten, nackt wie Würmer, barfuß, gebräunt und behaart. Wenn du einen Fußgänger überfährst, ist es aus mit dem Vergnügen, du glaubst irgendwen überfahren zu haben, und dabei hast du einen Vater von sechs Kindern, einen Industriellen, einen Finanzmann, einen Divisionskommandanten, eine Persönlichkeit überfahren, die Millionen wert ist, wie es jenem passierte, der einen Ingenieur überfuhr, weil er nackt war. Das geschah vor acht Jahren auf der Strandpromenade, und er zahlt heute noch, und man weiß nicht, wie viele Jahre er noch zahlen muß.

Am Strand war es heißer als gewöhnlich. Von oben stach die Sonne, von unten glühte der Sand. Ich legte mich an die Sonne, rieb mich von Zeit zu Zeit mit Sonnenöl ein, ich stellte mich schlafend, aber hinter der schwarzen Brille sah ich alles. So viele Mädchen, daß man hätte verrückt werden können, ein Supermarkt. Beine auf Beinen, Arme, Füße, Köpfe undsoweiter. Die Männer kamen naß aus dem Wasser und wälzten sich im Sand wie Schweine, mit dem Sand, der an der Haut klebt, rannten sie unter die Dusche, und der Sand ging weg. Von neuem in den Sand wie Schweine. Ein Hin und Her, zum Verrücktwerden. Hinter der Brille lief mir der Schweiß in die Augen, und ich sah nichts mehr.

Wenn man ruhig an der Sonne liegt, wenn die Sonne brennt und der Sand die Hitze reflektiert, läuft man Gefahr, wie eine Bombe zu platzen. Nach einer gewissen Zeit stand ich auf und lief ins Wasser. Ich kann nicht schwimmen, ich sinke sofort auf den Grund. Ich ging mit den Füßen ins Wasser, und das Wasser schien mir eiskalt, das

Wasser stieg mir bis zu den Knien, und als es den Bauch berührte, begann die Tragödie. Die Augen von Hunderten von Menschen waren auf mich gerichtet, wie aus dem Parkett eines Theaters. Sie lachten, auch wenn ihre Gesichter ernst waren, sie lachten innerlich, das war sehr wohl zu sehen. Deshalb machte ich mit dem Arm eine Bewegung wie einer, der etwas vergessen hat und lief zurück auf dem Sand, der nun unter den nackten Füßen brannte. In großen Sprüngen lief ich zu meiner Kabine zurück, schloß mich ein und hätte am liebsten geweint. Ich betrachtete meine Fußsohlen, sie waren schwarz von Teer und Öl, schwarze Flecken, die an der Haut hafteten, und ich konnte die Socken nicht anziehen, und wenn ich sie anzog, so mußte ich sie nachher wegwerfen. Das kommt von den Petroltankern, die vorbeifahren und die Abfälle auswerfen. Das geschieht im tyrrhenischen Meer, wo es Handelshäfen gibt.

Ich betrachtete mich im Spiegelchen der Kabine, ich war feuerrot und unbehaart wie ein Wurm, meine Haut nahm die klassische Bräunung nicht an, sie wurde rot und sonst nichts. Hatte ich wenigstens neue Freundschaften geschlossen? Nein. Oft nahm ich zwei Liegestühle, als ob wir zu zweit gewesen wären, um zu sehen, ob sich vielleicht aus Versehen ein Mädchen neben mich hinlegen würde, aber das passierte nie. Es kam höchstens irgendein Mann und wollte den Liegestuhl wegtragen. Er ist besetzt, sagte ich. Dasselbe im Restaurant. Ich verlangte zwei Gedecke, wir sind zu zweit, sagte ich, ich erwarte eine Freundin. Die Freundin kam aber nie; sie war zu weit weg, um zu kommen. Ich kannte sie noch nicht. Es mußte Zeit vergehen, ich mußte in die Turnhalle von Furio Stella gehen, um ihr zu begegnen. Und nun, da ich ihr begegnet bin, stehe ich hinter dem Ladentisch und warte.

Inmitten dieser nackten Leute waren alle mehr oder weniger gleich, einem Briefmarkenhändler sah man nicht mehr an, daß er Briefmarkenhändler war, man konnte ihn mit einem Professor, einem Ingenieur, einem hohen

Beamten, einem Abgeordneten, einem Richter verwechseln. Ich fühlte mich wie ein Wurm. Ich mischte mich unter die Menge des Kursaal-Strandes, die auf dem Sand durcheinander kroch und wimmelte. Köpfe und Beine berührten sich überall. Wenn ich die Augen schloß, sprach ich mit den Tieren wie im Märchen. Aber im Märchen reden die Tiere, und hier war ich es, und die Tiere richteten das Wort nicht an mich. Das ist tatsächlich kein Märchen. Wenn ich erwachte, war der Liegestuhl nicht mehr da.

GIANNI RODARI

Am Strand von Ostia

Wenige Kilometer von Rom entfernt liegt der Strand von Ostia, und dorthin fahren die Römer im Sommer zu Tausenden und Abertausenden, und am ganzen Strand bleibt nicht einmal so viel Platz frei, daß man mit einer Kinderschaufel ein Loch graben könnte. Und wer als letzter kommt, weiß nicht, wo er seinen Sonnenschirm aufpflanzen soll.

Eines Tages tauchte am Strand von Ostia ein bizarrer, wirklich witziger Herr auf. Er kam als letzter, hatte seinen Sonnenschirm unter dem Arm und fand keinen Platz, wo er ihn hätte aufpflanzen können. Da öffnete er ihn, rückte am Stock etwas zurecht, und sofort erhob sich der Schirm in die Lüfte, und über Tausende und Abertausende von Sonnenschirmen hinweg gelangte er ans Meer und pflanzte sich direkt davor auf, aber zwei oder drei Meter über den Spitzen der anderen Sonnenschirme. Der witzige Herr nahm seinen Liegestuhl auseinander, und auch

117

der blieb in der Luft stehen; er legte sich in den Schatten seines Sonnenschirms, zog ein Buch aus der Tasche und begann in der vor Jod und Salz prickelnden Meeresluft zu lesen.

Anfangs merkten die Leute nicht einmal etwas. Sie lagen oder saßen unter ihren Sonnenschirmen, versuchten zwischen den Köpfen ihrer Vordermänner ein Stück Meer zu sehen oder lösten Kreuzworträtsel, und niemand schaute in die Luft. Aber auf einmal hörte eine Dame etwas auf ihren Sonnenschirm fallen, dachte, es wäre ein Ball, trat heraus, um die Kinder zu schimpfen, schaute um sich und in die Luft, und da sah sie den witzigen Herrn über ihrem Kopf schweben. Der Herr schaute hinunter und sagte zu der Dame:

»Entschuldigen Sie, mir ist mein Buch hinuntergefallen. Könnten Sie es mir bitte wieder heraufwerfen?«

Die Dame fiel vor Überraschung rücklings in den Sand, und da sie sehr dick war, kam sie nicht mehr hoch. Ihre Verwandten eilten ihr zu Hilfe, und die Dame zeigte, ohne ein Wort zu sagen, mit dem Finger auf den fliegenden Sonnenschirm.

»Ach bitte«, sagte der witzige Herr noch einmal, »könnten Sie mir mein Buch wieder heraufwerfen?«

»Aber sehen Sie denn nicht, wie Sie unsere Tante erschreckt haben?«

»Das tut mir sehr leid, aber das war wirklich nicht meine Absicht.«

»Dann kommen Sie herunter, das ist ja verboten.«

»Keineswegs, am Strand war kein Platz mehr, da habe ich mich hier niedergelassen. Ich zahle auch meine Steuern, wissen Sie?«

Einer nach dem anderen beschlossen dann alle Römer, die am Strand waren, in die Luft zu schauen, lachend zeigten sie einander den bizarren Badegast.

»Siehst du den?« sagten sie. »Der hat einen Sonnenschirm mit Düse.«

»Heh, du da oben, Gagarin«, riefen sie hinauf, »laß mich auch mit rauf!«

Ein kleiner Junge warf ihm das Buch hinauf, und der Herr blätterte nervös, um die Seite wiederzufinden, und dann las er schnaubend weiter. Allmählich ließen sie ihn in Ruhe. Nur die Kinder schauten ab und zu neiderfüllt in die Luft, und die mutigsten riefen:

»Sie, Herr!«

»Was wollt ihr denn?«

»Warum zeigen Sie uns nicht, wie das geht, so in der Luft zu schweben?«

Doch der Herr schnaubte unwirsch und las wieder weiter. Bei Sonnenuntergang flog sein Schirm mit einem leichten Zischen davon, der witzige Herr landete auf der Straße neben seinem Motorrad, er schwang sich auf den Sattel und fuhr davon. Wer weiß, wer das war und wo er seinen Sonnenschirm gekauft hatte.

ENZO SICILIANO

Der Badeanzug meiner Mutter

Meine Mutter liebte das Meer, aber sie konnte nicht schwimmen. Sie ging ganz langsam ins Wasser und blieb stehen, sobald das Wasser ihr bis zur Brust reichte. Lachend überspielte sie die Kälteschauer oder rief laut, wie um Hilfe: »Huh, ist das kalt!«. Dann beugte sie die Knie, tauchte bis zum Hals ein, um sofort wieder aufzuspringen. Ein Bad im Meer, das bedeutete für sie, etwa zwanzig Minuten lang im Wasser zu verharren und sich von den Wellen streicheln zu lassen. Sie spritzte sich das kühle Naß über die Schultern, versuchte, ihr trockenes Haar, das von einem Kopftuch aus graublauem Tüll gehalten wurde, zu schützen. Wenn das Meer so stürmisch war, daß es die Badenden umstieß, versuchte sie, seiner Gewalt zu entkommen, indem sie vor und zurück lief, doch so, daß sie dennoch von Kopf bis Fuß naß wurde und gegen die Wellen protestierte, glücklich darüber, sich auch an diesem Tag das Baderitual nicht vorenthalten zu haben.

Das Bad im Meer war sehr wichtig für sie. Sie schrieb ihm therapeutische Fähigkeiten zu, die durch das Sonnenbad noch ergänzt und verstärkt wurden. Meine Mutter bräunte sich in der Sonne, und ihre Haut nahm einen schönen, erdfarbenen Ton an, der ihre kastanienbraunen Augen leuchten ließ.

Sie trug immer einen schwarzen Badeanzug, ihr ganzes Leben lang. Der erste Badeanzug, an den ich mich erinnere, war aus schwarzer Wolle. Schwarz, runder Halsausschnitt und Träger – ein Röckchen verdeckte den Schritt.

Im Vergleich zu ihrem ansonsten eher zierlichen Körper hatte meine Mutter starke Hüften und stämmige Beine. Ihre Knöchel waren schön geformt – doch in ihren Beinen lag eine Kraft, wie sie Bauern eigen ist, die Kraft derer, die es gewohnt sind, weite Strecken zu Fuß zurückzulegen und dabei die Last der eigenen Arbeit spüren.

Ihr Badeanzug war durch den nassen Sand ganz schwer, wenn sie aus dem Wasser kam.

Es vergingen einige Minuten nach dem Bad, und scheinbares Erstaunen machte sich im Gesicht meiner Mutter breit. Dann streckte sie sich im Sand aus, um sich trocknen zu lassen, und als sie sich wieder ausreichend aufgewärmt hatte, ging sie leichtfüßig wie ein junges Mädchen zur Kabine, um ihr Strandkleid anzuziehen. Behende lief sie auf Zehenspitzen über den heißen Sand, um sich die Füße nicht zu verbrennen. Dann trat sie wieder auf die kleine Loggia des Häuschens, ordnete ihr Haar unter dem Kopftuch und knöpfte ihr Strandkleid zu, das ihre Schultern und Beine freiließ. Es war gewöhnlich ein helles, geblümtes Kleid aus einer leichten Baumwolle, die im Wind flatterte.

Nach dem Bad – nie vor halb zwölf am Morgen – kehrte meine Mutter unter den Sonnenschirm zurück und setzte ihre Strick- oder Häkelarbeit fort. Von Zeit zu Zeit kontrollierte sie meine Fingerkuppen.

Wenn sie schon ganz aufgeweicht waren und mein Gesicht bläulich, mußte ich, in ein Handtuch gehüllt, neben dem Sonnenschirm sitzenbleiben und abwarten, bis ich aufhörte, vor Kälte zu zittern. Ich konnte es überhaupt nicht ausstehen, wenn ich naß war und der Sand auf meiner Haut klebte – und ich blieb verärgert sitzen, störrisch und einsam, und versuchte bewußt, mich nicht zu bewegen. Mich plagte der Neid, wenn ich die anderen Kinder am Strand ungestört weiterspielen sah. Das Geplapper meiner Mutter und ihrer Freundinnen, meiner Schwester und deren Freundinnen, betäubte mich schnell – jedoch nicht so sehr, daß ich nicht sofort begriff, wann der Augenblick günstig war und ich – während sie abgelenkt waren – ins Wasser zurückkehren und mich endlich wieder nach Lust und Laune schmutzig und wieder sauber machen konnte.

Ich hatte den Eindruck, daß der schwere, nasse Sand im Badeanzug meiner Mutter ihren Körper auf Pohöhe verformte – und ein störrischer Widerwille hielt mich davon ab, sie anzusehen: Ich wandte meinen Blick von ihr ab weil ich mir vorstellte, etwas Dunkles und Unanständiges täte ihr Gewalt an.

Es war am Strand von Roseto degli Abruzzi, einem kleinen weißen Sandstrand mit einer Reihe von Sonnenschirmen und Umkleidekabinen, der in meiner Erinnerung immer mehr verblaßt. Soviel ich weiß, wurde ich das erste Mal zu diesem Strand gebracht, als ich kaum sechs Wochen alt war, und meine Mutter hat mir noch Jahre später erzählt, daß ich braun geworden sei, während ich in der Wiege unter dem Sonnenschirm schlief, ohne daß die Sonne mir geschadet hätte. Es war für sie wie ein Naturwunder, oder das Zeichen einer Gnade, die mir zuteil geworden war – sie wiederholte es noch, als ich erwachsen war, und beteuerte, daß die Sonne mich nicht »verbrennen« könne, selbst wenn ich ihr meinen Sonnenbrand auf dem Rücken, der Stirn und der Nase zeigte. Immer wieder sagte sie: »Du hast dich mit sechs Wochen nicht verbrannt, also kannst du dich auch jetzt nicht verbrennen.«

Die Zeit am Strand von Roseto, die Jahre unserer Sommerferien in Roseto, bis zum Jahre 1939, schienen ihr später unwiederbringlich.

Ich erinnere mich an meinen Vater, wie er in einer weißen Badehose mit einem roten Streifen an der Hüfte in der Sonne stand und, die Brille auf der Nase, Zeitung las. Mein Vater kam mir sehr groß vor, und die Erinnerung an ihn wird lebendig, wenn ich daran zurückdenke, wie samtweich seine Haut sich anfühlte, wenn er mich im Wasser auf den Arm nahm. Die Sonne blendete mich: Ich schrie, ich weiß nicht ob vor Angst oder Vergnügen – der Meeresschaum spritzte an meinen Beinen hoch. Er wollte, daß ich mich auf seine Unterarme stelle und sagte zu mir: »Spring«. Aber zu guter Letzt war er es, der mich ins Wasser warf, und ich verspürte eine Mischung aus Angst und Vergnügen, das Vergnügen oder die Geborgenheit, die seine Gegenwart mir gab. Wenn er im Wasser neben mir stand, kam er mir noch größer vor.

Ich sehe ihn in einem leeren Raum Zeitung lesen, das Licht fällt auf seine hohe Stirn. Die braune Schildpattfassung seiner runden Brille unterstreicht seine Gesichtszüge, und bei der Lektüre, die durch die starke Konzentration sein Profil verfeinert, kneift er seine Lippen zusammen.

Ich warf eine Handvoll Sand gegen seine Zeitung, aber ich warf gegen den Wind und fühlte, wie der Sand auf mein Gesicht prasselte und mit Wucht auf meine Lider schlug. Ich schrie, weinte, konnte nichts mehr sehen. Ich spürte, daß er mich hochhob und hörte ihn fragen: »Warum hast du das getan?« und das Erstaunen in seiner Stimme klingt bis heute deutlich in meinen Ohren nach.

Vielleicht war es Eifersucht. Eifersucht, die in meinem Herzen brannte, als ich sah, daß er in jenem Moment seine Aufmerksamkeit etwas anderem zuwandte als mir:

122

der Zeitung. Ich hatte ihn eingeholt auf dem glühend heißen Sandstrand, in jener Sommerpracht, die die Gefühle unweigerlich verstärkte.

Mein Vater trug mich in den Schatten, auf die Terrasse des Häuschens und wischte mir die Lider. Er hatte starke Hände, und die hervortretenden Venen auf seinen Handrücken verästelten sich über seinem Unterarm. Er streichelte mich kraftvoll und sanft zugleich. Ich beruhigte mich, sah, wie die Zeitung auf den Boden fiel und die einzelnen Seiten in den Sand flogen. »Und jetzt?« fragte er mich lachend. Hinter uns, jenseits der Umkleidehäuschen und über die Reihe weißer Oleanderbüsche an der Straße hinweg, ertönte das Pfeifen eines Zuges. (…)

Nach dem Essen kehrten wir, gegen fünf Uhr, zum Strand zurück, um »etwas frische Luft zu schnappen«. Sie verboten mir zu baden und zogen mir eine kurze Hose und ein Hemdchen an. Doch ich durfte mir die Sandalen ausziehen und mit den Füßen ins flache Wasser – was ich hartnäckig immer wieder tat. Ich war gerne im Wasser, ohne Schwimmreifen und Wasserball: Ich liebte es, zu planschen, so zu tun, als würde ich schwimmen und toten Mann spielen.

Andererseits war es nicht üblich, nachmittags zu baden: Ich erinnere mich an die Boote, die auf dem Sand in einer Reihe ruhten. Verlassen und ohne Ruder, gegen sechs am Abend, wurden sie für mich – und nicht nur für mich – zu Spielzeugen, zu Phantasieschlössern aus sagenumwobenen Zeiten und Ländern.

Manch einer klappte unter dem Sonnenschirm ein Tischchen auf – es wurde Karten gespielt –, oder aber ein Grammophon mit Handkurbel aufgebaut, und man vernahm sogleich die etwas näselnde Stimme Vittorio de Sicas, die »Sono tre parole …« sang. Die Mädchen saßen auf der Erde, wiegten ihre Köpfe im Rhythmus der Musik und ihre geheimsten Wünsche wurden in einer romantischen Illusion erleuchtet. Das Licht des Sonnenuntergangs legte sich auf den weißen Stoff ihrer Röcke und die baumwollenen Stolen, die von ihren Schultern fielen. Hinter den Pinienspitzen und den Dächern der niedrigen Häuser verschwand die Sonne jenseits der Hügel. Vielleicht fuhr ganz langsam ein Güterzug im Schutz der Häuschen vorbei und der Nachmittag neigte sich dem Abend zu über dem schimmernden Perlgrau des Meeres. (...)

Plötzlich gingen alptraumhafte Platzregen auf den Strand hernieder. Sonnenschirme stürzten um oder flogen ins Meer, Menschen suchten in den Kabinen Zuflucht, schwarze und violette Wolken hingen tief über der Erde. Wasserstrahlen blitzten auf, vor San Benedetto del Tronto hielten sich Fischerbarken mühsam in einer Reihe: Der Regen peitschte auf den Asphalt, und die schlüpfrigen Eisenbahnunterführungen wurden zu einer Zuflucht.

Das schlechte Wetter machte über den Bergen hinter dem Strand kehrt, und aus dem Süden, von Pescara her, breitete sich mitten über dem Meer schnell ein versöhnliches Blau aus. So schnell sich das finstere Blau des Gewitters auf den Wellen niederließ, so schnell verschwand es auch wieder. Dann zupfte meine Mutter das Tuch in ihrem Haar wieder zurecht und ging vorsichtig dem schönen Wetter entgegen. Die Gewitterluft weckte ihre Abenteuerlust.

Ein vertrautes und ungetrübtes Licht legte sich sanft über den Urlaub. Die Erinnerung daran läßt mich jeden anderen Gedanken beiseite schieben und entkleidet die Bilder jeglicher Bedeutung, so daß sie mir rein und mit meinem Körper im Einklang erscheinen. Von diesem Licht bewahre ich die Mittagsglut in meinem Gedächtnis, das Stimmengewirr des morgendlichen Strandlebens, die Angst, die ich bei meinen Auflehnungsversuchen empfand und bei meinen Wünschen, den Wünschen eines Kindes, das das Locken des Meeres in einer seltsamen, ungekannten Heftigkeit erfährt.

Mein erster Neger

Meinen ersten Neger habe ich in Caorle/Italien kennengelernt.

»Es war kein Neger, sondern ein sehr braungebrannter
Urlauber«, sagt meine Mutter. Mein Vater sagt es auch.
Ich hätte als Kind in Caorle einen sehr braungebrannten
Urlauber mit einem Neger verwechselt, sagen meine Eltern, was ihnen damals sehr peinlich gewesen sei. Besonders weil ich plötzlich mitten am Strand stehengeblieben
sei, mit dem Finger auf diesen braungebrannten Urlauber
gezeigt und geschrien hätte: »Schau, Mutti, ein Neger.«

Ich kann mir nicht vorstellen, daß es so war.

Solange ich mich erinnern kann, habe ich zu meiner
Mutter nie »Mutti« gesagt, sondern »Mama«, weil mir
»Mama« unpersönlicher vorgekommen ist als »Mutti«.
»Mutti« war mir schon als Kind zu vertraulich, so daß ich
es immer vermieden habe, »Mutti« zu meiner Mutter zu
sagen. Meine Mutter selbst hat sich oft genug darüber be-
schwert und von mir verlangt, ich solle »Mutti« zu ihr
sagen, was ich aber eben, soweit ich mich erinnere, stets
vermieden habe. Dann habe ich lieber gar nichts gesagt.

Deshalb kann ich mir auch schwer vorstellen, daß ich
am Strand gestanden und »Schau, Mutti, ein Neger« gerufen haben soll, noch dazu mit ausgestrecktem Zeigefin-
ger, wo ich doch als Kind auffällige Gesten immer vermieden habe. Ich habe da zum Beweis mehrere Alben voll
Fotos. Auf allen Fotos sieht man mich ganz steif mit an
den Körper gelegten Armen herumstehen. Nie strecke ich
auf irgendeinem Foto die Arme aus oder spreize die Beine
oder recke den Hals. Ich stehe immer möglichst steif da,
was sich völlig mit meiner Erinnerung an mich selbst
deckt. Ich habe in Erinnerung, alles Auffällige vermieden
zu haben. Deshalb habe ich auch mitten am Strand bestimmt nicht geschrien.

Meine Vermutung ist sowieso schon lange, daß alle Eltern sich ihre Bilder machen von den eigenen Kindern und sich dann an diese Bilder erinnern. Von den Kindern selbst wissen sie gar nichts.

Da mein Vater und meine Mutter aber immer wieder und bereits seit Jahren betonen, daß das kein Neger gewesen sei, sondern ein besonders braungebrannter Urlauber, den ich damals in Caorle gesehen habe, und da ich mir auch nicht recht erklären kann, wie ein Neger ausgerechnet nach Caorle in das Hotel ›Bellavista‹ gekommen sein soll, neige ich manchmal selbst dazu, anzunehmen, daß ich tatsächlich einen braungebrannten Urlauber als Kind mit einem Neger verwechselt habe. Was aber insofern völlig belanglos ist, als ich ja damals dachte, es sei ein Neger, und also meine ersten Erfahrungen mit Negern mit diesem – von mir aus braungebrannten – Urlauber gemacht habe.

Das erste Mal bin ich ihm im Hotellift begegnet. Damals waren Lifte noch etwas Besonderes, und ich bin den halben Tag auf und ab gefahren mit dem Lift. In der Früh einige Male, mittags ein paarmal und abends auch. Eines Morgens, ich war schon im Badeanzug und hatte meine Badetasche umgehängt und fuhr gerade zum dritten Mal hinauf, bevor ich dann endgültig hinunterfahren und frühstücken wollte, da betrat plötzlich der Neger den Lift. Er hatte ebenfalls seine Badehose an. Um den Hals trug er ein grünes Badetuch. Seine Haare waren kurz und kraus. Seine Augen waren braun, und seine Augäpfel leuchteten weiß aus dem braunen Gesicht. Ich hatte furchtbare Angst und drückte mich in eine Ecke des Lifts. Der Neger grinste. Dann verließ er den Lift, und ich fuhr vor Schreck noch einmal hinunter und hinauf und dann erst endgültig hinunter.

Bei diesem Italienurlaub war, wie bei allen unseren Italienurlauben, meine Tante Fini dabei. Die Tante Fini war damals schon über siebzig Jahre alt und sehr rüstig. Heute ist sie tot. Vor ihrem Tod hat sie meinen Eltern einige Male eine Abschrift ihres Testaments geschickt, in dem stand, daß sie meiner Mutter ihren ganzen Schmuck vererben würde, und als sie dann tot war, stellte sich heraus, daß sie den Schmuck doch nicht meiner Mutter vermacht hatte. Meine Mutter war damals sehr enttäuscht.

Meine Tante Fini hatte so viel wertvollen Schmuck, daß sie ihn während ihres Italienaufenthaltes tagsüber und nachts in den Hotelsafe einsperren ließ und nur abends benutzte. Wenn sie ihn benutzte, glitzerte er sehr stark. Sie hatte einen Rubinring mit Brillanten und mehrere Perlenketten, die schimmerten matt im Licht des Restaurantlüsters, und Smaragdketten hatte sie auch, und auch Gold- und Silber- und Platinarmbänder.

Mir hat meine Tante Fini einmal ein Goldarmband geschenkt. Aber ich trage es kaum. Es liegt in meiner Wohnung irgendwo herum. Ich wollte es einmal versetzen, aber der Juwelier hat gesagt, daß es nicht viel bringt.

Das einzige, was meine Mutter letztlich von meiner Tante Fini erbte, waren eine diamantene Anstecknadel und ein Ölbild von einem im Schlamm steckengebliebenen Zigeunerwagen. Meine Tante Fini hatte das Bild auf der Strandpromenade von Caorle gekauft und immer geglaubt, es sei ein Kunstwerk, das im Wert noch steigen werde. Meine Eltern glaubten das auch, weil sie der Ansicht waren, Schmuck und Kunst seien die besten Geldanlagen und irgend jemand müsse ja so ein Kunstwerk erst einmal irgendwo entdecken, bevor es dann im Wert steigen könne.

Beim Frühstück saß der Neger am anderen Ende des Eßsaals. Ich konnte ihn durch einen Spiegel beobachten. Er saß ganz allein an seinem Tisch. Der Neger war der einzige, der einen Tisch für sich alleine hatte. Alle anderen hatten ihre Familien dabei. Während ich Löcher in die großen weißen Semmeln bohrte, die es zum Frühstück gab, beobachtete ich die Eßgewohnheiten des Negers an seinem Einzeltisch. Aber er aß eigentlich alles, was die anderen auch aßen.

Am Strand hab ich ihn in der ersten Woche unseres Urlaubs nicht gesehen. Da hab ich aber auch nicht so besonders auf ihn geachtet, weil ich mit anderen Dingen beschäftigt war. Mit Burgbauen, Schwimmen, Bootfahren, Bocciaspielen, Minigolfspielen, Kartenspielen etc.

Boccia haben wir jeden Tag zweimal gespielt. Einmal vormittags und einmal nachmittags. Es haben immer mein Vater, meine Mutter, meine Tante Fini, eine Urlaubsbekanntschaft – und irgendeine Urlaubsbekanntschaft haben meine Eltern und Tante Fini in jedem Urlaub gemacht – und ich gespielt. In dem Jahr, in dem ich meinen ersten Neger kennengelernt habe, war die Urlaubsbekanntschaft ein Richter aus Stuttgart. Er hieß Rauch und tat immer so, als ob er schwimmen könnte. In Wirklichkeit ging er aber im Seichten mit den Füßen auf dem Boden herum und machte nur mit den Armen Schwimmbewegungen. Meine Tante Fini hat den Herrn Rauch ihren ›Kurschatten‹ genannt. Warum wußte ich nicht. Wer Sieger beim Boccia war, bekam ein Eis. Das Eis hat immer mein Vater bezahlt, ganz egal, ob er selbst Sieger war oder nicht. Manchmal hat er allen ein Eis bezahlt, auch den Verlierern. Nachmittags haben wir auch Boccia gespielt. Vor dem Mittagessen haben wir geduscht und uns umgezogen. Ich weiß nicht, wie das heute ist in Caorle oder Rimini oder Jesolo. Vielleicht gehen ja heute die Urlauber alle im Badeanzug zu Mittag essen. Das war damals ganz unmöglich. Alle Urlauber haben sich sowohl zum Mittag- als auch zum Abendessen umgezogen. Auch der Neger. Zu Mittag hat der Neger meist Bluejeans angehabt und bunte Hemden. Das weiß ich noch genau, weil damals Bluejeans nicht so oft getragen worden sind wie heute. Damals ist es aufgefallen, wenn jemand zum Mittagessen im Hotelrestaurant Bluejeans trug. Die anderen Männer haben zum Mittagessen helle Hosen mit Bügelfalte getragen. Und helle Hemden.

Zum Mittagessen und zum Abendessen gab es je drei Gänge. Beim ersten Gang konnte man zwischen Minestrone und Spaghetti wählen, der Hauptgang bestand aus irgendeinem Stück Fleisch, das mir nie geschmeckt hat, weil es dünn geschnitten war und hart. Das Fleisch bei meiner Mutter war immer dick geschnitten und ganz weich. Fast zerkocht. Meine Mutter hat nämlich immer Angst gehabt, ihr Fleisch könnte hart bleiben. Deshalb hat sie es im Druckkochtopf gekocht und immer fast zerkocht. Da ich aber an das ganz ausgekochte, geschmacklose Fleisch meiner Mutter gewöhnt war, hat mir das Fleisch in Italien überhaupt nicht geschmeckt.

Zum Nachtisch gab es entweder Eis oder Käse oder Früchte. Ich hab immer Eis gegessen. Mittags und abends. Es gab immer Zitroneneis als Nachtisch.

Nach dem Abendessen gingen wir durch Caorle spazieren oder aßen irgendwo noch ein Eis. Meine Tante Fini trug dabei ihren ganzen Schmuck. Wahrscheinlich habe ich deshalb geglaubt, sie sei Millionärin.

Daheim soll sie in einer Wohnung gewohnt haben ohne Warmwasser und mit der Toilette auf dem Gang. Das hat meine Mutter erzählt, nachdem sie – Jahre nach unseren Italienurlauben – mit meinem Vater zum ersten Mal meine Tante Fini besucht hatte. Sie haben es einen Blitzbesuch genannt, weil sie nämlich den Besuch in Kassel einfach ohne Anmeldung machten. »Mir sind die Augen aufgegangen«, hat meine Mutter bei der Rückkehr gesagt, »es war nicht einmal eine Tischdecke auf dem Tisch.« Ich glaube, sie hat sogar das Wort »armselig« benutzt. Daß sie vom Doppelleben meiner Tante Fini gesprochen hat, weiß ich noch genau, weil ich das sehr übertrieben fand.

Aber all das haben wir damals, als ich noch mit meinen Eltern und der Tante Fini Urlaub in Caorle und Rimini und Jesolo machte, nicht gewußt. Wir haben meine Tante Fini für reich gehalten und für sehr vornehm. Besonders vornehm ist mir als Kind auch immer vorgekommen, daß sie einen Nasenschützer trug, wenn sie in der Sonne lag.

Ihre Nase wurde in der Sonne nämlich sofort rot und schälte sich dann. Der Nasenschützer war aus Plastik und durchsichtig. Einmal hatte ihn meine Tante Fini noch auf der Nase, als sie zum Abendessen kam. Als sie am Tisch vom Neger vorbeiging, sah ich im Spiegel, daß der Neger auf seine Nase deutete, was meine Tante Fini damals völlig mißverstand. Sie wurde ganz rot im Gesicht und kam so wütend an unseren Tisch im Hotelrestaurant, daß es lange dauerte, bis wir ihr sagen konnten, daß sie den Nasenschützer auf der Nase vergessen hatte. Meine Tante Fini hat dann noch sehr gelacht über den auf der Nase vergessenen Nasenschützer. Aber daß der Neger ein unverschämter Kerl sei, dabei ist sie geblieben.

Es war auch im Spiegel, als er mir das erste Mal zublinzelte. Beim Zitroneneisessen. Der Neger aß nämlich auch jeden Tag zu Mittag und zu Abend Eis als Nachspeise. Als wir gerade beim Zitroneneisessen waren und ich ihn beobachtete, blinzelte er mir zu. Ich tat zwar so, als hätte ich es nicht gesehen, spürte aber, wie mir ganz heiß im Kopf wurde. Ich war ja ein sehr schüchternes Kind. Vor dem Frühstück und dem Mittag- und Abendessen bin ich oft so lange Lift gefahren, bis meine Eltern aus ihrem Hotelzimmer gekommen sind, weil ich Angst gehabt habe, der deutsche Junge, der mit seinen Eltern am Nachbartisch saß, könnte mich ansprechen.

Ich wollte als Kind nicht mit anderen Kindern spielen. Meine Mutter, die sich deshalb immer Sorgen gemacht hat, hat mir oft erzählt, wie sie für mich, als ich drei Jahre alt war, am Strand von Jesolo eine Freundin gesucht hat, weil ich alleine zu schüchtern dazu gewesen sei. Sie sei mit mir an der Hand von Kind zu Kind gegangen und habe alle gefragt, ob sie meine Freundin sein wollten. Sie hat dann auch ganz offensichtlich eine Freundin für mich gefunden, denn es gibt ein Foto, da sitzen dieses Mädchen und ich nebeneinander im Sand und graben trostlos herum.

Ich ahnte, daß meine Mutter den Neger nicht mochte. »Komisch, daß der ganz alleine Urlaub macht«, sagte sie zu meinem Vater im Liegestuhl, und zu meiner Tante Fini hat sie gesagt: »Irgend etwas stimmt mit dem nicht.« Zu mir hat sie nichts gesagt. Nur, daß ich mir den Badeanzug ordentlich hochziehen solle, hat sie immer gesagt. Der Badeanzug rutschte mir nämlich bis zum Bauch hinunter, weil die Träger ausgeleiert waren und ich vollkommen platt war obenherum.

Ich war zehn Jahre alt, als ich meinen ersten Neger kennenlernte. Wir waren schon gut eine Woche lang in Caorle, als er mir zum ersten Mal ein Eis kaufte. Ein Zitroneneis. Ich hatte gerade beim Bocciaspielen verloren, und mein Vater hatte gewonnen und kaufte aus irgendeinem Grund, der mir jetzt entfallen ist, niemandem ein Eis. Nicht einmal sich selbst, obwohl er doch Sieger war. Ich glaube, es war vorher um eine Anzughose gegangen, die mein Vater nicht anziehen wollte, die aber meiner Mutter besonders gefiel, oder so ähnlich. Jedenfalls waren sie alle schlechter Laune. Meine Tante Fini schnalzte unentwegt mit der Zunge, was meistens bedeutete, daß es kurz darauf zu einem offenen Streit kommen würde. Und zwar erfahrungsgemäß genau nach der ersten Urlaubswoche. Ich schlenderte daher allein am Strand entlang bis zur Bar mit dem Eisstand. Dort versteckte ich mich hinter einer Badehütte, weil ich den deutschen Jungen gesehen hatte, der im Hotelrestaurant an unserem Nachbartisch saß, und da begegnete ich dem Neger, der gerade aus der Badehütte kam und mich zum ersten Zitroneneis einlud.

Von da an traf ich ihn jeden Tag. Heimlich. Ein einziges Mal hat uns meine Mutter erwischt, als wir gerade Eis gegessen haben, und sie hat mich sofort zu sich gerufen. Dann hat sie zu mir gesagt, ich müsse ihr mein Ehrenwort geben, daß ich nie mehr von einem fremden Mann ein Eis annehme, und ich habe ihr mein Ehrenwort gegeben. Ich habe später meinen Eltern noch viele Ehrenwörter gegeben, die ich nie gehalten habe. Meineide habe ich auch viele geleistet. Und ihr Vertrauen habe ich laufend gebrochen. Die Erziehung meiner Eltern war nämlich auf Vertrauen aufgebaut.

Der Neger hat gesagt, ich sei schön. »Bella«, hat er gesagt, und er war der erste Mann meines Lebens, der mir das gesagt hat. So was hatte mir auch noch keine Frau gesagt. Überhaupt niemand hatte mir bis dahin gesagt, ich sei schön. Ich war auch nicht besonders schön, glaube ich.

Es gibt ja Fotos. Ich war dünn und hatte ganz kurze Haare, die aussahen, als hätte man mir einen Kochtopf aufgesetzt und sie danach abgeschnitten. Die Kleidung, die ich trug, war immer unpassend. Ich trug immer Kleider, in denen ich noch dünner und noch größer aussah, als ich ohnehin schon war. Der Neger fand besonders meine Augen schön. Was mich nicht besonders wunderte, da ich wußte, daß die Neger alle braune Augen haben, und ich blaue Augen habe. Als Kind hatte ich sogar hellblaue Augen, ich hatte, nach den Fotos zu schließen, bis etwa zu meinem dreizehnten Lebensjahr himmelblaue Augen. Ab da sind sie dann gedunkelt. Der Neger fand meine himmelblauen Augen schön, außerdem meine Haare. Mag sein, daß sie tatsächlich in Italien noch am ansehnlichsten waren, weil sie da von der Sonne ausgebleicht waren und ausgetrocknet vom Salz und vom Sand und durcheinandergeraten vom Wind. Sonst waren sie jedenfalls nicht schön. Meine Mutter hat sie mir auf der Seite gescheitelt und mit einer Spange aus der Stirn gehalten, so daß es aussah, als klebten ein paar Strähnen an meinem Kopf. Der Kopf wirkte zu klein dadurch, wenigstens auf den Fotos.

Beinahe hätte mir der Neger einen neuen Badeanzug gekauft. Wir hatten uns bei der Badehütte getroffen – wir haben uns übrigens nie verabredet, sondern ich bin einfach jeden Tag einmal zur Badehütte geschlendert, und da hab ich ihn dann getroffen, und wenn er gerade nicht da war, hab ich eine Weile gewartet, und manchmal hat er eine Weile gewartet, glaub ich –, da kam ein Händler für Badeanzüge vorbei. Es waren glitzernde Badeanzüge, die er verkaufte, das weiß ich noch. Ob da Goldfäden hineingestickt waren, oder ob Flitter draufgepreßt war, und aus welchem Material diese Badeanzüge angefertigt waren, weiß ich nicht mehr. Ich weiß nur, sie glitzerten dermaßen in der Sonne, daß man beinahe die Augen schließen mußte, wenn man hinsah. Vorne waren schillernde Tiger und Zebras und Elefanten auf die Badeanzüge gestickt oder gepreßt. Ich hätte sehr gerne so einen Badeanzug gehabt. Der

Neger sagte sofort, er würde mir einen Badeanzug kaufen, aber ich wußte natürlich, daß ich nicht mit einem neuen Badeanzug zu meinen Eltern zurückkommen durfte. Sie hätten ihn mir sofort abgenommen und mich von da an keinen Augenblick mehr aus den Augen gelassen. Also mußte ich den Badeanzug ablehnen. Nachher bin ich hinter die Badehütte gegangen und habe ziemlich geheult.

Der Neger hieß Bruno. Wir sind miteinander den Strand hinaufgewandert und haben Muscheln gesammelt. Manchmal sind wir auch mit dem Tretboot gefahren, und einmal haben wir uns am Strand miteinander fotografieren lassen. Dazu sind wir extra in ein Segelboot geklettert, das dort lag, und dann hat der Fotograf uns fotografiert.

Wir haben auch Federball miteinander gespielt und Minigolf und Fußball. Nur schwimmen ist der Neger nie gegangen.

Meine Tante Fini hat sich Sorgen um mich gemacht. »Ich an eurer Stelle würde das Kind nicht immer alleine rumlaufen lassen«, hat sie oft zu meinen Eltern gesagt. »Warum kann es denn nicht hier im Liegestuhl liegen bleiben, statt alleine durch die Gegend zu spazieren?« Aber meine Mutter hat Gott sei Dank immer gefunden, meine Tante Fini, die eine Cousine meines Vaters war, sei zu altmodisch in erzieherischer Hinsicht. Sie hat daher nur vor sich hin gelächelt, wenn sich meine Tante Fini Sorgen um mich gemacht hat, und gesagt, am Strand spazierenzugehen sei jedenfalls gesünder, als den ganzen Tag im Liegestuhl herumzuliegen. Im Grunde haben sich meine Mutter und meine Tante Fini gehaßt. Aber sie haben es beide nie zugegeben. Ich habe oft gesehen, wie meine Tante Fini hinter dem Rücken meiner Mutter den Kopf geschüttelt hat, und was meine Mutter zu meinem Vater über die Tante Fini gesagt hat, habe ich ja auch alles gehört.

Ich habe meine Tante Fini als Kind aber sehr gemocht. Wenn wir in Caorle ankamen, hat sie mich meistens gleich in die beste Gelateria des Ortes eingeladen. Dort waren die Sessel, fast so wie beim Niemetz in Linz, mit rotem Samt überzogen. An den Wänden hingen Leuchter, die waren alle aus Kristall.

Außerdem mochte ich an meiner Tante Fini, daß sie immer sehr lachte, zum Beispiel wenn sie den Nasenschützer abzunehmen vergessen hatte. Besonders wenn sie zum Abendessen zwei Glas Rotwein mit Wasser vermischt getrunken hatte und dann von ihren Verehrern erzählte, etwa wie es ihr gelungen sei, den Kurschatten abzuschütteln, indem sie einfach ein Stück ins Meer hinausgeschwommen sei, lachte sie sehr. Es liefen ihr dann die Tränen übers Gesicht, und ich sah durch den Spiegel, daß der Neger immer mitlachte. Meine Tante Fini war damals schon 72 Jahre alt.

Später hab ich sie auch nicht mehr gemocht. Je älter ich wurde, desto mehr hatte sie an mir auszusetzen. Lange Haare und Hosen fand sie nicht vornehm genug, und es gab dauernd Streit. Das war bei den letzten unserer gemeinsamen Urlaube. Meine Eltern fuhren dann nicht mehr nach Italien, weil sie eine Sommerwohnung in Grünau im Almtal gemietet hatten, wo es meinem Vater besser gefiel als in Caorle, weil er die Berge immer lieber gemocht hatte als das Meer, und dort wollte uns meine Tante Fini nicht besuchen. Sie sagte, die Berge seien nichts mehr für sie. Für die Berge sei sie zu alt. Daß es ihr am Meer auch schon lange nicht mehr gefalle, weil es ihr zu schmutzig sei, war noch eine andere Sache.

Aber damals in Caorle, als ich meinen ersten Neger kennengelernt habe, hat es uns allen am Meer sehr gut gefallen.

Als wir den Strand hinaufwanderten und Muscheln sammelten, habe ich den Neger gefragt, wie es bei ihm zu Hause aussehe, und er hat gesagt, sie hätten hohe Berge dort, mit Schnee. Als ich ihn gefragt habe, ob es auch wilde Elefanten gebe, hat er gelacht. Aber dann hat er gesehen, daß es mir ernst war mit meiner Frage, und er hat nur noch gelächelt, und dann hat er sich in den Sand gesetzt und so eigenartig aufs Meer geschaut. Mit den Händen hat er im Sand gebuddelt, und den Sand hat er zwischen den Fingern durchrinnen lassen, die ganze Zeit. »Große Elefanten«, hat er nach einer Weile gesagt, »große Ohren und dicke Beine.« Dann hat er wieder aufs Meer gestarrt. Nach einer Weile hat er zu sprechen angefangen, in gebrochenem Deutsch übrigens.

Er erzählte von einem großen Land mit dem Indischen Ozean im Osten, hohen Schneebergen in der Mitte und Seen im Norden. Von Flüssen mit Goldstaub. Von schwarzen porösen Brocken vulkanischen Gesteins, zwischen denen Bäche in kristallklare Wasserwannen mündeten. Er erzählte von weißgebleichten Elefantenknochen in ausgetrockneten Flußbetten. Von elektrischen Zäunen. Von Flamingos. Von Weißbartgnu-Jungen, die zu Zehntausenden an einem bestimmten Tag im Februar geboren würden. Von Stacheldraht, Wachtürmen und Gitterverschlägen. Er erzählte von einem wunderschönen, langbeinigen Mann. Von taubeneiergroßen Diamanten, die im Sand irgendeiner Wüste lägen. Von einem Geruch sprach er, wie in den Gewölben alter Kathedralen, vom Licht, ich bin sicher, er sprach von Stromleitungen durch die Wüste und über die Berge hinweg. Er sprach von Eisenbahnlinien durch den Urwald. (Hier sagte er noch einmal: »Der Geruch von alten Kathedralen.«) Sprach auch immer wieder von Elefantenknochen. Während er erzählte, sah er aufs Meer hinaus. Durch seine Finger ließ er den Sand rinnen.

Als man ihn vor dem Hotel aus dem Wasser zog, war er vollständig bekleidet. Trotzdem sagten damals alle, daß er beim Schwimmen ertrunken sei. Er soll nichts bei sich getragen haben, außer einer Fotografie, aber da sei nur er selbst draufgewesen. Die andere Person, die offensichtlich noch auf dem Foto war, sei mit einer Schere fein säuberlich herausgeschnitten gewesen.

So und nicht anders habe ich es in Erinnerung. Meine Eltern sagen, es sei alles ganz anders gewesen. Sie sagen, ein

Fischer sei damals ertrunken, und er sei nicht vor unserem Hotel, sondern ein paar Kilometer strandabwärts aus dem Meer gefischt worden.

Der braungebrannte Urlauber, den ich damals für einen Neger gehalten hätte, der sei plötzlich abgereist. Und nie und nimmer sei er ein Neger gewesen.

Aber ich bin jetzt, nachdem ich die Geschichte aufgeschrieben habe, überzeugter denn je, daß es nur ein Neger gewesen sein kann.

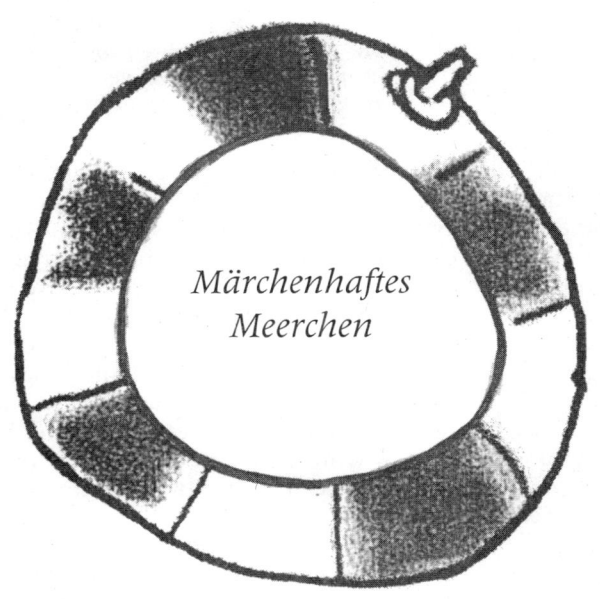

Märchenhaftes
Meerchen

FRITZ RUDOLF FRIES

Wie das Meer entstanden ist

> Vorgänge im Zechstein: Thüringen war
> vor 270 Millionen Jahren von einem fla-
> chen Meer bedeckt, was verdunstete.
> (Aus dem Erdkundeheft meiner Tochter)

Wie die Sonne entstanden ist, erzählt ein australisches
Märchen.

Die Sonne ist ein Kranichei. Eines Tages, als Strauß und
Emu und Kranich, die damals noch viel größer waren als
heute, miteinander einen Streit hatten, schleuderte der
Kranich voll Jähzorn eins seiner Eier in den Himmel. Das
Ei fiel im Himmel auf einen Holzstoß, zerplatzte, und das
Eigelb ergoß sich über das Holz. Der ganze Haufen begann
in hellen Flammen zu lodern. Alle Vögel und Tiere staun-
ten und sahen sich an. Menschen gab es noch keine. Das
Holz brannte, und es wurde Morgen, das Holz brannte
lichterloh, und es wurde Mittag. Das Holz glomm dahin,
und es wurde Abend.

Das ist die Sonne, sagen die Kinder, aber das Meer? Zuerst war die Erde wüst und leer, ganz trocken und braun.
Die Sonne sah sich diese häßliche Kugel an und war un-
zufrieden. Da schickte sie den Hahn hinunter, der legte
zwei goldene Eier, das eine Ei schlug er auf, und sieben
Ströme flossen über die Erde. Die Ströme machten die
Erde naß und das Gras begann zu sprießen und die
Bäume zu wachsen, und Äpfel, Birnen und Feigen und
Weißbrot gab es die Menge. Man brauchte nur die Hand
auszustrecken. Der Hahn krähte früh und spät, damit es
eine Zeiteinteilung gäbe und die Menschen wüßten,
wann sie aufstehen und zu Bett mußten. Aber so viele
Feigen und Melonen und Weißbrot und Weißkäse und
Pflaumen machten die Menschen krank. Und vor allem
der Hahn, der störte sie am meisten. Sie wollten einen
Wohlstand ohne Hahn. So gingen sie hin und verleum-

deten ihn. Der machte sich verärgert aus dem Staub und flog zurück zur Sonne. Da fanden die Menschen im Nest des Hahns, das sie sogleich untersuchten, das zweite Ei. Sofort schlugen sie es auf. Da kam eine Unmenge Wasser heraus, nichts als kaltes trauriges Wasser, das die ganze Erde überschwemmte. Die Menschen ertranken alle, bis auf einen, der war ein Slowene, weil das hier ein slowenisches Märchen ist. Er klammerte sich an einen Weinstock, neun Jahre hing er daran und nährte sich von den Beeren. Der Teufel half ihm, denn immer, wenn das Wasser ein wenig zunahm, wuchs auch der Weinstock ein wenig höher. Natürlich kostete das was, diese Gefälligkeit. Der Slowene mußte nämlich den Hahn herunterholen, mit einem geschickten Pfeilschuß, und der Teufel briet sich das Tier und aß es allein auf. Zum Lohn für die Tat machte der Teufel dem Slowenen einen Wein aus den Weintrauben, und der Mann schlief ein und fiel in böse Träume. Ringsum gurgelte das Meerwasser und blieb.

Aber wie ist es wirklich entstanden? fragen die Kinder, wenn wir am Strand liegen. Was war zuerst da, das Meer oder das Land? Keine Ahnung, sage ich, was war zuerst da, die Henne oder das Ei? Tatsache ist, sage ich, daß das Meer im Grunde unbekannter ist als der Mond.

Das Märchen vom Meerchen und dem Käfer

Es war einmal ein Meerchen.

Es war kein altes Meerchen. Es gab es erst seit vorvorgestern. Deshalb schwammen auch noch keine Fische oder Krebse in ihm. Nur ein einsamer Käfer durchfurchte die Wogen – leider unfreiwillig: er war aus Versehen da hineingeraten.

»Nanu? Neulich noch bin ich trockenen Fußes dieses Weges gegangen, und heute zapple ich in einem Ozean? – Ob ich die etwa 7 km (Abkürzung für *K*äfer*m*eter) bis zum Ufer schaffe?«

Also sprach der Käfer. Er hätte lieber den Mund halten sollen; denn so schluckte er zuviel Wasser. Und da er schließlich kein Wasserkäfer war, verließen ihn die Kräfte – und bald darauf die Sinne – – –

Der Regen hatte endlich aufgehört, und die vielen hundert Tröpfchen des Meerchens kletterten an den Sonnenstrahlen empor, um sich zu erwärmen und da oben irgendwo ein kleines Wölkchen zu bilden. Unten aber war von der Pfütze nichts mehr nachgeblieben. Nur ein toter Käfer lag im Sand und streckte alle sechse von sich …

Und wenn es vorvorgestern, vorgestern und gestern nicht geregnet hätte, dann lebte er noch heute, morgen und übermorgen.

JOACHIM RINGELNATZ

Das Lied von der Hochseekuh
(Chanty zum Tauziehen)

Zwölf Tonnen wiegt die Hochseekuh.
Sie lebt am Meeresgrunde.
Ohei! – – Uha!
Sie ist so dumm wie ich und du
Und läuft zehn Knoten in der Stunde.
Ohei! – – Uha!

Sie taucht auch manchmal aus dem Meer
Und wedelt mit dem Schweife.
Ohei! – – Uha!
Und dann bedeckt sich rings umher
Das Meer mit Schaum und Seife.
Ohei! – – Uha!

Die Kuh hat einen Sonnenstich
Und riecht nach Zimt und Nelken.
Ohei! – – Uha!
Und unter Wasser kann sie sich
Mit ihren Hufen melken.
Ohei! – – Uha!

ALVARO CUNQUEIRO

Das fruchtbare Meer

In Galicien gibt es einen Strand, am offenen Meer, und am Tag Unserer Heiligen Jungfrau des Septembers haben die Wellen dort jene Kraft, die die Frauen fruchtbar macht. Man hat mir versichert, daß an keinem anderen Tag des Jahres so viele Frauen nach A Lanzada kommen, um in den neun fruchtbaren und wohltätigen Wellen zu baden, und nicht nur die Bauersfrauen aus dem Landesinnern, mit ihren weiten weißen Blusen, sondern auch Frauen aus den Städten, im einfachen Bikini. Merkwürdig, daß in diesen Jahren unseres fortgeschrittenen Jahrhunderts, in der Ära der Verhütungsmittel, so viele Galicierinnen darauf hoffen, durch die männliche Kraft des Meers zu Müttern zu werden, jene geheimnisvolle, magische Kraft des Meers, in der die keltischen Bewohner der Atlantikküste einen Gott am Werk sahen, den großen, bärtigen Llir, dessen Name wiederauftaucht in einem großen Augenblick der Weltliteratur – es ist der Name des Königs, König Lear aus Shakespeares Tragödie.

In Galicien behaupten einige, der Name finde sich in einem Gesang des Königs Dinis von Portugal. Der König der Lusitanier befiehlt, in Lissabon – ›sobre lo ler‹ – Schiffe zu bauen. Meine Landsleute glaubten, daß ›ler‹ der Name des Meeres sei, das heißt der Name für den Gott des Meeres. Sir Lear, der so dem Meer seinen Namen gegeben habe. Aber andere haben uns erklärt, daß ›ler‹ – ganz wie ›giera‹, ›llera‹, Laredo – die Bezeichnung für einen Strand aus Kieselsteinen ist, und so entstehen, im Gesang des Königs Dinis, die Schiffe am steinigen Gestade von Lissabon:

> »En Lisboa sobre lo ler
> barcas novas mandei facer!«

Natürlich, es wäre gewiß ein wunderschöner Zufall, wenn sich der keltische Name des Meeresgotts – Poseidon des

Atlantiks – auf diese Weise bis ins dreizehnte Jahrhundert in unseren Liedern erhalten hätte. Jedenfalls, wer auch immer im Meer sein Wesen treibt, Frauen, die bis dahin nur Mädchen geboren haben und die in den neun Wellen baden, werden durch seine Zeugungskräfte mit männlichen Nachkommen gesegnet.

Ich bekenne, daß ich immer wieder zu erfahren versucht habe, ob die Mädchen und Jungen, die mir in den kleinen Städten und Dörfern rund um die Ria de Arousa über den Weg liefen, das Ergebnis einer septemberlichen Pilgerreise ihrer Mutter an den herrlichen Strand von A Lanzada waren. Manchmal, in Cambados zum Beispiel, habe ich mich erkundigt, ob Frauen von dort nach A Lanzada gegangen und neun Monate später niedergekommen seien. In meinem Kopf hatte sich nämlich die fixe Idee eingenistet, es müsse irgend etwas an diesen Söhnen dran sein, die der Ehemann mit Hilfe des Meers gezeugt hatte – ein Mal, eine Geste, ein Akzent, die sie von den übrigen Eheerzeugnissen unterschieden. Gibt es nicht jenes grüne Leuchten, wenn die Sonne abends im Meer versinkt? Ganz so könnte doch in einem Moment dieses grüne Leuchten in einem Blick aufscheinen. Oder das Echo der Sirenen in der Stimme. In meinem Alter bleibt mir nicht mehr die Zeit, um all das zu erforschen, ich bin angewiesen auf die Fantasie, und ich vermute, daß man in den Augen suchen muß, wenn man hinter den Zauber und das Geheimnis der Zeugung dieser atlantischen Kinder kommen will.

Ramuneta am Strand

Ramuneta hatte oft zu hören bekommen:

Die Venus von Milo wäre von einigem Interesse, wenn man ihr einen Badeanzug aus grüner Seide anziehen würde. Während Ihnen, Ramuneta, mit Ihren zwei blonden Zöpfen, besser ein Badeanzug aus himmelblauer Seide stehen würde.

Also tummelt sie sich – Rehkitz im Meer – am Strand, an einen Jüngling geschmiegt, blau der zart modellierte Badeanzug, der fließend ihre plastische Anmut verhüllt und sanft über den aufspringenden Knospen ihrer Brüste dieses kleinen perfekten Körpers liegt.

Ramunetaaaa...

Man bleibt verzückt auf dem Trocknen stehen, entzückt von meiner Ramuneta, es ist die Aufmerksamkeit von Kindern für die Papierdrachen, die sie selber über die Strände schicken.

Ramuneta, hören Sie nicht die Akkordeons in den Häfen? Schauen Sie, genau dort über der Bucht, ist es der Wind oder eine Polka, dieser süße Klang oder Kontakt, der jetzt zu uns dringt?

Aber sie lacht und kann nicht anders, sie fängt an wie töricht zu tanzen.

Wie verwirrend dieses WILLST DU? ihrer Schenkel und dieses ICH KANN NICHT! ihrer Augen! Von welch ungeborener Möwe oder von welch ungewöhnlichem Delphin hat sie wohl diese seltsamen Bewegungen übernommen?

Aber eine untergehende Sonne, wütend über ihre unumgängliche Abwesenheit, schleudert eine große Handvoll letzter Strahlen gegen sie.

Ach! ich kann nicht sehen, ich bin gerade blind geworden. Wo sind wir?

Damit sie es erfährt, lese ich ein paar Zeilen, die ich seit Tagen vorbereitet habe.

Konkave Tagespracht: reine Kurve, die zu allen Stränden führt.

Über deiner Stirn, Ramuneta, ein Ringelwurm aus Licht und unter deinen nackten Füßen schafft ein Meerblau Friese, ohne es zu wissen.

Auf dem Gold des Sandes strandet der Wettbewerb der Wellen, Diskuswerfer sind die feinen kleinen Wellen, Plattwürmer die Grünalgen. In der schattenlosen Abenddämmerung, in der kein Laut sich regt, ist der Schaum der Wellen ein weißer Rhythmus.

Subtile Geometrie ferner Städte hüllt in wahnsinnigen Luftspiegelungen den Horizont ein.

Hundert Wege machen den Vorschlag für hundert verschiedene Motive.

Felder Städte Wirbel von Dingen und Reflexen: Es ist, als könnte man die Welt vor Ort in ihrer ganzen Chromatik ahnen.

Vor uns liegt ein Meer ohne Schiffe ein Meer ohne Fische ein Meer ohne Strände ein Meer ohne Meer.

Deine zwei blonden Zöpfe, Ramuneta, sind zwei Verehrungen an die Dämmerung, wo dein Lächeln geboren wird, dein Lächeln, das Platz hat in meinen weißen Kleidern.

Augenblicke später, auf der Flucht vor meinen Rufen, schwamm Ramuneta, unversenkbar zwischen den beiden köstlichen Kürbissen ihrer Brüste, lachend zu den Inseln.

LEWIS CARROLL

Das Walroß und der Zimmermann

Die Sonne schien aufs Meer herab,
    Sie schien mit aller Macht;
Gab sich die allergrößte Müh,
    Daß sie das Meer zum Glitzern bracht' –
Und das war seltsam, denn es war
    Schon kurz nach Mitternacht.

Der Mond sah dieses gar nicht gern:
    Die Sonne, wie ihm deuchte,
Die habe sich hinwegzuscher'n,
    Wenn man sie nicht mehr bräuchte.
»Das ist doch keine Art!« sprach er,
    »Wo ich doch hier schon leuchte!«

Das Meer war nässer noch als naß,
    Der Sand wars weniger.
Kein Wölkchen stand am Himmel, denn
    Die Nacht war wolkenleer.
Kein Vögelchen flog drüber hin,
    Denn es flog keines her.

Das Walroß und der Zimmermann
    Spazierten hier am Strand
Und weinten herzlich über den
    Entsetzlich vielen Sand:
»O weh und ach!« so seufzten sie,
    »Der Sand nimmt überhand!«

»Wenn sieben Mägde sieben Jahr
    Hier täglich siebenmal kehren,
Ob sie dann wohl«, das Walroß sprach,
    »Den Strand vom Sand entleeren?«

146

»Wohl schwerlich«, sprach der Zimmermann
  Und weinte heiße Zähren.

»Ihr Austern, kommt!« das Walroß rief,
  »Wollt ihr uns nicht begleiten?
Und unter traulichem Gespräch
  Mit uns am Strande schreiten?
Doch höchstens vier! Mehr können wir
  Nicht an der Hand geleiten.«

Die Austernmutter schaute auf
  Und schloß das Auge stumm
Und klappte ihre Schalen zu,
  Das machte leise: »Schrumm!«
Und hieß: »Fort von der Muschelbank?
  Da wäre ich ja dumm!«

Vier Austernkinder aber schrien
  Gar eifrig im Vereine:
»Den Hals geschrubbt! Den Mantel her!
  Die Schuhe blank und reine!« –
Und das war gleichfalls seltsam, denn
  Sie hatten keine Beine.

Schon folgten ihnen weitere vier
  Und vier noch hinterdrein
Und hinter ihnen wieder vier
  Und vier und vier in Viererreihn –
So wimmelte es aufs Ufer zu
  Über Schaum und Stock und Stein.

Das Walroß und der Zimmermann
  Spürten des Weges Mühn
Und machten Rast bei einem Stein,
  Der ihnen passend schien;
Die Austern aber liefen nach
  Und drängten um sie hin.

»Die Zeit ist reif«, das Walroß sprach,
  »Von mancherlei zu reden –
Von Schuhen – Schiffen – Siegellack,
  Von Königen und Zibeben –
Warum das Meer kocht, und ob wohl
  Die Schweine manchmal schweben.«

»Halt ein!« so schrie die Austernschar,
  »Eilt das Gespräch denn so?
Das Laufen hat uns angestrengt,
  Und wir sind zart und roh!«
»Pressiert nicht!« sprach der Zimmermann.
  Da war'n sie herzlich froh.

»Einen Laib Brot«, das Walroß sprach,
  »Muß man als erstes haben;
Pfeffer und scharfen Essig dann –
  Zwei wahre Gottesgaben! –
Und somit, wenn ihr fertig seid,
  Dann woll'n wir uns jetzt laben.«

»Doch nicht an uns!« schrien sie im Chor,
  Und ihr Gesicht ward bläulich,
»Das wär nach soviel Freundlichkeit
  Doch durch und durch abscheulich!«
»Die Nacht ist lau«, das Walroß sprach,
  »Nicht wahr? Das ist erfreulich.«

»Wie gut ihr seid! Wie wohl mir wird
  In eurer lieben Mitte!«
Der Zimmermann bemerkte nur:
  »Gib mir noch eine Schnitte –
Es ist nun schon das dritte Mal,
  Daß ich dich darum bitte!«

»Es wirkt beinah«, das Walroß sprach,
  »Wie ein recht übler Streich;

Die Kleinen sind vom langen Gehn
   Ja immer noch ganz bleich!«
Der Zimmermann bemerkte nur:
   »Die Butter ist zu weich.«

»Ihr dauert mich«, das Walroß sprach,
   »Ich kenne eure Qualen.«
Und suchte dabei schluchzend aus
   Die mit den größten Schalen
Und führt' das Taschentuch ans Aug
   Zu wiederholten Malen.

»Ihr Austern«, sprach der Zimmermann,
   »Nun machet alle kehrt,
Denn jetzt wirds für den Heimweg Zeit!«
   Doch hat sich keine drum geschert –
Und das war gar nicht seltsam, denn
   Sie war'n allsamt verzehrt.

HEINZ ERHARDT

Nee, das geht nicht

Das Meer – wenn ich schon drüber spreche –
hat eine feuchte Oberfläche,
die, finden keine Stürme statt,
stets ruhig daliegt, groß und glatt.
So weit wär alles schön und gut.

Doch was sich *unter* Wasser tut,
das zu erzähln sträubt sich die Feder:
es frißt den andern auf ein jeder!

Je größer so ein Fisch, je kesser!
Dort toben Kämpfe bis aufs Messer!

(Was ganz der Wahrheit nicht entspricht,
denn *Fisch mit Messer* geht ja nicht!)

Die junge Liebe
und
das Meer

TANJA STIDINGER

Muschelfleisch

Des Mannes Angst und Lust

Ein Wunderweib, schaumgeboren. Wassertropfen auf der gebräunten Haut. Mit nichts als einem unverschämt kleinen Bikini am üppigen Leib entsteigt Ursula Andress dem Meer. Streicht sich mit einer einzigen, langsam fließenden Bewegung das feuchte Blondhaar aus dem Gesicht. In der Hand hält sie Schnecken, groß und schimmernd. Und sofort ist es da. Das Bild von Schenkeln und Hautfalten, Öffnungen und fleischlichen Höhlen.

Erst das feuchte Accessoire macht aus der Schauspielerin eine moderne Aphrodite. Verführerisch sieht sie aus, sexy und doch unschuldig. Eine Heilige im Körper eines Silikonwunders. Die traumhafte Szene am Meer ist der erste Auftritt der Andress als Honey im James-Bond-Klassiker »Dr. No«. Und diese paar Schritte aus den Wellen, direkt in die Arme von Geheimagent 007, haben sie zur Körperlegende der Leinwand gemacht. Das erste Bond-Girl aller Zeiten war eine Venus der 60er Jahre.

Das Original entstieg 1484 den Fluten und betrat die Männerträume des ausgehenden 15. Jahrhunderts. Auch sie eine Liebesgöttin, die durch eine Männerphantasie entstand. Sinnlich und keusch zugleich hat Sandro Botticelli die »Geburt der Venus« im Zeichen der Muschel gemalt. Auf einem Muschelschiff ließ er die blonde Göttin nackt auf den Wellen treiben. Züchtig bedeckt sie mit ihrem langen Haar den Schoß. Das Geschlecht blieb im verborgenen. Allzuviel Fleisch vertrug der Geschmack der damaligen Zeit nicht. Was Botticelli nicht offenbaren konnte, nicht malen durfte, präsentierte er als Sinnbild: Die weichgerundete Muschelschale, auf der die Venus steht, suggeriert ihren verborgenen Schoß. Die Erotik offenbart sich erst auf den zweiten Blick.

Ein halbes Jahrtausend und die sexuelle Revolution trennen die Venus und das Bond-Girl. Im Zeitalter von FKK und Pornokabinen hat der Körper seine Scham verloren. Doch noch immer gibt es für das weibliche Geschlecht Sinnbilder, die es seit Hunderten von Jahren repräsentieren. Sinnbilder, die von Männern für den Frauenkörper erschaffen wurden und ihn im Dienste visueller Stimulanz definierten.

Wie das Wasser, wird auch die Muschel dem Symbolkreis des weiblichen zugeordnet.

Und auch die Form der Conch, mit ihren Tiefen und Rillen, Farbspielen und ihrem dunklen Inneren dient als vielversprechendes Bild. Maskulines und Feminines vereint sich in ihr. Sie ist halb phallisch, halb Scheide. Äußeres und Inneres sind eine Einheit und doch nicht gleich.

Aus dem Wasser, dem Ursprung des Werdens, formt sich die Muschel, die für Fruchtbarkeit, Entstehung und Erneuerung des Lebens steht. Auch wenn sie in der christlichen Ikonographie an die Pilger erinnert, die Taufe und das Grab, aus dem der Mensch wieder auferstehen wird, dient sie doch hauptsächlich als Zeichen für die Frau. In der Antike, in Altjapan und in mitteleuropäischen Volksüberlieferungen verweisen die Gewächse aus dem Meer auf den jungfräulichen Frauenkörper. Die chinesische Kultur ordnet Muscheln dem Prinzip des Yin zu. Ein Körperteil wird so zum Symbol für Fruchtbarkeit, Erotik und Liebe – für die Hälfte der Menschheit.

»Weil aber eine schoosz der muschel bildnisz träget: glaub ich, dasz als zur welt die venus war gebracht, sie disz, woraus sie kam, zur frauenschosz gemacht«, vermerkt Grimms Wörterbuch unter dem Stichwort Muschel.

Ein Spaziergang am Strand verführt zu sinnlichen Gedankenspielen. Zwei Muschelhälften, die fast miteinander verschmolzen sind, nur durch einen Schlitz voneinander getrennt. Feuchtes Geheimnis im Verborgenen. Durch Wasser und Salz geglättete Rillen, die unter den Fingern zu Haut und Falten werden. Schimmernde Farben zwischen blassem Perlmutt und hellem Rot, die an pures Fleisch erinnern. Mulden und Öffnungen in den harten Schalen. Objekt des Begehrens, Moment der Defloration und Entkleidung. Aber in dieser fast körperlichen Schönheit offenbart sich auch ein Moment der Gefahr. Scharfe, schmale Kanten wirken wie Scheren und Messer und lassen an die größten aller männlichen Alpträume denken: Was verlockt und Lust verspricht, birgt die Angst des vom Weib Verschlungenwerdens, der Verwundung, der Kastration schon in sich.

»Die concha venerea hat ihren Namen wegen ihrer Schönheit erhalten, oder weil ihre Form dem weiblichen Schoss gleicht«, notierte der Arzt Ole Worm 1655, der seinen Geschlechtsgenossen als Aphrodisiakum auch gleich das gekochte Fleisch der Jakobsmuschel verschrieb. Der Volksmund liebte es dagegen deftiger. Venezianische Kaufleute nutzten lange Zeit den Begriff Porcella, das »Schweinchen«, als Vulgärausdruck für das weibliche Geschlecht und als Bezeichnung für Meermuscheln.

Zur Stimulanz während der Liebesnacht empfahlen sich die galanten Gedichte des Jahres 1704: »itzt wird sich gleich der süsze thau ergieszen. ach kind! ach schatz! thu deine muschel auf.« (…)

Postkarte, um 1900
Altonaer Museum in Hamburg, Inv.-Nr. 1974/431,2

Laß mir das Meer.
Laß mich so. Leicht vielleicht.
Alles bleibt ja – die Welle Lippenwarm,
die Welle Seelenkühl.

Ach, kein Dieb, kein Diebsguthehler
du – beeil dich,
solang wir unser mächtig, solang
nicht das Meer verebbt in mir.

FUNNY VAN DANNEN

FKK

Machen wir uns nichts vor! Seitdem Europa von der Existenz Amerikas weiß, gibt es auch anti-amerikanische Bewegungen. Das ist nichts Neues! So entwickelte sich Anfang der neunziger Jahre in Deutschland eine Gegenströmung zu dem aus Kalifornien stammenden Surftrend.

Sportliche Jugendliche erfanden am Strand von Rostock das sogenannte Wellenklatschen. Man wollte sich nicht länger nach den Wellen richten, nach Wind und Wetter, sondern aktiv, brutal und unabhängig dem Meer zeigen, was Sache ist. Die Jugendlichen stellten sich mit handlichen Ein-Meter-Brettern in das Wasser und droschen auf die Wellen ein bei Ebbe und bei Flut. Wenn sie nach einigen Stunden aus dem Wasser kamen, warn sie müde, aber glücklich, oder sie waren so kaputt, daß sie nicht mal merkten, wie glücklich sie warn. Zu Hause fielen sie wie tot in ihre Betten. Auch Rico Bodden war ein begeisterter Wellenklatscher, und er hatte davon einen tollen Körper bekommen. Weil er obendrein auch noch intelligent war, rissen sich die Girls um ihn, denn sie dachten: Das wird bestimmt ein zweiter Henry Maske!

Da verliebte sich Rico plötzlich in ein fremdes Mädchen. Es geschah beim Baden: Rico tauchte gedankenverloren im Meer umher, als eine Brünette über ihm hinwegschwamm. Rico war sofort von ihren superlangen Brustwarzen fasziniert und verfolgte sie unauffällig. Sie schwamm an Land. Rico tauchte noch ein wenig, dann suchte er die Frau. Sie saß auf einer roten Decke und las ein Buch. Rico setzte sich neben sie in den Sand und sagte Guten Tag! Keine Reaktion! Rico überlegte, wie er die Aufmerksamkeit der jungen Frau auf sich lenken könnte. Er hatte darin keine Übung, war es gewohnt, wie selbstverständlich im Mittelpunkt zu stehn. Schließlich fragte er unbeholfen: Kommen die Babies aus der Votze oder aus dem Arsch?

Die Sonne schien und sie schien einfach weiter. Auch die Brünette zeigte keine Regung, sie blickte nicht mal auf. Nur eine ältere Dame, die neben Rico Gameboy spielte, sagte mit strenger Stimme: Also erstens heißt es Scheide oder Vagina, junger Mann! Und zweitens ist es eine Schande, daß jemand in Ihrem Alter noch nicht aufgeklärt ist! Rico lachte! Sie blöde Kuh! Ich weiß schon, wie man Babies macht, aber ich finde Menschen wie Sie scheiße und deshalb dachte ich, sie kämen aus dem Arsch. Denn wenn sie aus der Votze kämen, wären sie ja geil!

Die ältere Dame staunte über die Logik des jungen Mannes. Sie machte ihren Gameboy aus und ging schwimmen.

Die Brünette aber las ungerührt weiter. Da riß Rico die Geduld! Er nahm ihr das Buch weg und las den Titel: Im Westen nichts Neues. Sag ich doch! rief Rico. Scheiß-Wessies, Scheiß-Amis!

Die Brünette reichte ihm ein Kärtchen, auf dem geschrieben stand: Ich bin taubstumm. Bitte sprechen Sie langsam und deutlich! Rico las es zweimal. Dann gab er ihr das Buch zurück und sagte laut und deutlich: Das Wetter ist sehr schön! Die junge Frau erschrak. Sie zeigte auf die Sonne und holte aus ihrer Badetasche eine Sonnenmilch mit dem Schutzfaktor 24. Sie hielt sie Rico hin und zeigte mit der freien Hand auf ihre Schultern. Rico verstand sofort. Er cremte sie sehr gründlich ein. Es dauerte sehr lange. Dann sagte Rico langsam: Fertig.

Er machte Schwimmbewegungen, sie nickte.

Auf dem Weg ins Wasser begegneten sie der älteren Dame von vorhin. Sie musterte das hübsche Paar, besonders Ricos Pimmel. Und er gefiel ihr gut.

HEINRICH HEINE

Ich hab' nachher geweint

Norderney, d. 4. August 1826.

Lieber Merckel!

Ich kann die Post nicht von hier abgehen lassen, ohne einige liebe Grüße an Dich mitzuschicken. Das Bad bekömmt mir sehr gut, und das ist die Hauptsache, die ich Dir mitzutheilen habe. Ich lebe hier nicht so vergnügt wie vorig Jahr, und daran hat gewiß meine Stimmung mehr Schuld als die Menschen hier. Ich bin gegen diese oft ungerecht. So will es mich bisweilen bedünken, als sey die schöne Frau aus Celle nicht mehr so schön wie 1825. Auch das Meer erscheint nicht mehr so romantisch wie sonst. – Und dennoch hab' ich an seinem Strande das süßeste, mystisch lieblichste Ereigniß erlebt, das jemals einen Poeten begeistern konnte. Der Mond schien mir zeigen zu wollen, daß in dieser Welt noch Herrlichkeiten für mich vorhanden. – Wir sprachen kein Wort – es war nur ein langer, tiefer Blick, der Mond machte die Musik dazu – im Vorbeygehen faßte ich ihre Hand, und ich fühlte den geheimen Druck derselben – meine Seele zitterte und glühte – Ich hab' nachher geweint.

Was hilft's! Wenn ich auch kühn genug bin, das Glück rasch zu erfassen, so kann ich es doch nicht lange festhalten. Ich fürchte, es könnte plötzlich Tag werden – nur das Dunkel giebt mir Muth. – Ein schönes Auge, es wird noch lang in meiner Brust leben und dann verbleichen und in nichts zerrinnen – wie ich selbst.

Der Mond ist an Schweigen gewöhnt, das Meer plappert zwar beständig, aber man kann seine Worte selten verstehen, und Du, der dritte, der jetzt das Geheimniß weiß, wirst reinen Mund halten, und so bleibt es verborgen in der eignen Nacht.

PAUL CELAN

Bretonischer Strand

Versammelt ist, was wir sahen,
zum Abschied von dir und von mir:
das Meer, das uns Nächte an Land warf,
der Sand, der sie mit uns durchflogen,
das rostrote Heidekraut droben,
darin die Welt uns geschah.

Oh …
das unendliche
Meer

Strand

Mit jeder Welle schmetternd dich in Staub,
in Dorn des Ich, in alle Dünen
fruchtloser Schwemme, nicht zu sühnen
durch keinen Raum, durch keinen Raub –

immer um Feuerturm und Kattegatt
und Finisterre der letzten Ländlichkeiten,
die Bojen taumeln, hinter sich das Watt,
einäugig tote Unaufhörlichkeiten –

oh, ihrer Dialektik süßer Ton
des Möwentons gesammelt und zerrüttet –
Identität, astrales Monoton,
das nie verfließt und immer sich verschüttet –

du, durch die Nacht, die Türme wehn wie Schaum,
du, durch des Mittags felsernes Gehänge –
nur tauber Brand, nur leere Ränge
aus jedem Raub, aus jedem Raum.

THOMAS MANN
Strandspaziergang

Es gibt auf Erden eine Lebenslage, gibt landschaftliche
Umstände (wenn man von »Landschaft« sprechen darf in
dem uns vorschwebenden Falle), unter denen eine Verwirrung und Verwischung der zeitlich-räumlichen Di-
stanzen bis zur schwindligen Einerleiheit gewissermaßen
von Natur und Rechtes wegen statthat, so daß denn ein
Untertauchen in ihrem Zauber für Ferienstunden allenfalls als statthaft gelten möge. Wir meinen den Spaziergang am Meeresstrande. (...) Du gehst und gehst ... du
wirst von solchem Gange niemals zur rechten Zeit nach
Hause zurückkehren, denn du bist der Zeit und sie ist
dir abhanden gekommen. O Meer, wir sitzen erzählend
fern von dir, wir wenden dir unsere Gedanken, unsre
Liebe zu, ausdrücklich und laut anrufungsweise sollst du
in unserer Erzählung gegenwärtig sein, wie du es im stillen immer warst und bist und sein wirst ... Sausende Öde,
blaß hellgrau überspannt, voll herber Feuchte, von der
ein Salzgeschmack auf unseren Lippen haftet. Wir gehen,
gehen auf leicht federnden, mit Tang und kleinen Muscheln bestreutem Grunde, die Ohren eingehüllt vom
Wind, von diesem großen, weiten und milden Winde, der
frei und ungehemmt und ohne Tücke den Raum durch-
fährt und eine sanfte Betäubung in unserem Kopfe erzeugt, – wir wandern, wandern und sehen die Schaum-
zungen der vorgetriebenen und wieder rückwärts
wallenden See nach unseren Füßen lecken. Die Brandung siedet, hell-dumpf aufprallend rauscht Welle auf
Welle seidig auf den flachen Strand, – so dort wie hier und
an den Bänken draußen, und dieses wirre und allgemeine, sanft brausende Getöse sperrt unser Ohr für jede
Stimme der Welt. Tiefes Genügen, wissentlich Vergessen ... Schließen wir doch die Augen, geborgen von Ewigkeit! Nein, sieh, dort in der schaumig graugrünen Weite,

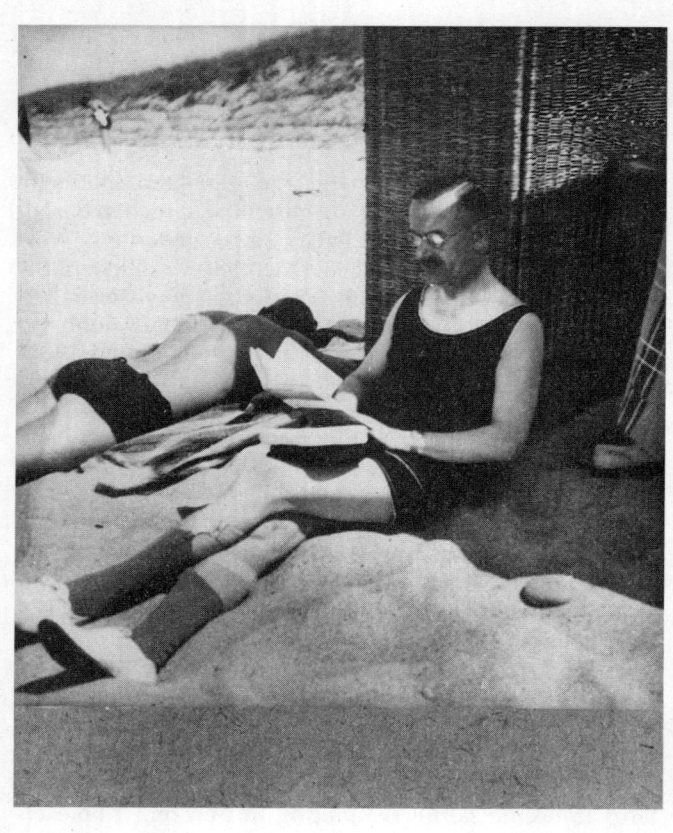

Thomas Mann am Strand von Nidden, Kurische Nehrung
Foto: Ullstein

die sich in ungeheueren Verkürzungen zum Horizont verliert, dort steht ein Segel. Dort? Was ist das für ein Dort? Wie weit? Wie nah? Das weißt du nicht. Auf schwindelige Weise entzieht es sich deinem Urteil. Um zu sagen, wie weit dies Schiff vom Ufer entfernt ist, müßtest du wissen, wie groß es an sich selber als Körper ist. Klein und nahe oder groß und fern? In Unwissenheit bricht sich dein Blick, denn aus dir selber sagt kein Organ und Sinn dir über den Raum Bescheid … Wir gehen, gehen, – wie lange schon? Wie weit? Das steht dahin. Nichts ändert sich bei unserem Schritt, Dort ist wie Hier, Vorhin wie Jetzt und Dann; in ungemessener Monotonie des Raumes ertrinkt die Zeit, Bewegung von Punkt zu Punkt ist keine Bewegung mehr, wenn Einerleiheit regiert, und wo Bewegung nicht mehr Bewegung ist, ist keine Zeit.

Die Lehrer des Mittelalters wollten wissen, die Zeit sei eine Illusion, ihr Ablauf in Ursächlichkeit und Folge nur das Ergebnis einer Vorrichtung unsrer Sinne und das wahre Sein der Dinge ein stehendes Jetzt. War er am Meere spaziert, der Doktor, der diesen Gedanken zuerst empfing, – die schwache Bitternis der Ewigkeit auf seinen Lippen? Wir wiederholen jedenfalls, daß es Ferienlizenzen sind, von denen wir da sprechen, Phantasien der Lebensmuße, von denen der sittliche Geist so rasch gesättigt ist, wie ein rüstiger Mann vom Ruhen im warmen Sand.

Das Meer

Das Meer wird immer diejenigen faszinieren, die sich, bevor sie noch den ersten Kummer erlebten, vom Leben angewidert und vom Mysterium angezogen fühlen, als Vorahnung, daß die Wirklichkeit sie nicht werde befriedigen können. Sie, die der Ruhe bedürfen, bevor sie noch jemals Mühsal erfahren haben, das Meer wird sie trösten, wird sie in dunkle Erregung versetzen. Es trägt nicht wie die Erde die Spuren der Werke der Menschen und des menschlichen Lebens. Nichts hat in ihm Bestand, alles durchzieht es nur flüchtig, und wie schnell verschwindet doch die Schaumspur der Schiffe, die es durchkreuzen! Daher rührt jene große Reinheit des Meeres, die den Dingen der Erde fehlt. Und dieses jungfräuliche Wasser ist viel, viel zarter als die hart gewordene Erde, die sich nur mit einer Hacke aufbrechen läßt. Schon die Schritte eines Kindes im Wasser ziehen mit hellem Geräusch eine tiefe Furche, und seine homogene Tönung bricht sich für einen Augenblick; dann verschwinden alle Spuren, und das Meer ist wieder ruhig geworden wie an den ersten Tagen der Welt. Derjenige, der der Wege der Erde überdrüssig ist oder voraussieht, bevor er sie noch beschritten hat, wie rauh und gewöhnlich sie sind, wird der Versuchung der bleichen Bahnen des Meeres nicht widerstehen, die gefährlicher sind und sanfter, ungewiß und öde. Alles ist dort geheimnisvoller, bis hin zu den großen Schatten, die manchmal friedlich über die kahlen Gefilde des Meeres treiben, wo es keine Häuser gibt noch schattenspendendes Laub, und die die Wolken dorthin werfen, diese himmlischen Weiler, dieses vage Geäst.

Das Meer hat den Zauber der Dinge, die auch nachts nicht schweigen, die unserem unruhigen Leben erlauben zu schlafen, die versprechen, daß nicht alles zu nichts werden wird, wie die Nachtlampe der kleinen Kinder, die sich weniger allein fühlen, wenn sie leuchtet. Es ist nicht wie die Erde vom Himmel geschieden, ist immer im Einklang mit seinen Farben, erregt antwortet es schon seinen zartesten Tönen. Es erstrahlt unter der Sonne, und jeden Abend scheint es mit ihr zu sterben. Und wenn sie verschwunden ist, fährt es fort, ihr nachzutrauern, etwas von ihrer lichtvollen Erinnerung zu bewahren, vor dem Angesicht der eintönig finsteren Erde. Es ist der Augenblick seiner melancholischen und so sanften Spiegelungen, daß man bei ihrem Anblick spürt, wie das Herz schmilzt. Wenn es fast völlig Nacht geworden ist und der Himmel finster über der in Schwärze getauchten Erde steht, leuchtet es noch schwach, man weiß nicht durch welches Mysterium, durch welche Reliquie des Tages, die in seinen Fluten begraben liegt.

Es erfrischt unsere Einbildungskraft, denn es läßt uns nicht an das Leben der Menschen denken, und es erfreut unsere Seele, denn es ist wie sie unendliches und ohnmächtiges Streben, sich aufschwingende und immer wieder gebrochen herniedersinkende Kraft, ewige und sanfte Klage. So bezaubert es uns wie die Musik, die nicht wie die Sprache die Spur der Dinge trägt, uns nichts von den Menschen sagt, aber die Bewegungen unserer Seele nachahmt. Wenn unser Herz sich in diesen Wellen aufschwingt und mit ihnen zurückfällt, dann vergißt es seine eigene Schwäche und tröstet sich in der innigen Harmonie zwischen seiner Traurigkeit und der des Meeres, die sein Geschick mit dem der Dinge vereint.

Das Meer schaut zurück

Der Abend kommt. Am Meer anders. Ein schwarzes Tuch wird über den Himmel gezogen. Schnell und von wem auch immer. Die Sonne wird rot darüber, weil sie weiß, was da passiert. Das Meer, ganz leicht mit Wellen, die klingen wie Sonnenöl, macht ärgerliche Laute. Es will schlafen, nicht angestarrt werden. Und immer sind da welche, die starren. Sitzen und starren, und keiner weiß, warum, das Meer an, das gern schlafen will. Das sieht schwarz aus, silbern, rot und vor allem so, als würde es nirgends aufhören, anfangen, wäre unendlich, wie das Universum, und vielleicht ahnen die Menschen irgendwas, das größer ist als sie und tröstend, wenn sie so schauen.

Da sitzen wieder welche. Ein kleines Stück Sand in Italien. Abend. Die Luft ist warm und riecht nach Salz und Pinien und nach dem Mond, der auch schon da ist. Ein junges Mädchen hat die Augen halb geschlossen, ihre Arme um die Knie gelegt, Gänsehaut drauf, es ist kühl, der Abend kommt, die Nacht, die Sonne gleich weg, und ich möchte sie nie mehr aufgehen sehen, denkt das Mädchen mit dem Blick aufs Meer. Es ist verliebt in einen Jungen. Den schönsten der Welt, mit goldenen Haaren und Augen, die silbern leuchten. Der Junge liebt das Mädchen nicht, beachtet es nicht. Er sitzt ein paar Meter weiter entfernt von ihr, mit einer anderen, hat den Arm um sie gelegt und schaut nicht rüber. Schaut das Meer an und ist der schönste Junge der Welt. Das Mädchen sieht ihn an und wünscht sich nichts mehr, als unter seinem Arm zu stecken, und wird traurig, weil das nie sein wird. Der Junge hat sie doch nicht angesehen. Seit zwei Wochen. Denkt das Mädchen, der Junge würde ihr das geben, was sie zum Leben braucht. Würde er nicht tun, würde niemand tun, das Mädchen aber ist jung, und Verwechslungen sind verzeihlich.

166

Zu lieben, nicht geliebt zu werden ist wie Tod. Und gerade stirbt das Mädchen zum erstenmal. Weiß noch nicht, daß sie bald schon wieder aufwachen wird, auferstehen und immer wieder sterben, bis nach vielen Toden nichts Schönes mehr übrig ist. Das Mädchen sieht das Meer an, voller Tränen, und denkt sich, wie schön es wäre, im Meer zu liegen. Weiches Wasser um sich und an den Strand schwimmen, bei Vollmond. Da wäre er, würde ihre leuchtenden Schuppen schauen und sich verlieben. Aber sie wäre im Meer und er an Land, und ein Zusammenkommen gäbe es nicht. Sie würde ihn auch lieben, aber nicht so sehr, und sehen, wie er litte. Und eines Nachts ihr folgte. Ins Wasser. Und sie ihn in die Tiefe zöge. Sie ihn endlich halten könnte. Und streicheln. Das denkt das Mädchen, schaut aufs Meer, das Meer schaut zurück, scheint zu blinzeln, und bei aller Trauer ist es dem Mädchen, als würde etwas leichter in ihr. Weil es Wichtigeres gibt als einen Jungen mit silbernen Augen, der sie nicht liebt. Was aber das sein soll, weiß das Mädchen nicht. Es schaut das Meer an und lächelt, zum erstenmal nach zwei Wochen.

Der Junge sitzt und sieht das Meer an. Er hält ein Mädchen im Arm, welches ist egal. Am Ende des Meeres, soviel ist mal sicher, ist ein Land, in dem alles anders wäre. Er kein Versager mehr, kein Verlierer, der nichts will, nichts kann und nichts ist, außer irgend etwas, das keinen Spaß macht. Der Junge denkt nicht an Mädchen, nicht an Liebe, er sieht das Meer an, und es hat etwas, das ihn tröstet, obgleich er gar nicht wußte, daß er traurig war. Er würde mit einem Boot in dieses andere Land reisen. Stünde vorn, auf dem Boot, hätte die Augen durch die Hand geschützt und würde prägnante Anweisungen geben.

Alle würden ihm gehorchen. Er wäre stark und nicht feige. Und würde nach Wochen strenger Befehle am Ufer des Landes festmachen. Dort wäre er der König, und alle fürchteten ihn. Er wüßte dann, wozu alles gut ist, und sein Leben wäre so spannend, wie er es sich gar nicht vorstellen kann. Das denkt der Junge, er hat ein Mädchen im

Arm, weil sich das so gehört, deren Namen er nicht weiß und die er nicht liebt, auch nie lieben wird. Gern würde er mit jemandem reden, über das ferne Land. Aber keiner ist da. Das Mädchen schmiegt sich eng an den Jungen. Schon als sie ihn das erste Mal sah, wußte sie, das er sie retten würde. Vor allem, was sie nicht verstand. Und nun sitzt sie hier, neben ihm.

Das Mädchen sieht das Meer an, und ihr wird ganz leicht. Schwebt sie also los, vor lauter Glück. Und denkt sich, wie sie mit dem Jungen zusammen über das Wasser führe. Er am Steuer eines Schiffes. Und sie ganz ohne Angst, weil er da wäre. Dann würden sie in einem Land ankommen, das Wochen über dem Meer liegt. Sie würden dort ein Haus bauen, im warmen Sand, und würden sich nur noch lieben. Weil doch das Gefühl so schön ist und in diesem Land nie aufhörte. Das Mädchen sieht den Jungen an und sieht das Meer an, und noch nie war ein Meer so schön durch einen Blick. Mit ihm am Meer, mit Liebe möchte ich alt werden, denkt es sich.

Ein alter Mann sitzt hundert Meter entfernt. Schaut das Meer an, die jungen Menschen an. Denkt, wie es war, als er noch dachte, das Leben sei ewig und nicht wie jetzt. Wo er sich fühlt wie auf einem Fest, und alle Gäste sind schon gegangen. Beneidet die Jungen. Um die vielen Schmerzen, die sie noch haben würden, und den Glauben, daß irgendwann alles einfach würde, der Schmerz sich auflöste und ein unendliches Glück begänne. Der alte Mann weiß, daß Schmerzen aufhören. Damit neue beginnen und die Zwischenräume immer hastiger. Der alte Mann seufzt. Er wird keine Schmerzen mehr haben, keine Zeiten dazwischen, nur noch ein Fest, das vorüber ist.

Es war ein ganz nettes Fest, aber selbst wenn nicht, die Gäste sind weg. Und wenn er noch etwas wünschen dürfte, dann wünschte er, er würde sich auflösen, jetzt, hier, in dieser Nacht. Zu einem Bach werden. Ins Meer fließen. Aufgehoben, weggetragen. Zu allen Stränden der Welt. Die er nie gesehen hat, weil er dachte, dafür wäre noch genug Zeit. Liebes Meer, laß mich einfach in dich rein, murmelt der alte Mann, und das Meer murmelt zurück. Seufzt. All die Menschen, die sitzen und das Meer ansehen. Drei an diesem Strand, weiter hinten mehr, an allen Stränden in der ganzen Welt sitzen Menschen und schauen das Meer an, wie Ameisen von oben, ein dunkler Saum im Hellen, bevor das Blau kommt. Sitzen Millionen und schauen das Meer an und denken an Unendlichkeit, an Liebesschmerz, denken an das Ende, denken an ferne Länder, denken, ich sollte am Meer leben, ich sollte auf Reisen gehen, ich sollte mein Leben ändern. Millionen Menschen werden verhext vom Meer. Erkennen kurz. Merken, wie egal es der Welt ist, ob sie ihr Leben vertun oder nicht. Das Meer, das noch dasein wird, später. Und bekommen für einen Moment eine Idee oder einen Trost oder denken sich, morgen, morgen werde ich alles ändern. So denken Menschen, wenn sie das Meer schauen, kurze, kleine Gedanken von etwas, das viel größer ist als sie, und die Gedanken werden Luft und Regen und fallen ins Meer, werden weggetragen, und die Menschen stehen auf, vergessen und haben nur noch so eine Sehnsucht, wenn sie wieder weg sind vom Meer. Aber wonach, das fällt ihnen nicht mehr ein.

PAUL CELAN

Aus dem Meer

Wir haben begangen das Eine und Leise,
wir schossen hinab in die Tiefe,
aus der man der Ewigkeit Schaum spinnt –
Wir haben ihn nicht gesponnen,
wir hatten die Hände nicht frei.

Sie blieben verflochten zu Netzen –
von obenher zerren sie dran ...
O messerumfunkelte Augen:
wir fingen den Schattenfisch, seht!

Der Mensch und das Meer

Du freier Mensch, der Meere liebt und preist!
Dein Spiegel sind sie, der die Seele zeigt,
Wo ohne Ende Brandung fällt und steigt;
Nicht minder bittrer Abgrund ist dein Geist.

Und du vertiefst dich und umgreifst dein Bild,
Mit Aug und Arm, aus seinem eigenen Brüten
Löst manchmal sich dein Herz bei diesem Wüten
Und dieser Klage, unbezähmbar wild.

Verschwiegen beide, dunkel wie die Nacht:
Mensch, wer kann deine Tiefen je ergründen;
Meer, wer kann deinen innern Reichtum finden,
Da ihr Geheimnisse mit Eifersucht bewacht!

Seit ungezählten Zeiten, immer wieder
Stürzt ihr euch mitleidlos in euren Streit,
Ihr liebt so sehr den Tod und Grausamkeit,
O ewige Kämpfer, o entzweite Brüder!

HEINRICH VON KLEIST

Empfindungen vor Friedrichs Seelandschaft

Herrlich ist es, in einer unendlichen Einsamkeit am Meeresufer, unter trübem Himmel, auf eine unbegrenzte Was-
serwüste, hinauszuschauen. Dazu gehört gleichwohl, daß
man dahin gegangen sei, daß man zurück muß, daß man
hinüber möchte, daß man es nicht kann, daß man alles
zum Leben vermißt, und die Stimme des Lebens dennoch
im Rauschen der Flut, im Wehen der Luft, im Ziehen der
Wolken, dem einsamen Geschrei der Vögel, vernimmt.
Dazu gehört ein Anspruch, den das Herz macht, und ein
Abbruch, um mich so auszudrücken, den einem die Natur tut. Dies aber ist vor dem Bilde unmöglich, und das,
was ich in dem Bilde selbst finden sollte, fand ich erst zwischen mir und dem Bilde, nämlich einen Anspruch, den
mein Herz an das Bild machte, und einen Abbruch, den
mir das Bild tat; und so ward ich selbst der Kapuziner, das
Bild ward die Düne, das aber, wo hinaus ich mit Sehnsucht blicken sollte, die See, fehlte ganz. Nichts kann trau-
riger und unbehaglicher sein, als diese Stellung in der Welt:
der einzige Lebensfunke im weiten Reiche des Todes, der
einsame Mittelpunkt im einsamen Kreis. Das Bild liegt,
mit seinen zwei oder drei geheimnisvollen Gegenständen,
wie die Apokalypse da, als ob es Youngs Nachtgedanken
hätte, und da es, in seiner Einförmigkeit und Uferlosig-
keit, nichts, als den Rahm, zum Vordergrund hat, so ist es,
wenn man es betrachtet, als ob einem die Augenlider
weggeschnitten wären. Gleichwohl hat der Maler zwei-
felsohne eine ganz neue Bahn im Felde seiner Kunst gebrochen; und ich bin überzeugt, daß sich, mit seinem Gei-
ste, eine Quadratmeile märkischen Sandes darstellen
ließe, mit einem Berberitzenstrauch, worauf sich eine
Krähe einsam plustert, und daß dies Bild eine wahrhaft
Ossiansche oder Kosegartensche Wirkung tun müßte. Ja,
wenn man diese Landschaft mit ihrer eignen Kreide und

mit ihrem eigenen Wasser malte; so, glaube ich, man könnte die Füchse und Wölfe damit zum Heulen bringen: das Stärkste, was man, ohne allen Zweifel, zum Lobe für diese Art von Landschaftsmalerei beibringen kann. – Doch meine eigenen Empfindungen, über dies wunderbare Gemälde, sind zu verworren; daher habe ich mir, ehe ich sie ganz auszusprechen wage, vorgenommen, mich durch die Äußerungen derer, die paarweise, von Morgen bis Abend, daran vorübergehen, zu belehren.

MAX FRISCH

Hoch über dem Meer

Portofino Monte

Hoch über dem Meer! Sein Horizont ist mit uns gestiegen, höher und höher, und nur die Buchten sind unten geblieben. Das Meer, wenn man in die Buchten hinunterschaut, erscheint finster wie die Nacht. Ein Netz von silbernen Wellen darüber. Wie glitzernder Brokat liegen sie unter der Sonne, lautlos, und nur die Brandung verrät, daß sie einen Lauf haben; der weiße Gischt an den Felsen.

Glück als das lichterlohe Bewußtsein: Diesen Anblick wirst du niemals vergessen. Was aber erleben wir jetzt, solange er da ist? Wir freuen uns auf eine Reise, vielleicht jahrelang, und an Ort und Stelle besteht die Freude größtenteils darin, daß man sich um eine Erinnerung reicher weiß. Eine gewisse Enttäuschung nicht über die Landschaft, aber über das menschliche Herz. Der Anblick ist da, das Erlebnis noch nicht. Man gleicht einem Film, der belichtet wird; entwickeln wird es die Erinnerung. Man fragt sich manchmal, inwiefern eine Gegenwart überhaupt erlebbar ist. Könnte man unser Erleben darstellen, und zwar ohne unser Vorurteil, beispielsweise als Kurve, so würde sie sich jedenfalls nicht decken mit der Kurve der Ereignisse; eher wäre es eine Welle, die jener anderen verwandt ist, die ihr vorausläuft und wieder als Echo folgt; nicht die Ereignisse würden sich darstellen, sondern die Anlässe der Ahnung, die Anlässe der Erinnerung. Die Gegenwart bleibt irgendwie unwirklich, ein Nichts zwischen Ahnung und Erinnerung, welche die eigentlichen Räume unseres Erlebens sind; die Gegenwart als bloßer Durchgang; die bekannte Leere, die man sich ungern zugibt.

»Gehe fort, damit ich bei dir sei!«

Einer Landschaft gegenüber gestehen wir es noch am ehesten. Man ist nie da, wo man ist, und dennoch kann es nicht gleichgültig sein, wo man ist; der Ort, wo man ist, gibt den Angelpunkt, damit wir die Ferne in unser Erleben heben können.

ERICH FRIED

Meer

Wenn man ans Meer kommt
soll man zu schweigen beginnen
bei den letzten Grashalmen
soll man den Faden verlieren

und den Salzschaum
und das scharfe Zischen des Windes
einatmen
und ausatmen
und wieder einatmen

Wenn man den Sand sägen hört
und das Schlurfen der kleinen Steine
in langen Wellen
soll man aufhören zu sollen
und nichts mehr wollen wollen
nur Meer

Nur Meer

VIRGINIA WOOLF

Sonnenaufgang am Strand

Die Sonne war noch nicht aufgegangen. Meer und Himmel ließen sich nicht unterscheiden, nur daß das Meer leicht gefältelt war wie ein zerknittertes Tuch. Allmählich, während der Himmel weiß wurde, erstreckte sich eine dunkle Linie am Horizont, die das Meer vom Himmel trennte, und das graue Tuch wurde von dicken Streifen durchzogen, die sich, einer nach dem anderen, unter der Oberfläche bewegten, einander folgend, einander jagend, immerzu.

Sowie sie sich der Küste näherten, hob sich ein Streifen nach dem anderen, schob sich hoch, brach und wischte einen dünnen Schleier weißen Wassers über den Sand. Die Welle hielt inne und zog sich dann wieder zurück, seufzend wie ein Schlafender, dessen Atem unbewußt kommt und geht. Allmählich wurde der dunkle Streif am Horizont klar, als hätte sich die Ablagerung in einer alten Weinflasche gesetzt und das Glas erschiene wieder grün. Dahinter klärte sich auch der Himmel, als hätte sich dort die weiße Ablagerung gesetzt, oder als höbe der Arm einer Frau, die hinterm Horizont ruhte, eine Lampe in die Höhe, und nun breiteten sich flache Streifen von Weiß, Grün und Gelb über den Himmel aus wie die Finger eines Fächers. Dann hob sie ihre Lampe höher, und die Luft schien auszufasern und sich von der grünen Oberfläche zu lösen, sie flackerte und flammte in roten und gelben Fasern wie rauchendes Feuer, das aus einem Freudenfeuer aufprasselt. Allmählich verschmolzen die Fasern des brennenden Freudenfeuers zu einem einzigen Dunst, einem weißen Glast, der das Gewicht des wollnen grauen Himmels emporhob und in eine Million hellblauer Atome verwandelte. Die Meeresoberfläche wurde langsam transparent und lag gekräuselt und glitzernd da, bis die dunklen Striche nahezu weggewischt waren. Langsam hob der Arm, der die Lampe hielt, sie höher und dann noch höher, bis eine breite Flamme sichtbar wurde; ein Feuerbogen loderte am Rande des Horizontes, und rund um ihn her lohte das Meer golden.

HEINZ ERHARDT

Der Kabeljau

Das Meer ist weit, das Meer ist blau,
im Wasser schwimmt ein Kabeljau.
Da kömmt ein Hai von ungefähr,
ich glaub von links, ich weiß nicht mehr,
verschluckt den Fisch mit Haut und Haar,
das ist zwar traurig, aber wahr. – – –
Das Meer ist weit, das Meer ist blau,
im Wasser schwimmt kein Kabeljau.

*Von
den Anfängen:
Meerwasser
und
Gesundheit*

GERHARD OTTO CHRISTOPH JANUS

Von dem Gebrauch eines Bades von See waßer

Allerdurchlauchtigster, Großmächtigster König!
Allergnädigster König und Herr!

Die landesväterliche Sorgfalt, welche Ewr. Königl. Majestät für die Erhaltung der Gesundheit der Untertanen, und für Aufnahme des Landes selbst allergnädigst beweisen, beweget mich, hierdurch alleruntertänigst bekannt zu machen, was ich durch eigene Erfahrung als (auch) Beobachtung an andern, von dem großen Nutzen einer Ueberfarth zu einer Insul, und dem Gebrauch eines Bades von See waßer, in der bequehmsten Jahreszeit, wahrgenommen habe.

Es ist bekannt, daß die See Luft immer mit den feinsten Saltz Theilchen angefüllet ist, welche den menschlichen Cörper so wohl durchs Einhauchen als auch von außen durchdringen, und durch die resolvirende Kraft das Unreine aus demselben wegschaffen können. Ist daher der Magen verdorben und mit überflüssigem Schleim angefület, und sind andere Hinderniße vorhanden, welche der Verdauung nachtheilig sind, so befördert die See Luft vermittelst der Überfahrt ein Erbrechen, oder resolvirt die stockenden Säfte, daß die circulation hergestellet, und ein guter Appetit erfolget. Hiervon bin ich so wohl durch Erfahrung an mir selbst als an andern häufig belehrt worden. Was ferner das Baden im See Waßer anbetrift, so lehrt die Erfahrung, daß es bey vielen Zufällen vortrefliche Dienste thut. In reumativmasche (= rheumatische) Schmerzen ist das Baden in dem See Waßer und zwar an der Süd Seite der Insul auf dem Hef (= Watt), bey der Ebbe, ein unvergleichliches Mittel, selbige zu stillen, und gäntzlich zu vertreiben. Selbst bey der eigentlichen Gicht erweiset ein solches Bad vorzügliche Hülfe, davon ein gewißer angesehener Mann in Norden, welcher vor 3. Jahren mit dieser Maladie im Arm geplaget war, und sich auf Anrathen dhh. Dook. Voen hier badete, den erwünschten Erfolg gesehen hat. Die bloße Hin- und Herfarth kann, wie die Erfahrung oft gelehret, einen Scorbutischen Patienten auf einmahl durch einen Ausschlag befreien.

Da nun auf diese weise in der Nähe, und mit weit geringern Unkosten zu erlangen, was man durch große Mühe und Ausgaben durch den Gebrauch des Aakrer (= Aachener?) Bades und Pyrmonter Brunnens zu erreichen sucht: so hoffe ich, daß mein Vorschlag einer nähern Untersuchung wird gewürdiget, und allgemeiner bekannt gemacht werden.

Die Insul Juist ist zum Aufenthalt solcher Patienten sehr bequem, nur müßen selbige wohl bedenken, daß die Monate Jun. Julius und August die eintzigen sind, da eine Reise hieher mit Nutzen vorgenommen werden kann, und man vom 7.ten Jul. angerechnet, den Fehrmann allezeit nur sicher in Norden antreffen kann. Ich ersterbe mit tiefster Ehrfurcht

Ewr. Königl. Majestät alleruntertänigster Knecht
Gerhard Otto Christoph Janus

Juist d. 7. Jul 1783

Warum hat Deutschland noch kein großes öffentliches Seebad?

Wo gibt es in Deutschland ein Seebad? Hier und da vielleicht eine kleine Gelegenheit sich an einem einsamen Ort, ohne Gefahr und mit Bequemlichkeit in der See zu baden, die sich allenfalls jeder, ohne jemanden zu fragen, selbst verschaffen kann, mag wohl alles sein. Allein wo sind die Orte, die, wie etwa Brighthelmstone, Margate und andere in England, in den Sommermonaten an Frequenz selbst unsere berühmtesten einländischen Bäder und Brunnenplätze übertreffen? Ich weiß von keinem. Ist dieses nicht sonderbar? Fast in jedem Dezennium entsteht ein neuer Bad- und Brunnenort, und hebt sich, wenigstens eine Zeit lang. *Neue Bäder heilen gut.* Warum findet sich bei dieser Bereitwilligkeit unsrer Landsleute, sich nicht bloß neue Bäder empfehlen, sondern sich auch wirklich dadurch heilen zu lassen, kein spekulierender Kopf, der auf die Einrichtung eines Seebades denkt? Vielleicht kömmt durch diese neue Erinnerung die Sache einmal ernstlich zur Sprache, wo nicht in einem medizinischen Journal, doch in einem des Luxus und der Moden, oder, weil die Sache auf beide Bezug hat, in beiden zugleich. Bis dahin mögen einige flüchtige Bemerkungen eines Laien in der Heilkunde, der seinem Aufenthalte zu Margate die gesündesten Tage seines Lebens verdankt, hier stehen. An empfehlenden Zeugnissen einiger der ersten Eingeweihten in der Wissenschaft fehlt es ihm indessen nicht; er hält sie aber bei einer so ausgemachten Sache, wenigstens hier für entbehrlich. Denn weder der *Medecin Penseur* noch der *Medicin Seigneur* werden jetzt den Nutzen des Seebades leugnen. Von dem erstern wenigstens ist nichts zu befürchten, und der andere würde schweigen, sobald man ihm sagte, daß in England nicht allein eine sehr hohe Noblesse, sondern die Königliche

Familie selbst, vermutlich durch Penseurs und den glücklichsten unverkennbaren Erfolg geleitet, sich dieser Bäder jetzt vorzüglich bedient. Was aber außer der Heilkraft jenen Bädern einen so großen Vorzug vor den inländischen gibt, ist der unbeschreibliche Reiz den ein Aufenthalt am Gestade des Weltmeers in den Sommermonaten, zumal für den Mittelländer hat. Der Anblick der Meereswogen, ihr Leuchten und das Rollen ihres Donners, der sich auch in den Sommermonaten zuweilen hören läßt, gegen welchen der hochgepriesene Rheinfall wohl bloßer Waschbecken-Tumult ist; die großen Phänomene der Ebbe und Flut, deren Beobachtung immer beschäftiget ohne zu ermüden; die Betrachtung, daß die Welle, die jetzt hier meinen Fuß benetzt, ununterbrochen mit der zusammenhängt, die Otaheite und China bespült, und die große Heerstraße um die Welt ausmachen hilft; und der Gedanke, dieses sind die Gewässer, denen unsre bewohnte Erdkruste ihre Form zu danken hat, nunmehr von der Vorsehung in diese Grenzen zurück gerufen, – alles dieses, sage ich, wirkt auf den gefühlvollen Menschen mit einer Macht, mit der sich nichts in der Natur vergleichen läßt, als etwa der Anblick des gestirnten Himmels in einer heitern Winternacht. Man muß kommen und sehen und hören. Ein Spaziergang am Ufer des Meeres, an einem heitern Sommermorgen, wo die reinste Luft, die uns selbst das Eudiometer noch auf der Oberfläche unsers Wohnorts kennen gelehrt hat, Eßlust und Stärkung zuträgt, macht daher einen sehr großen Kontrast mit einem in den dumpfigen Alleen, der einländischen Kurplätze. Doch das ist bei weitem noch nicht alles. Das übrige wird sich erst alsdann beibringen lassen, wenn wir erst über die Gegend eins geworden sind, wo nun in Deutschland ein solches Bad angelegt werden könnte. Die ganze Küste der Ostsee ist mir unbekannt, und ich für mein Teil würde sie dazu nicht wählen, solange nur noch ein Fleckchen an der Nordsee übrig wäre, das dazu taugte, weil dort das unbeschreiblich große Schauspiel der Ebbe und Flut, wo nicht fehlt, doch nicht in der Majestät beobachtet werden kann, in welcher es sich an der Nordsee zeigt. Es gibt da zu tausend Unterhaltungen Anlaß, und ich würde kaum glauben, daß ich mich an der See befände, wo der Größe dieser Naturszene etwas abginge. Wenn ich, jedoch ohne das übrige nötige Lokale genau zu kennen, wählen dürfte, so würde ich dazu Ritzbüttel, oder eigentlich Cuxhaven oder das Neue Werk, oder sonst einen Fleck in jener Gegend vorschlagen. Freilich nicht jeder Seeort taugt zu einem öffentlichen Seebad, das auf große Aufnahme hoffen kann. Es kömmt sehr viel auf die Beschaffenheit des Bodens der See an. Zu Margate ist es der feinste und dabei festeste Sand, der auch den zartesten Fuß nicht verletzt, ihm vielmehr bei der Berührung behaglich ist, und gerade einen solchen Boden habe ich bei dem Neuen Werk gefunden. (…)

Nun aber vorausgesetzt, daß dort alle Bequemlichkeit zum Baden erhalten werden könnte, woran ich nicht zweifle, so hat jene Gegend Vorzüge, deren sich vielleicht wenige Seeplätze in Europa rühmen können. Die glückliche Lage zwischen zwei großen Strömen, der Elbe und der Weser, auf denen alle nur ersinnliche Bedürfnisse für Gesunde und Kranke, auch mineralische Wasser leicht zugeführt werden können. Die Phänomene der Ebbe und Flut, die dort auffallender erscheinen als an wenigen Orten, vielleicht keinem in Europa. Zwischen Ritzbüttel und dem Neuen Werk könnte noch heute einem verfolgenden Heere begegnen, was Pharao mit dem seinigen begegnete. Man macht da die Hinreise auf der Axe, und einige Stunden darauf über demselben Gleise die Rückreise in einem bemasteten Schiff. Mit Entzücken erinnre ich mich der Spaziergänge auf dem soeben von dem Meere verlassenen Boden, ja ich möchte sagen, selbst auf dem noch nicht ganz verlaßnen, wo noch der Schuh, *ohne Gefahr von Erkältung* überströmt ward; der Tausenden von Seegeschöpfen die in den kleinen Vertiefungen zurückbleiben, deren einige man selbst für die Tafel sammeln kann, und die den Gleichgültigsten zum Naturaliensammler machen können, wenn er es nicht schon ist; des Heeres von See-

und andern Vögeln, (auch darunter Naturalien für die Tafel,) die sich dann einfinden und die angenehmste Jagd zu Fuß an der Stelle gewähren, über die man noch vor einigen Stunden wegsegelte und nach wenigen wieder wegsegeln kann. Hierzu kömmt nun das ununterbrochene Aus- und Einsegeln oft majestätischer Schiffe mehrerer Nationen, die Cuxhaven gegenüber vor Anker gehen, und die man besteigen oder wenigstens in kleinen Fahrzeugen besuchen und umfahren kann, immer unter dem Anwehen der reinsten Luft und der Eßlust. Freilich werden diese kleinen gar nicht gefährlichen Reisen, öfters kleine Vomitiv-Reischen, und dafür nur desto gesünder. Ich habe von einem der römischen Kaiser gelesen, wo ich nicht irre, so war es August selbst, der in der reinen Seeluft jährlich solche Vomitivreisen unternahm. – Der gesunden Patienten wegen merke ich noch an, daß man hier alle Arten von Seefischen und Schalentieren immer aus der ersten Hand hat, und gerade um diese Zeit den Hering, noch ehe er das Mittelland erreicht. Die wohlschmeckendste Auster, frischriechend bei der heißen Sonne und den königlichen Steinbütt!

HEINRICH HEINE

Das Salzwasserelement sagt mir zu

Norderney d 8 July 1825

Lieber Moser

Mit meiner Gesundheit bessert es sich, obschon nicht ganz, doch allmählig, und ich vermag jetzt bestimmter auf die Beyhülfe meiner Physis zu rechnen. – Jetzt schwimme ich wieder auf der Nordsee. Das Salzwasserelement sagt mir zu, es wird mir wohl und leicht zu Muth wenn mein

Kahn von den Wellen wie ein Ball hin und her geworfen wird, das Ersaufen ist mir ein tröstender Gedanke, der einzige Trost den mir der grausame Priester von Heliopolis gelassen hat – indem er dem Wasser keine Balken untergelegt. (…)

Das Meer war so wild, daß ich oft zu versaufen glaubte. Aber dies wahlverwandte Element thut mir nichts Schlimmes. Es weiß recht gut, daß ich noch toller seyn kann. Und dann, bin ich nicht der Hofdichter der Nordsee? –

Norderney d 29 July 1826

Lieber Varnhagen!

Mit meiner Gesundheit geht es immer besser. Zu ihrer völligen Herstellung brauch ich das hiesige Seebad, und schwimme wieder auf den Wellen der Nordsee, die mir jetzt sehr gewogen ist, weil sie weiß daß ich sie besinge. Das Meer ist ein braves Ellement. Wenn ich lange Zeit davon entfernt bin empfinde ich ein ordentliches Heimweh. Meine Nordseebilder sind con amore geschrieben, und ich freu mich daß sie Ihnen gefallen.

THEODOR FONTANE

Ruhe und frische Luft

Heringsdorf, 24. August 1863

Meine liebe, gute Frau.

Es sind erst 2 Tage und 2 Stunden, seit ich von Berlin fort bin, und schon habe ich so viele Eindrücke empfangen, so viele alte und neue Menschen gesehn und gesprochen, daß mir zumute ist, als hätte ich den Berliner Staub und die Berliner Rinnsteine schon wochenlang hinter mir. Staub und Rinnsteine, da haben wir's. Es läßt sich gegen diese Badereiserei gewiß sehr viel sagen, in hundert kleinen Dingen verschlechtert man sich, es fehlt an Komfort und manchem andren noch, aber man hat *Ruhe und frische Luft*, und diese beiden Dinge wirken wie Wunder und erfüllen Nerven, Blut und Lungen mit einer stillen Wonne. Selbst in Swinemünde hatte ich am Sonnabend schon dies Gefühl, hier habe ich es seit gestern in einem sehr verstärkten Grade. (...)

Gestern um 11 nahm ich einen Wagen und fuhr am Strande entlang hierher. Das Wetter ist schlecht, gestern Wind, heute Regen, und doch muß ich sagen, es ist entzückend. Das Zimmer, das ich bewohne, ist freundlich, geräumig; das Haus selbst ganz allerliebst; der Blick durch Bäume hindurch auf das graue Meer poetisch und für Herz und Sinne unendlich wohltuend. Herr und Frau v. Wallenstädt sind liebenswürdige Leute; die Bedienung (männlich) angenehm. *Lepel* kam bald, um mich zu besuchen. Dann streifte ich durch den Wald; auf der Rückkehr, mitten im Buchengrün, hörte ich Orgelklänge, denen nachgehend ich in die »Waldkirche« kam, die geschmackvoll mit ihrem rotbraunen Ziegelton aus dem Waldesgrün emporwächst. Die Kirche war aus, und die schmalen Steige fingen an, sich mit heimkehrenden Kirchengängerinnen zu beleben. Dazu die Stille, nur Waldes- und Meeresrauschen – es machte einen überaus freundlichen Eindruck auf mich. Bald darauf ging es im großen Gasthaus zu Tisch. Drei lange Tafeln, im ganzen vielleicht 120 bis 150 Personen. Hier traf ich endlich auch Roquette, der allerliebst, sehr munter und sehr freundlich war. Er ißt täglich in Gesellschaft eines russisch-jüdischen Familienzirkels (die Familie Lieven aus Moskau), weshalb ich auf seine Genossenschaft Verzicht leisten mußte. Ich traf es aber doch gut, indem ich einen Platz neben Staatsanwalt Homeyer und Oberkonsistorialrat Hermes erhielt, so daß für Unterhaltung bestens gesorgt war. Nach Tisch zum Kaffee in die

»Försterei«, halber Weg nach Ahlbeck. Hier kam das ganze Konvoichen zusammen: Homeyer und Hermes, Roquette und ich, Lepel und Herr v. Wurmb. Nachdem ich durch Kippelung einen Stuhl zerbrochen, gingen wir nach Ahlbeck, um dort einem Waldgottesdienst beizuwohnen. Wir kamen leider zu spät, doch werde ich in 8 Tagen jedenfalls dabeisein; die Szenerie ist einladend. In Ahlbeck sahen wir uns noch das Haus an, drin Friede als Fürst v. Ahlbeck gewohnt hat, und gingen dann am Strand zurück. Abends Tee und Geplauder. (…)

Nun weißt Du alles.

Leb mir wohl; grüße und küsse die Kinder; Dir den herzlichsten Kuß von

Deinem Theodor

Heringsdorf, 30. August 1863

Meine liebe, gute Frau.

(…) Ich habe nun das Meer zu allen Tageszeiten gesehn, grau, grün, blau, mit und ohne Wellen, bei Mond- und Sonnenschein, und ich habe nun nachgerade ein Gefühl davon; ja, so schön das ist, man kann doch nicht immer bloß aufs Meer blicken. Dazu kommt wohl, daß ich auch hier immer erkältet bin, also alles nur halb genieße. Wäre ich ein brillanter Fußwandrer, der die Insel nach allen Seiten hin durchstreifen, Abwechslung in die Bilder bringen, auch wohl mit dem Volk in Berührung kommen könnte, so wäre das ein ander Ding; – wie es aber ist, so ist es schön, aber langweilig, trotz der Bekanntschaften, die ich hier gemacht oder erneuert habe. Nur eines bleibt: *die Luft*, die dem ganzen alten body wie ein Balsam ist. Und das ist doch die Hauptsache.

Gruß und Kuß Euch allen und hoffentlich ein frohes Wiedersehn. Wie immer

Dein Theodor

PÉTER NÁDAS
Luftkur-Zirkus

Diesmal überraschte uns der Abend draußen, obwohl wir
den Spaziergang auf die herkömmlichste Weise begonnen
hatten. Zuerst waren wir zum Ufer gegangen, um, an den
Rand der Steinmauer gelehnt, ein Luftbad zu nehmen, das
übrigens nicht länger als eine Viertelstunde dauerte, weil
es einfach darin bestand, daß wir unsere Muskeln, den
Gegebenheiten entsprechend, so gut wie irgend möglich
entspannten; in strenges Stillschweigen gehüllt, mit ge-
schlossenem Mund, die Luft ausschließlich durch die Nasenlöcher ein- und wieder ausatmend, bemühten wir uns,
jene Zeitspanne der Dämmerung auszunutzen, die sich
nach Ansicht von Doktor Köhler, im Hinblick auf den zeit-
weilig hohen Feuchtigkeitsgehalt der Luft und deren
natürliche Wirkstoffe, von den Schleimhäuten der Nase
auch als Düfte wahrnehmbar, besonders dazu eignete, die
Luftwege zu reinigen, die Lunge aufzufüllen, infolgedes-
sen den Kreislauf anzuregen und die Nerven zu beruhi-
gen; wiewohl dieses hehre Ziel, wie der hochangesehene
Doktor zu betonen beliebte, bloß dann wirklich zu erreichen war, wenn die sehr geehrten Patienten seine Vor-
schriften in jeder Hinsicht zu befolgen bereit wären und
sie nicht leichtfertig und oberflächlich unentwegt verletz-
ten, also der Bequemlichkeit halber sich an Bäume und
Mauern lehnten, ganz zu schweigen von jenen, die in der
Halle des Kurhauses oder auf der Terrasse des Badehau-
ses einfach herumsäßen und tratschten und nur, wenn das
Schwätzen mal ins Stocken geriet, mit verklärtem Gesicht
schnauften und seufzten, bis ihnen dann etwas dringend
Mitzuteilendes einfiel, nein, von diesen Damen und Herren zu reden erübrige sich für ihn, die säßen eo ipso in der
Leichenkammer, ihre Bequemlichkeit sei daher verständ-
lich, doch diejenigen, die ihr Erdenleben um einige Jahre
zu verlängern wünschten, hätten die dreimal fünf Minu-

ten, während deren die Übungen wiederholt werden müßten, auf den eigenen Füßen zu stehen, jawohl stehen!
locker und ohne Stütze, Einwände und Ausflüchte könnten nicht akzeptiert werden, weil Schönheit und Gesundheit sich nicht voneinander trennen ließen; und deshalb
wäre er aufrichtig dankbar, wenn man ihm glauben wollte,
vor allem natürlich die Damen, daß dies unsere Schönheit
nicht gefährde, sie im Gegenteil steigere, wenn auch auf
kompliziertere Weise als Mieder und Schminke, wenn wir
uns im Interesse unserer Gesundheit nicht scheuten, sogar ein paar Grimassen zu schneiden, was übrigens nur in
den ersten fünf Minuten vonnöten sei, bis die verbrauchte
Luft aus der Lunge heraus sei, in der von Parfüm und Ta-
bakdunst geschwängerten ekelhaften Zimmerluft freilich
etwas Unmögliches, weil wir da dieselbe Fäulnis einatme-
ten, die wir vorher ausgeatmet hätten, sondern, jawohl,
in der unmittelbaren Nähe des Wassers, auch wenn alle
Welt zuschauen sollte; es gehe doch um unsere eigene Gesundheit, nur keine Scham, durch die Nase atmen, nicht
den Brustkorb aufblähen, wie es die auf ihre Demut so
stolzen Katholiken tun würden, sondern runter mit der
Luft, rein in den Bauch, wir seien schließlich Protestan-
ten und könnten unseren Bauch, wenn auch nicht unseren Kopf, ruhig mit Luft anfüllen, alles zu seiner Zeit und
am rechten Ort, dann gebe es keine Schwierigkeiten, das
Gehirnschmalz in den Kopf, die Luft in den Bauch, natürlich nur, wenn wir das Mieder nicht schon wieder über jedes vernünftige Maß hinaus geschnürt haben, nicht wahr,
meine Damen, die Luft halten wir an, tief unten, zählen
bis zehn und dann, den Mund weit geöffnet, die Zunge
spitz und gerade auf die Welt gerichtet, entlassen wir langsam, während wir wieder bis zehn zählen, im Takt diesen
widerlichen Gestank, der in uns ist, ja, in jedem von uns,
und den zu behalten nicht nur unnötig, sondern geradezu
unschicklich ist.

Um diese Zeit ging die Sonne unter, aber es wurde noch
lange nicht dunkel, ihr roter Widerschein stand noch eine
Weile an dem in ein Grau übergehenden Himmel, nur das

Meer wurde plötzlich schwarz, und die weißschäumenden Wellen stürzten aufleuchtend zurück, aus dem Wasser stieg schon der abendliche Brodem auf, der den Park langsam einhüllte, die Möwen flogen immer höher, und wie wir da standen, erschien mir unser gemeinsames Atmen – das ich gleichzeitig mit dem Knirschen der geruhsamen Schritte hinter uns vorbeigehender Spaziergänger wahrnahm, begleitet vom Schrei der Möwen und dem Dreierrhythmus des brausenden, tosenden, dröhnenden Wassers, dem sich, wie ich bemerkte, mein Atem anzupassen versuchte – als die süßeste Stille, eine Stille, in der jedes Gefühl zur Ruhe kam und die aufsteigenden Gedanken, die Oberfläche gerade nur kräuselnd, ohne artikuliert zu werden, wieder hinabsanken; auch wenn das Knirschen der Schritte, ein vergnügter Seufzer, das Geschrei der Möwen und ihr plötzliches Verstummen oder irgendein körperliches Empfinden, ein kühler Luftzug, ein Schlaffwerden der Knie, ein Jucken oder ein Berührtsein der Seele, eine flüchtige, unbestimmbare Beklemmung, ein alles überschwemmendes Wohlgefühl in der Art einer krampfhaften Sehnsucht wieder etwas an die Oberfläche holte, sich etwas auf unsere Lippen drängte, das Gegenstand einer Überlegung, vielleicht einer Handlung sein konnte, so ließ die Gewalt der Gefühle das alles nicht zu, sie hält alles zusammen, denn sie genießt gerade dieses Einssein des Selbst, kennt sie doch keine größere Lust als die Verwirklichung der Nichtverwirklichung, die Ruhepause des schwebenden Dazwischen. (…)

Nach Beendigung unserer gewohnten Luftkur gingen wir an diesem Tag in Richtung des Bahnhofs, und daran konnten meine dank der Ereignislosigkeit unseres Lebens unverbrauchten und daher für alle Nuancen empfänglichen Augen nichts Außergewöhnliches entdecken; nachdem Vater ein wenig schneller, als es die Vorschrift erlaubte, schnaufend die Übung beendet hatte, lehnte er sich, wie jemand, der eine schwere Prüfung überstanden hat, mit seiner jovial umfänglichen Körperfülle an die Steinbrüstung und blickte mit spöttischer Befriedigung auf

Mutter, er wollte sich dem Meer zuwenden, konnte aber nicht widerstehen, zu ihr zurückzuschauen, freilich war das nichts Ungewöhnliches, da er es jedesmal tat; das Meer nämlich, das meine Mutter wie die Natur im allgemeinen »zauberhaft« nannte, langweilte ihn ebenso wie dieser ganze Luftkur-Zirkus, am Meer konnte er nichts finden, »das ist, bitte schön, ein großes, leeres Wasser, nichts weiter«, meinte er, es sei denn, daß am Horizont gerade ein Schiff auftauchte, dann konnte er sich damit beschäftigen, die verblüffend langsame Bewegung des Schiffskörpers mit einem »sicher erscheinenden« Punkt des Ufers in Beziehung zu setzen und die Veränderungen des Winkels, den Ausgangspunkt und Entfernung bildeten, zu messen.

PETER SANDMEYER

El Mal di Mare

Was ist Seekrankheit?

Das Meer ist unsicherer Boden. Ewig schwankende Grenze zwischen Ebbe und Flut, Stillstand und Sturm. Zwielichtzone verschwimmender Fronten zwischen Leben und Tod.

Auf dem Meer zu fahren war immer bange Balance. Vom Scheitern bedroht, vom Untergang in grundlose Tiefen. Schwindel ist eine ebenso verbreitete wie vernünftige Reaktion des Landbewohners auf den zappelnden Tanz des kleinen Schiffes über den großen Abgründen der See.

Manche befällt der innere Taumel schon, wenn sie das Schiff am Kai liegen sehen, noch sanft umplätschert und bewegt nur von kurzen, schwatzenden Wellen des Hafens. An Bord, wenn das Schiff beginnt, das Meer zu befahren, verfallen die Taumelnden in dumpfen, angstgrundierten, übelkeitsgesättigten Dämmerzustand mit kaltem Schweiß auf blasser Haut: El Mal di Mare.

Seekrankheit tritt im allgemeinen auf, »wenn bei dem allmählich stärker werdenden Wellenschlage und der dadurch bedingten heftigen, schaukelnden Bewegung des Schiffes dem einzelnen die Überzeugung sich aufzudrängen beginnt, daß der Boden, auf welchem er bisher gestanden, ihm einen sicherern Schwerpunkt bot, als der, welchen er jetzt inne hat«. So gelassen formulierte es 1858 O. H. With in seiner »Gesundheitspflege auf Seeschiffen für Gebildete aller Stände namentlich für Schiffsofficiere und Auswanderer«. Doch so gelassen erlebt der Seekranke seine Krankheit selten.

Der Mund wird trocken. Der Körper kalt. Der Kopf leer. Nur noch Angst, Apathie, Depression haben darin Platz. Das Herz rast. Der Magen zuckt konvulsiv. Die Welt kommt abhanden.

Manche möchten es ihr gleichtun. Der Tod erscheint dem Kranken als bessere Alternative. Cicero, auf der Flucht vor den Häschern des Marcus Antonius, ließ sein Schiff wenden, kehrte an Land zurück und ging lieber in den sicheren Tod als weiter die »iactationes navis« zu ertragen.

Seit der Antike ist Seekrankheit immer wieder beschrieben und behandelt worden – und ein Rätsel geblieben. Rezepte gegen sie gibt es wie Sand am Meer.

Die alten Römer versprachen sich etwas von Flohkraut und Wermut, zerrieben in Öl und Essig und dann auf die Nasenlöcher aufgetragen.

Linsen mit Minze und verdünnten Wein empfahl der byzantinische Arzt Paulos von Aegina.

Petersiliensträuße auf nackter Brust und schwerer Wein mit Gelbei

Zu Abführkuren vor Reiseantritt und sauren Säften, die das Körperinnere zusammenziehen, rieten islamische Mediziner des Altertums.

Die englischen Könige des Mittelalters trafen zur Seekrankheitsprophylaxe eine spezielle Vorkehrung: Bei Überfahrten nach Frankreich war ein Mitglied des Hofstaates dafür zuständig, das Haupt seiner Majestät ständig aufrecht zu halten und mit den Schlingerbewegungen des Schiffes zu synchronisieren.

»Unreinen Säften, Furcht und anderen heftigen Leidenschaften« gab der »Arzt der Reisenden« in seinem Buch aus dem Jahre 1774 die Schuld an der Seekrankheit und empfahl dagegen »Citronensaft und gute Gewürze«.

Schlechter dran war, wer der Empfehlung folgte, zur Vorbereitung auf seine Schiffsreise Seewasser zu trinken. Ihm war schon speiübel, bevor er auch nur den Hafen erreicht hatte.

Schröpfköpfe, Petersiliensträuße auf nackter Brust, Safran-Päckchen auf dem Bauch, konditionierende Kahnfahrten, schwerer Wein mit Gelbei – kaum ein Mittel, das nicht zum Einsatz kam. Im 19. Jahrhundert auch Chloroform und Opium, was wenigstens den Vorzug hatte, daß der Reisende von seiner Reise nicht mehr viel mitbekam.

Doch am Ende aller Erfahrungen mit Haus- und Wundermitteln blieb es bei der nüchternen Feststellung des Dr. With aus Bremerhaven: »Die Seekrankheit ist der rauhe Anfang eines rauhen Berufes«.

Im wißbegierigen und wissenschaftssüchtigen 19. Jahrhundert aber begnügte man sich nicht mehr mit so geringer Aufklärung. Und wie meistens wurde die Forschung von kommerziellen und militärischen Interessen inspiriert. Generäle wollten nicht hinnehmen, daß sich ihre Soldaten von Truppentransporten über See erst tagelang erholen mußten. Und die großen Reedereien, die inzwischen mit ihren Luxus-Linern regelrecht Regatten zwischen Alter und Neuer Welt austrugen, wünschten sich Passagiere, die nicht krank in der Koje lagen, sondern beseligt an der Bar saßen.

Der Sieg über die Seekrankheit setzte die Kenntnis ihrer Ursache voraus, doch die gab Rätsel auf. Weshalb war eine Minderheit von Menschen – circa fünf Prozent – immun gegen die maritime Seuche?

192

Weshalb wurden Hunde und Vögel seekrank – Dr. Ludwig Pincussen aus Berlin hat sogar Pferde kotzen sehen –, Babys und Elefanten dagegen nicht? Weshalb überwanden die meisten Menschen nach einigen Seetagen ihr Leiden, während andere siech blieben?

Der napoleonische Leibarzt Dominique Jean Larrey vermutete, daß die Empfänglichkeit für Seekrankheit mit der Elastizität des Gehirns zusammenhinge und intelligente Menschen mit elastischerem Kopfinhalt besonders betroffen seien. Mit dieser Theorie stellte er sich selbst eine Art Ehrenrettung aus, denn der Mediziner mußte seine Marinelaufbahn wegen unheilbarer Seekrankheit abbrechen.

Sein Kollege Semanas stellte 1854 eine andere These auf, die auch von englischen und deutschen Ärzten geteilt wurde.

Danach war »le miasme marin«, die salzhaltige Ausdünstung des Meeres, für die Entstehung von Seekrankheit verantwortlich.

Allen Ernstes empfahl der deutsche Mediziner Ignaz Josef Neudörfer hiergegen den Einsatz von Baumwollfilter-Respiratoren. Es dauerte einige Zeit, bis auffiel, daß Seekrankheit durchaus auch auf Süßwassergewässern auftritt, daß sie aber bei Küsten- und Inselbewohnern an Land – die dem gleichen »Miasma« des Meeres ausgesetzt sind – fehlt.

Als haltlos erwies sich schließlich auch die These, daß Seekrankheit durch »Ermüdung der Augen« zustande kommt. Blinde bleiben nämlich keineswegs verschont von ihr.

Der weitere Verlauf der wissenschaftlichen Diskussion ist von leidenschaftlichen Streitigkeiten darüber geprägt, ob als Krankheitsursache eher Blutzirkulationsstörungen in Betracht kommen – mit plötzlicher Blutleere im Kopf, zeitweiligem Hochdruck oder dem Wechsel von beidem – oder vielmehr die Reizung des Nervensystems durch die ständige Dehnung und Zerrung der Eingeweide auf See oder eine Art energetische Erschöpfung des Organismus durch die fortwährende Anspannung des Muskelsystems oder ein vom Schwanken des Schiffes verursachter Wechsel zwischen Luftverdünnung und Luftverdickung in den Lungen.

Auf die richtige Spur führte erst eine Beobachtung des englischen Arztes J. A. Irwin, der in den achtziger Jahren des 19. Jahrhunderts feststellte, daß Gehörlose nicht seekrank werden. Jedenfalls diejenigen – und das sind die meisten von ihnen –, deren Innenohr vollständig funktionsuntüchtig ist. Dieser Befund bahnte der Erkenntnis den Weg, daß es sich bei der Seekrankheit um eine »motion sickness« handelt, die nicht von den Augen ausgelöst wird, sondern vom Zusammenspiel anderer Signalgeber im Körper mit denen des Gleichgewichtsorgans im Labyrinth des inneren Ohrs. Dessen Lymphflüssigkeit folgt den Trägheitsgesetzen, reagiert entsprechend auf die Bewegung des Schiffes, das Gleichgewichtsorgan registriert die Irritation und meldet sie an das Gehirn.

Der Auslöser ist ein Fehlalarm im Kopf

Dort kommen aber gleichzeitig Meldungen von anderen Körpersystemen an, dem optischen sowie den Stellungs- und Bewegungsfühlern in Muskeln, Sehnen und Gelenken. Und alle diese Meldungen passen nicht zusammen. Folge: Konfusion!

Der Kopf eines Menschen unter Deck nimmt beispielsweise Vertikal-Bewegungen des Schiffes wahr – es stampft –, während sich seine Füße gleichzeitig gegen Horizontalbewegungen stemmen – es rollt –, die Augen aber sehen Tisch, Koje, Bank und gar keine Bewegung. Informationswirrwarr im Gehirn. Folge: Fehlsteuerung des Körpers; Konsequenz: Chaos im Organismus. El Mal di Mare.

Der Auslöser der Seekrankheit ist also eine Art Fehlalarm im Kopf. Der dauert an, bis sich das Gehirn nach einigen Seetagen an die widersprüchlichen Meldungen gewöhnt hat, sie sortieren und die Steuerungsfähigkeit über den Körper zurückgewinnen kann. Bei diesem Adaptionsprozeß spielen physische Faktoren eine Rolle – Männern gelingt er beispielsweise leichter als Frauen –, aber wichtiger sind offenbar noch immer ungeklärte psychische Faktoren.

Unendliche Versuchsreihen brauchte es, bis die Wissenschaft soweit war. Komplizierte experimentelle Anordnungen und Doppel-Blind-Studien wurden ersonnen, Hundertschaften von Testpersonen im »Baranyschen Drehstuhl« geschaukelt, in der kanadischen »motion-sickness-machine« geschüttelt, auf Rettungsinseln in Wellentanks durchgerüttelt, mal mit Medikamenten im Bauch, mal mit Placebos im Blut, mal mit Pflastern hinterm Ohr. Jede Menge Einsichten wurden gewonnen, wie die, daß Schiffsbewegungen »mit geringer Frequenz und großer Amplitude eher seekrank machen als solche mit großer Frequenz und geringer Amplitude«. Die letzte Erkenntnis aber blieb bislang ebenso aus wie der durchschlagende Therapieerfolg.

Der Schiffsarzt Dr. Werner hat seine Erfahrungen mit der Seekrankheit vor ein paar Jahren nach zwei Jahrzehnten auf den Meeren in 274 580 klinischen Daten und 2563 nautischen Befunden publiziert, die er bei 15 000 Passagieren unterschiedlicher Nationalität erhoben hat. Sein Fazit: Bei der Seekrankheit zeigen sich »die innigen Verflechtungen zwischen Physis, Psyche, Alters- und Geschlechtsspezifitäten und dem Medium ›See‹«.

So bleibt es auch nach zweitausend Jahren Seekrankheitsforschung neben alten und immer neuen Hausrezepten, wie Ingwerwurzel oder Akupressur-Armbändern, bei der schon im Mittelalter mitgeteilten Erkenntnis, daß am wohltuendsten auf den Kranken »der Anblick des nahenden Landes« wirke.

Oder wie ein Experte unserer Tage auf die Frage antwortete, welches Mittel das sicherste gegen Seekrankheit sei: »Legen Sie sich unter einen Baum.«

*Von
Badepraktiken
und
Badesitten*

Die Bademaschine

Man besteigt ein zweirädriges Fuhrwerk, einen Karren, der ein von Brettern zusammen geschlagnes Häuschen trägt, das zu beiden Seiten mit Bänken versehen ist. Dieses Häuschen, das einem sehr geräumigen Schäferkarren nicht unähnlich sieht, hat zwei Türen, eine gegen das Pferd und den davor sitzenden Fuhrmann zu, die andere nach hinten. Ein solches Häuschen faßt vier bis sechs Personen, die sich kennen, recht bequem, und selbst mit Spielraum, wo er nötig ist. An die hintere Seite ist eine Art von Zelt befestigt, das wie ein Reifrock aufgezogen und herabgelassen werden kann. Wenn dieses Fuhrwerk, das an den Badeorten eine Maschine (a machine) heißt, auf dem Trocknen in Ruhe steht, so ist der Reifrock etwas aufgezogen, vermittelst eines Seils, das unter dem Dach des Kastens weg nach dem Fuhrmanne hingeht. An der hintern Türe findet sich eine schwebende aber sehr feste Treppe, die den Boden nicht ganz berührt. Über dieser Treppe ist ein freihängendes Seil befestigt, das bis an die Erde reicht und den Personen zur Unterstützung dient, die, ohne schwimmen zu können, untertauchen wollen, oder sich sonst fürchten. In dieses Häuschen steigt man nun, und während der Fuhrmann nach der See fährt, kleidet man sich aus. An Ort und Stelle, die der Fuhrmann sehr richtig zu treffen weiß, indem er das Maß für die gehörige Tiefe am Pferde nimmt, und es bei Ebbe und Flut, wenn man lange verweilt, durch Fortfahren oder Hufen immer hält, läßt er das Zelt nieder. Wenn also der ausgekleidete Badgast alsdann die hintere Tür öffnet, so findet er ein sehr schönes dichtes leinenes Zelt, dessen Boden die See ist, in welche die Treppe führt. Man faßt mit beiden Händen das Seil und steigt hinab. Wer untertauchen will, hält den Strick fest und fällt auf ein Knie, wie die Soldaten beim Feuern im ersten Gliede, steigt alsdann wieder herauf, kleidet sich bei der Rückreise wieder an usw. Es gehört für den Arzt zu bestimmen, wie lange man diesem Vergnügen (denn dieses ist es in sehr hohem Grade,) nachhängen darf. Nach meinem Gefühl, war es vollkommen hinreichend, drei bis viermal kurz hinter einander im ersten Gliede zu feuern, und dann auf die Rückreise zu denken. Beim ersten Male wollte ich, um seinen eignen Körper erst kennen zu lernen, raten nur einmal unterzutauchen, und dann sich anzukleiden, und nie die Zeit zu überschreiten, da die angenehme Glut, die man beim Aussteigen empfinden muß, in Schauder übergeht. Da das schöne Geschlecht von Anfang, wie ich gehört habe, auch hier, gegen das Unversuchte einige Schüchternheit äußern soll, so finden sich an diesen Orten vortreffliche Kupplerinnen zwischen der Thetis und ihnen, die sie sehr bald dahin bringen selbst wieder Kupplerinnen zu werden. Dieses sind in Margate junge Bürgerweiber die sich damit abgeben, die Damen aus- und ankleiden zu helfen, auch eine Art von losem Anzug zu vermieten, der, ob er gleich schwimmt, doch beim Baden das Sicherheitsgefühl der Bekleidung unterhält, das der Unschuld selbst im Weltmeere so wie in der dicksten Finsternis immer heilig ist. Unter diesen Weibern gibt es natürlich, so wie bei den fern verwandten Hebammen, immer einige, die durch Sittsamkeit, Reinlichkeit, Anstand und Gefälligkeit vor den übrigen Eindruck machen und Beifall erhalten. Ich habe eine darunter gekannt, die damals Mode war. Diese besorgte öfters zwei bis drei Fahrzeuge zugleich. Und da war es lustig vom Fenster anzusehen, wie diese Sirene, wenn sie mit Einer Gesellschaft fertig war, von einem Karren nach dem andern oft 20 bis 30 Schritt weit wanderte. Es war bloß der mit Kopfzeug und Bändern gezierte Kopf, was man sah, der wie ein Karussellkopf aus Pappdeckel auf der Oberfläche des Meeres zu schwimmen schien.

Allgemeine Baderegeln

1) Man muß nie bald nach Tische und mit vollem Magen baden. Die beste Zeit ist Vormittags, nach Beschaffenheit der Witterung, von 7 Uhr bis eine Stunde vor Tische. Man kann aber auch von 3 Stunden nach Tische bis Abend 5–7 Uhr baden.

2) Sich durch irgend eine Ursache erhitzt oder vollends im Schweiße baden, kann die gefährlichsten Folgen haben.

3) Unmittelbar nach einer irgend heftigen Gemüthsbewegung muß man sich niemahls baden.

4) Eine gelinde Bewegung, wovon das Blut *nicht* in Wallung gebracht worden, ist *vor* dem Bade nützlich.

5) Auch *im* Bade erhält man sich immer in einiger Bewegung durch Untertauchen, Rührung der Arme u. s. w.

6) *Nach* dem Bade setzt man sich abermahl in Bewegung durch Gehen, Reiten. In gänzliche Ruhe muß man sich nie gleich nach dem Baden begeben, wenn nicht besondere Umstände dies anders rathen.

7) Je froher und furchtfreyer man ins Bad steigt, desto besser.

8) Man muß nicht mit zu langsamen Schritten ins Wasser steigen, sich doch auch nicht zu plötzlich ins Wasser stürzen. In zwey, drey kurzen Absätzen tauche man sich bis an den Hals ins Wasser, und dann auch wohl den Kopf, indeß man mit den Handen stets in Bewegung ist, sich auch die Haut damit reibt, überall wo und wie man beykommen kann.

9) Wer etwas vollblütig ist, und wem das Blut leicht zum Kopfe dringt, muß sich den Kopf vorher mit Wasser über-

gießen oder waschen, oder auch denselben zuerst ein-mahl untertauchen.

10) Beym Baden zum ersten Mahle ist zu rathen, sich nur einmahl oder ein paarmahl geschwind unterzutauchen, sich dann schnell, unter fleißigem Reiben des ganzen Körpers, abzutrocknen, und wieder anzukleiden. Nach und nach kann man etwas länger im Wasser verweilen, aber doch nie so lange, daß man nach überwundenem er-sten Schauder von neuem wieder Frost empfindet. Man lernt diesen Zeitpunkt bald kennen, der bey verschiede-nen Constitutionen von sehr verschiedener Dauer ist. Manche Personen, die sehr empfindlich sind, müssen sich auch wohl erst durch kaltes Waschen oder Reiben zum kalten Baden vorbereiten. Starkes Reiben nach dem Bade ist immer sehr nutzbar.

11) Sehr vollblütige, und daher zu Blutflüßen geneigte Personen, müssen nicht baden;

12) am wenigsten Blutspucker.

13) Auch verbieten Unreinigkeiten im Magen und in den Gedarmen, die monatliche Reinigung, Schwangerschaft, seit mehrern Tagen Leibesverstopfung, Entzündungen, ge-schwollene Füße, hohes Alter, Schwindel, Kopfschmer-zen, und so manche andre Fehler der Gesundheit, in der Regel das kalte Baden; daher

14) überhaupt Niemand, der wirklich krank ist, oder zu gewissen Krankheiten Neigung hat, kalt baden muß, ohne Rath und Leitung eines Arztes, weil doch auch zum Theil in den benannten Krankheiten unter gewissen, aber nur von einem Arzte zu beurtheilenden, Umständen das kalte Bad sehr nützlich seyn kann.

15) Wenn man von dem Bade rechten Vortheil haben will, muß man es täglich, auch wohl jeden Tag zweymahl, wiederhohlen.

16) Badehemder, Beinkleider im Bade, sind nicht zu ra-then, und mindern den Nutzen desselben.

17) Ein sicheres Zeichen, daß das Bad wohl bekommt, ist, wenn man nach dem Bade bald wieder warm wird, den Kopf und die Brust ganz frey, und sich überhaupt leichter, munter und erquickt fühlt.

18) Dagegen muß man nicht wieder baden, wenn man noch eine geraume Zeit nach dem Bade frostig und kalt bleibt, eine Schwehre und Unbehaglichkeit im ganzen Körper bemerkt, und wohl gar den Kopf und die Brust bedrückt fühlt.

Ich füge diesen Regeln hier noch folgende Bemerkungen hinzu:

1) Vor dem Bade darf man sehr wohl ein leichtes Frühstück nehmen.

2) Auch nach dem Bade ist es oft sehr nützlich, irgend etwas zu genießen, was den gleichen Zweck hat.

3) Das Braußen und die Beschwehrden in den Ohren, welche viele von dem Untertauchen mit dem Kopfe zu empfinden pflegen, können am besten dadurch verhütet werden, daß man etwas Baumwolle in beyde Ohren steckt.

4) Da manche Personen von dem Gehen vor dem Bade leicht schwitzende Füße bekommen und davon die Strümpfe durchfeuchtet werden, so müssen sie dafür sorgen, daß sie nach dem Bade sich trockner Strümpfe bedienen können. Das gilt auch von den Hemden.

Das Damenbad

Bericht einer Badewärterin um 1900

Es gab Damen, die außer einem sackförmigen Badeanzug mit Rüschen und Spitzen noch lange Hosen, zwei bis drei Kappen über dem Haar und dazu Strümpfe und Schuhe brauchten, um dann ins Wasser zu gehen. Alle wurden an eine lange Leine gelegt, und unter der Aufsicht mehrerer Badewärterinnen durften dann die Damen bis zu den Waden ins Wasser. Gingen sie etwas tiefer, so bis über die Knie hinein, so wurde von den Badewärterinnen sofort Alarm getutet. So ist es auch nicht verwunderlich, daß es viele Jahre keinen Badeunfall im Damenbad gab.

Zu den Aufgaben der Badewärterin gehörte es auch, mit den Kleinkindern ins Wasser zu gehen, oder den Damen den Bademantel zu halten, wenn diese im Wasser waren. Dann gab es noch zwei Männer im Damenbad, die Rettungsschwimmer, Vorbedingung für diese Arbeit war, sie mußten verheiratet sein. Und dann gab es noch einen Mann, sogar einen unverheirateten, und zwar Adolf Matzen. Er kam, wenn die Flut etwas höher als gewöhnlich war, um die Badekarren vom Strand etwas höher zu den Dünen zu ziehen. Dazu hatte er sein Pferd mit.

Und dann gab es noch eine ganz schlimme Sorte von Männern; die sogenannten »Kieker«. Sie schlichen oben auf den Dünen entlang und machten Stielaugen, ob sie nicht trotz dieser fülligen Badebekleidung der Damen etwas Entzückendes von ihnen zu sehen bekämen. Wenn die Badewärterin solch einen »Kieker« sah, gab sie Großalarm. Die Herren der Badeverwaltung kamen dann angelaufen, um die »Kieker« zu vertreiben.

Der Dienst der Badewärterinnen im Damenbad oder der Badewärter im Herrenbad war nicht leicht. Morgens um 6 Uhr begann ihr Dienst und hörte mittags mit Ende der Badezeit auf. Die erste Arbeit morgens war das Auffüllen der vor den Badekabinen stehenden Tonnen mit

Meerwasser. Aus ihnen wurden die Fußwannen in den Kabinen aufgefüllt, die zum Abspülen des Sandes bestimmt waren. Da mußte so mancher Eimer Wasser geschleppt werden. Die Bezahlung war mehr als kläglich, denn für die ganze Saison vom 15. Mai bis 15. Oktober erhielten die Badewärter 60 Mark, und davon gingen noch die Sozialabzüge ab. Man war also auf Trinkgelder angewiesen, die in dieser Zeit noch reichlich flossen. Es gab noch eine Nebeneinnahme, und zwar für das Aufbewahren von Strandkleidern erhielten die Badewärter und -wärterinnen eine Mark pro Woche. Natürlich gehörte auch das Trocknen der Badesachen zum Aufbewahren. Und wenn man daran denkt, was die Damen damals anhatten, so kann man sich vorstellen, daß für das Aufbewahren von etwa 100 Badekleidern ein ganz stattlicher Raum nötig war.

Herrenbad auf Borkum, 1913
Altonaer Museum in Hamburg, Inv.-Nr. 1982/413-7

VLADIMIR NABOKOV
Der Baigneur

Biarritz hatte seine Eigenart in jenen Tagen noch be-
wahrt. Staubige Brombeersträucher und *terrains à vendre*
voller Unkraut säumten die Straße, die zu unserer Villa
führte. Das Carlton-Hotel war noch im Bau. Etwa sechs-
unddreißig Jahre mußten noch verstreichen, bis Brigade-
general Samuel McCroskey das königliche Appartement
des Hôtel du Palais bezog, eines Gebäudes, das auf dem
Grundstück eines früheren Palastes steht, wo man in den
sechziger Jahren jenes unerhört wendige Medium, Daniel
Home, dabei überrascht haben soll, wie er mit seinem
bloßen Fuß (in Nachahmung einer Geisterhand) das
gütige, vertrauensvolle Gesicht der Kaiserin Eugénie
streichelte. Auf der Promenade am Casino steckte eine
ältliche Blumenfrau mit Kohleaugenbrauen und einem
angemalten Lächeln die dicke Wulst einer Nelke behende
in das Knopfloch eines angehaltenen Spaziergängers, dessen linke Wange sich noch königlicher faltete, wenn er
auf die Blume hinunterschielte, die ihm da gewandt an-
gesteckt wurde.
  Auf dem hinteren Teil der *plage* standen die verschie-
densten Strandstühle und -hocker, und auf ihnen saßen
die Eltern der Kinder, die Strohhüte trugen und vorne im
Sand spielten. Mich zum Beispiel konnte man auf den
Knien mit dem Versuch beschäftigt sehen, einen gefun-
denen Kamm mit Hilfe eines Brennglases in Brand zu setzen. Die Männer hatten weiße Hosen an, die für heutige
Begriffe aussähen, als seien sie in der Wäsche lächerlich
eingelaufen; die Damen trugen in jener Saison leichte
Mäntel mit Seidenaufschlägen, Hüte mit großem Kopf
und weitem Rand, dicht bestickte weiße Schleier, Blusen
mit Brustkrausen, Krausen an den Handgelenken, Krausen an den Sonnenschirmen. Die Brise machte einem die
Lippen salzig. Mit gewaltiger Geschwindigkeit flatterte

ein verirrter goldorangenfarbener Schmetterling über den wimmelnden Strand.

Für weitere Bewegung und weiteren Lärm sorgten die Verkäufer, die *cacahuètes*, kandierte Veilchen, himmlisch grünes Pistazieneis, Cachous und riesige, konvexe Stücke einer trockenen, sandsteinartigen Masse aus einem roten Faß feilboten. Mit einer Klarheit, die keine späteren Erinnerungsüberlagerungen getrübt haben, sehe ich den Waffelmann mit dem schweren Faß auf dem gebeugten Rücken durch den tiefen, mehligen Sand waten. Wenn man ihn rief, streifte er es mit einer Drehung des Gurtes von der Schulter, knallte es auf den Sand, wo es wie der schiefe Turm von Pisa zu stehen kam, wischte sich das Gesicht mit dem Ärmel und setzte eine Art Wahlvorrichtung mit einem Pfeil und Zahlen auf dem Faßdeckel in Bewegung. Der Pfeil scharrte und schwirrte im Kreis herum. Fortuna war es überlassen, die Größe einer Waffel zu bestimmen, die man für einen Sou bekam. Je größer das Stück, desto mehr tat er mir leid.

Die Badeprozedur spielte sich an einem anderen Teil des Strandes ab. Berufsmäßige Bademeister, stämmige Basken in schwarzen Badeanzügen, waren zur Stelle, um den Damen und Kindern behilflich zu sein, sich der Schrecken der Brandung zu erfreuen. Ein solcher *baigneur* stellte einen mit dem Rücken zur heranrollenden Welle und hielt einen an der Hand, wenn der steigende, wirbelnde Schwall schäumenden grünen Wassers von hinten auf einen niederging und den Füßen mit einem mächtigen Schlag den Halt nahm. Nach einem Dutzend derartiger Stürze führte der *baigneur*, selber glänzend wie ein Seehund, seinen keuchenden, fröstelnden, feucht schnüffelnden Schützling landwärts zum flachen Strand, wo eine unvergeßliche alte Frau mit grauen Haaren auf dem Kinn einem unverzüglich einen Bademantel von mehreren aussuchte, die dort an einer Wäscheleine hingen. In der Sicherheit einer kleinen Kabine half einem ein weiterer Wärter, sich des triefenden, vom Sand schweren Badeanzugs zu entledigen. Er klatschte auf die Bretter, und immer noch zitternd vor

Kälte trat man aus ihm heraus und trampelte auf seinen diffusen bläulichen Streifen herum. Die Badekabine roch nach Fichtenholz. Der Wärter, ein Buckliger mit vergnügt strahlenden Runzeln, brachte eine Schüssel dampfend heißen Wassers, in die man die Füße tauchte. Von ihm erfuhr ich etwas, das ich seitdem in einer gläsernen Zelle meines Gedächtnisses verwahre – daß Schmetterling in der baskischen Sprache *misericoletea* heißt – oder zumindest klang es so (unter den sieben Wörtern, die ich in Wörterbüchern gefunden habe, kommt *micheletea* ihm noch am nächsten).

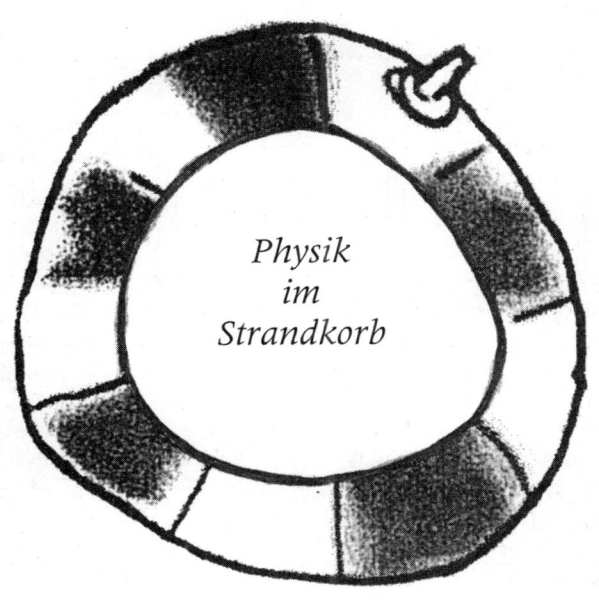

*Physik
im
Strandkorb*

ROBERT GERNHARDT

Der Forscher

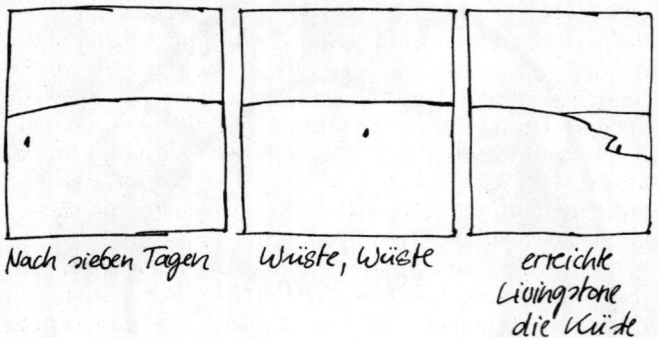

Nach sieben Tagen — Wüste, Wüste — erreicht Livingstone die Küste

UWE WANDREY

Boten eines fernen Windes

Wie Wellen entstehen und wie sie sich ausbreiten

Ein Uhr mittags bei Nazaré, träge wie Olivenöl wiegt sich der Atlantik. Schon vor Tagen ist der Wind eingeschlafen. Nur in den Abendstunden ziehen laue Brisen vom portugiesischen Festland eine zarte Gänsehaut über das Wasser.

Plötzlich nähert sich vom Meereshorizont aus heiterem Himmel ein dunkler Wasserwall. Die Touristen raffen Taschen und Tücher. Eltern reißen ihre Kinder aus dem Wasser, und schon fallen die ersten Brecher auf den Strand. Ein heimkehrendes Fischerboot rollt durch vier

210

bis fünf Meter hohe Wellen. Die Gischt der Brecher hat eine leichte, luftige Kühlung gebracht. Doch am Strand von Nazaré herrscht weiter Windstille. Woher dieser Aufruhr im Meer?

Eines scheint auch dem Laien sicher: Die Wellen haben eine lange Reise hinter sich. Denn im nahen Seegebiet vor Portugal hat der Wetterbericht keinen stärkeren Wind gemeldet. Und – abgesehen von den Tsunamis, den unterseeischen Beben, und den langrhythmischen Gezeitenwellen – kann es keine größeren Meereswellen geben, die nicht irgendwann vom Wind angefacht wurden. Einmal angestoßen, können sie dann ohne neuen Antrieb ganze Ozeane überqueren. Denn auf ihrem Weg durchs Wasser verlieren sie kaum Energie.

Die Dünungswellen von Nazaré müssen die ersten Boten einer fernen Windgeburt sein. In welcher Richtung das Windgebiet liegt oder lag, das zeigt die Laufrichtung der Wellen. Denn wenn das Meer tief genug ist und keine Inseln und Untiefen im Weg sind, lassen sich Wellen nicht aus ihrer einmal eingeschlagenen Bahn werfen. Auch wenn andere sie auf ihrem Weg kreuzen: Sie halten konstant ihren Kurs. Und der zeigt hier Südost.

Die Wellen dieser plötzlichen Dünung an Portugals Atlantikküste bieten ein seltenes, ideales Lehrschauspiel: Fast unvermischt mit Wellen anderer Richtungen und Längen zeigen sie – noch ein paar Meter vor dem hier steil abfallenden Strand – die nackte Eleganz aller Meereswellen: die schöne, etwas angespitzte, trochoidale Welle. Sie ist eine Ableitung der reinen Sinuswelle, mit der sich auch elektrische Wellen ausbreiten.

Nun zur Detektivarbeit in Sachen Nazaré: Von Wellenkamm zu Wellenkamm dürfte jede Welle 65 Meter lang sein. Nachmittags um vier taucht aus der gleichen Richtung ein kürzerer, etwa 50 Meter langer Wellentyp auf und legt sich über den ersten. Die »Verspätung« der zweiten Wellengruppe verrät, wie lange die beiden Gruppen auf dem Atlantik unterwegs waren. Denn Wellen schreiben ihren Lebenslauf korrekt nieder.

Allerdings mit Hilfe einer kleinen »Übersetzung«: Aus den spezifischen Wellenlängen der beiden Gruppen läßt sich ihre unterschiedliche Laufgeschwindigkeit ablesen. Denn Wellenlänge und Geschwindigkeit stehen in einem festen Verhältnis: Lange Schwerkraftwellen (gravity waves) wie die des Meeres laufen nach der Wellentheorie schnell, kurze laufen langsam. Gemäß der einfachen Formel: Geschwindigkeit = $1,25 \times \sqrt{\text{Wellenlänge}}$. Sie gilt für die freien, also durch zusätzlichen Wind nicht forcierten Meereswellen, die in tiefer See laufen, und wurde von dem österreichischen Mathematiker und Physiker Franz Anton Ritter v. Gerstner (1796 bis 1840) errechnet.

Setzen wir die geschätzte Länge der ersten Welle einmal auf 65 Meter fest, dann war sie 36 Stundenkilometer schnell. Dieses Tempo gilt allerdings für die einzelne Welle. Die Reisegeschwindigkeit der ganzen Gruppe beträgt nur exakt die Hälfte, also 18 Stundenkilometer. Der Grund: Jede hinten neu entstehende Einzelwelle muß ihre Gruppe einmal nach vorn durchlaufen, um sich danach an die Spitze zu setzen.

Auf die Entfernung zum gemeinsamen Geburtsort und zur Stunde Null verweist der Geschwindigkeitsunterschied zur zweiten Wellengruppe. Sie war mit 50 Meter Länge nur 16 Stundenkilometer schnell und brauchte so für die gleiche Entfernung drei Stunden länger. Wenn also die Geschwindigkeiten (Wegstrecke pro Zeiteinheit) und der Unterschied zwischen den Laufzeiten der beiden Wellengruppen bekannt sind, dann errechnet sich auch die von beiden zurückgelegte gleich lange Strecke und ihre Laufzeit. Die Geburtsstunde beider Wellentypen lag damit 24 Stunden vor dem ersten großen Schwall und der Geburtsort rund 430 Kilometer nordwestlich.

Überall dort, wo verschieden dichte Massen aufeinanderstoßen und aneinander vorbeischieben, entstehen Wellen: Die rippenförmigen Wolkengebilde in der Stratosphäre deuten auf unterschiedlich dichte Luftmassen. Seismische Wellen entstehen durch die Schubkräfte zwischen Gesteinsschichten. Die Wellen im Stoff einer flat-

212

ternden Fahne rühren vom Zusammenprall gespaltener Luftschichten.

Die Sinuswelle ist die Form, mit der ein Höchstmaß an Energie von einem Medium aufs andere übertragen und aus der Reibungszone abtransportiert werden kann. Die Reibungszone für die Meereswellen ist die Wasseroberfläche des Fetch, des Feldes, auf das der Wind mit unendlich vielen Impulsen einwirkt. Das bisher glatte Wasser widersetzt sich (mit der Kohäsionskraft seiner Moleküle) dem entstehenden Druck, schießt über die Nullinie hinaus und wird dann durch die Schwerkraft zurückgeholt. Um sein ursprüngliches Gleichgewicht wiederherzustellen, versucht es gleichzeitig, sich der Macht der Luftmassen örtlich zu entwinden. Sinnigerweise werden diese »Windungen« um so höher, je stärker die Einwirkung des Windes auf das Wasser ist. Hohe Wellen bewegen also mehr Energie als niedrige.

So manche Weltumsegelung wäre nur ein Törn von wenigen Wochen, wenn auch das Wasser selber sich so schnell bewegte wie die Wellen. Ein durchnäßtes Treibholz wenige Meter vor der Brandung bei Nazaré zeigt dagegen, daß es bei dem Überfall der Wellen praktisch auf der Stelle tritt. Bei genauerem Hinsehen erkennt man, wie sich das Holz beim Herannahen des Wellenkamms vorwärts und zugleich aufwärts bewegt. Nachdem der Kamm durchgelaufen ist, treibt das Holz wieder zurück und abwärts. Den Anstoß für dieses Torkeln erfährt es aus kreisförmigen Wasserbewegungen innerhalb der Welle, deren Radien mit der Wassertiefe abnehmen. Diese Orbitalbewegungen rühren das Wasser bis zu einer Tiefe auf, die der halben Wellenlänge entspricht. Seegang ist also weit mehr als ein oberflächliches Ereignis: Bei Windstärke sechs bis sieben und Wellen von 100 Meter Länge und fünf Meter Höhe reicht die Bewegung der Welle 50 Meter tief. Stößt die Welle auf Grund, werden diese Kreise zu Ellipsen zusammengepreßt.

In flachem Wasser gelten daher andere Gesetze. Hier bestimmt man die Laufgeschwindigkeit der Welle wegen der

213

»Bodenbremse« nicht mehr über die Wellenlänge, sondern über die Wassertiefe. Ist diese kleiner als ein Zwanzigstel der Wellenlänge, dann beträgt die Geschwindigkeit gut das Dreifache der Quadratwurzel aus der Wassertiefe (Flachwasserformel: Geschwindigkeit (m/s) = $3,13 \times \sqrt{\text{Tiefe (m)}}$).

Im Anfang des Windfeldes (Fetch), des gemeinsamen Entstehungsortes der unterschiedlichen Wellen, liegen also zunächst noch alle Wellentypen nah beieinander. Dann kommt es langsam zur Dispersion, mit der das Feld aufreißt und die langen Wellen die Führung übernehmen. Ist das Windfeld einmal verlassen und taucht auf dem Weg kein neues auf, dann steht das weitere Schicksal der Welle fest.

Im Gegensatz zu diesen freien Wellen wachsen die forcierten Wellen noch während der Zeit, die sie sich innerhalb des Windfeldes fortbewegen, da laufend neue Windenergie in sie hineingepumpt wird. Doch dieses Wachstum ist begrenzt: Ihre Steilheit (steepness; das Verhältnis von Höhe zu Länge) kann den Wert von 1:7 nicht überschreiten. Wellen, die spitzer werden als 120 Grad, das fand der irisch-englische Physiker George Gabriel Stokes (1819 bis 1903) heraus, werden instabil und brechen. Sie verstreuen ihre Energie in Gischt und Schaum (...).

Wieso ist die Brandung so anziehend, daß wir ihrem uralten Spiel stundenlang zusehen können? Vielleicht weil in ihr Kraft und Entspannung zugleich spürbar werden. Bei ihrem Anblick erfaßt uns eine Ahnung von der Energie, die mit der Welle heranrollt. Allerdings nur eine sehr ungefähre, denn die Brandung ist nur der »Abschaum« der Welle, das Ende einer langen Bremsspur. Hier entspannt sie und wirft ihre letzte Energie an Land.

BRIGITTE SCHWAIGER

Wie kommt das Salz ins Meer?
1. Versuch

Am Strand bläst der Wind, alles kahl rundherum, der
Himmel liegt wie ein Segeltuch über stählernem Wasser.
Wer zuerst das Meer sieht, kriegt ein Eis, sagte Vater. Ich,
ich sehe das Meer! Wie kommt das Salz ins Meer? Mutter
lacht. Die Fischer fahren hinaus, sagt Vater, und sie haben
Pakete, und sie streuen das Salz vorsichtig in die Wellen.
Mutter lacht und streichelt mich. Mutter und Vater sind
glücklich, glaube ich.

JAMES TREFIL

Wie kommt das Salz ins Meer?
2. Versuch

Das Meer ist salzig, darüber ist kein Zweifel möglich. Um
sich dessen zu vergewissern, braucht man nur einen Finger ins Wasser zu stecken und abzuschmecken. Das Meerwasser besteht zu drei Prozent aus diversen Mineralien,
den größten Anteil darunter – ungefähr neun Zehntel der
Gesamtmenge – nimmt das gewöhnliche, altbekannte Ta-
felsalz ein, eine Verbindung der Elemente Natrium und
Chlor. Die beiden Fragen, woher diese beiden Elemente
des Salzes im Meer stammen und wieso es dazu kommt,
daß sie die Chemie der Ozeane beherrschen, sind – bei aller offensichtlichen Einfachheit – äußerst tiefsinnig.
    Den ersten wissenschaftlichen Versuch, den Ursprung

des Salzes in den Ozeanen zu erklären, unternahm der anglo-irische Forscher Robert Boyle im Jahrzehnt ab 1670. Im Verlauf seiner Studien über die Chemie der Atmosphäre und der Erscheinungen der Farbe nahm er Messungen vor, die ergaben, daß Flüsse auf ihrem Weg ins Meer winzige Mengen Salz beförderten. Dies führte zu der Ansicht über den Ursprung des Salzes, die jahrhundertelang als Standarderklärung diente – und tatsächlich lernte ich sie noch im Grundschulunterricht. Sie lautet so: Ständig wäscht das Regenwasser aus Steinen und aus dem Boden Mineralien heraus, die schließlich ins abfließende Regenwasser gelangen, das die regionalen Rinnsale nährt, danach in die Flüsse und schließlich ins Meer. Jeder Wassertropfen, der den Weg ins Meer findet, befördert geringe Mengen Mineralien vom Land, und diese Mineralien bleiben im Meer zurück, wenn der Wassertropfen schließlich verdunstet und wieder zu einem Regentropfen wird. In diesem Bild stellt das Netz der Flüsse auf der Erde eine Art ständig laufendes Förderband dar, das Substanzen ins Meer schwemmt und sie zurückläßt, wenn das Wasser wieder den Kreislauf von Verdunstung und Niederschlag antritt. Dieses Bild erklärt, warum der Ozean salzig ist, während das Flußwasser frisch ist, da die Menge der gelösten Substanzen, die in gleich welchem Fluß befördert wird, sehr gering ist. Nur über eine längere Zeitperiode hinweg, so würde man erwarten, steigt der Anteil der gelösten Mineralien im Ozean an.

Leider ist diese einfache Erklärung der chemischen Inhalte von Ozeanen nicht schlüssig. Zum einen ist es vergleichsweise einfach zu berechnen, wie lange es dauern würde, bis die Meere ihren aktuellen Grad der Versalzung erreicht haben, bedenkt man dabei die Salzmenge, die die Flüsse in die Ozeane befördern. Das Resultat ergäbe eine überraschend kurze Zeitperiode – etwas weniger als 100 Millionen Jahre. Da dies bedeutend weniger ist als das wirkliche Erdalter, ergibt sich hier ein eindeutiger Widerspruch.

Ein weiteres Problem hängt mit einer stillschweigenden Annahme in dieser Erklärung zusammen. Falls die Ozeane lediglich die passiven Auffangbecken für die aus dem Boden ausgewaschenen Substanzen wären, dann müßten sie im Verlauf der Zeit ständig salziger werden. In Wirklichkeit aber ergeben Untersuchungen alter Sedimente, daß die Salzkonzentration im Meer vor 200 Millionen Jahren dieselbe war wie heute, trotz allen Wassers, das sich in die Ozeane ergossen hat. Die Meßwerte, über die wir verfügen, besagen, daß die Ozeane seit ihrer Entstehung einen konstanten Salzgehalt von drei Prozent beibehalten haben.

Schließlich haben Geologen darauf hingewiesen, daß – wäre der Salzvorrat im Meer einfach durch den Zustrom der Flüsse gespeist worden – wir bald kein Land mehr hätten. Würde beispielsweise Kalzium in der heute gemessenen Menge dem Meer zugeführt und nicht ersetzt, so wäre in 100 Millionen Jahren sämtlicher fossiler Kalkstein auf dem Festland (die Hauptquelle für Kalzium in den Flüssen) erschöpft. Wir stellen erneut fest, daß die Vorstellung, die Ozeane seien riesige Auffangbecken für Abgänge vom Land, mit den Tatsachen nicht in Übereinstimmung zu bringen ist.

Die Wahrheit ist natürlich, daß die frühere einfache Sichtweise über die Rolle des Meers nicht das berücksichtigt, was mit den Substanzen geschieht, *nachdem* sie ins Meer gelangt sind. Statt das Meer als einen riesiggroßen Kessel zu schildern, der passiv aufnimmt, was immer man ihm zuführt, sollten wir es vielmehr als ein großes Chemielabor betrachten, das von den Flüssen tatsächlich mit Rohstoffen versorgt wird, die jedoch durch chemische Reaktionen zu dem umgewandelt werden, was wir heute dort vorfinden. (...)

Wie verwandelt das Meer die Elemente im Flußwasser nun in Salz? Für jedes Element gibt es eine gesonderte Geschichte. Kalium zum Beispiel verbindet sich mit verschiedenen Lehmarten und Steinen auf dem Meeresboden zu lehmartigen Mineralien, die sich durch Wärme und Druck über geologische Zeiten hinweg in Granit verwandeln. Kalzium dagegen wird von Organismen im Ozean zur Bildung von Knochen und Muscheln aufgenommen. Sterben die Organismen ab, so sinken diese Muscheln auf den Meeresboden und verwandeln sich schließlich in Kalkstein und Dolomitgestein, aus denen solche Gefüge wie die weißen Klippen von Dover und die Meeresalpen in Südfrankreich bestehen. Die wichtigste chemische Verbindung bei diesem Vorgang ist das Kalziumkarbonat ($CaCO_3$).

Das langsame Absinken des Kalziumkarbonats in die Tiefen der Ozeane hat einen der malerischsten Effekte in der Ozeanographie zur Folge – die Lysoprogression oder »Schneelinie«. Die Kalziumkarbonatmenge, die sich in Meerwasser aufzulösen vermag, ist sehr vom Druck abhängig. In großen »Höhen« über dem Meeresboden ist der Druck niedrig, und das Kalziumkarbonat bleibt ein weißer Festkörper. Muscheln und anderes Geröll sinken ab und bilden das Sediment, das den Meeresboden mit einer weißen Schicht überzieht, die für jedermann wie Schnee aussieht. Ist der Ozean jedoch tiefer als 4000 Meter, so ist der Druck so hoch, daß er die Knochen im Wasser aufzulösen vermag – auch wenn dieser Vorgang mehrere Jahre in Anspruch nimmt. Folglich ist ein Tiefseeberg in den tieferen Regionen unbedeckt, doch sobald seine Hänge eine Höhe von mehr als 4000 Meter unter dem Meeresspiegel erreichen, finden sich unzersetzte Knochenteile, und die weiße Schicht taucht auf. Der Berg hat eine weiße Kappe, genau wie der Himalaja. Untersuchen Ozeanographen die alten Sedimente auf Kalziumkarbonat, können sie daher anhand seines Vorhandenseins oder Nichtvorhandenseins einiges über die Geschichte des Ozeans in Erfahrung bringen.

Ein anderes Element, das Magnesium, unterliegt in etwa der gleichen Reaktion wie das Kalzium, da es in dieselben Muscheln als minderer Bestandteil aufgenommen wird. Durch einen ähnlichen Vorgang wie den, dem das Kalium unterliegt, wird Natrium bei der Felsbildung aufgenommen, obwohl es bei diesem Element sehr viel länger dauert.

Für die meisten Substanzen, die in nennenswerten Mengen ins Meer gelangen, waren wir in der Lage, mehrere Schrittfolgen zu bestimmen, gleich ob biologische oder geologische, durch die sie aus dem Wasser ausgegliedert werden. Die durchschnittliche Zeit, die ein bestimmtes Atom in einer Lösung im Ozean verbringen kann, wird Verweildauer dieses Elements genannt. Je schneller die chemischen Reaktionen ablaufen, um so kürzer die Verweildauer. Natrium beispielsweise hat eine Verweildauer von 69 Millionen Jahren, während die für Kalzium lediglich eine Million Jahre beträgt. Wenn wir daher dieselbe Menge Natrium und Kalzium im Ozean aussetzen, so wird in einer Million Jahren der größte Teil des Kalziums sich auf dem Meeresboden in Form von Sediment befinden, während 89 Prozent des Natriums sich noch im Wasser befinden. Daraus folgt, daß die hohe Konzentration an Natrium im Ozean der Tatsache zuzuschreiben ist, daß die chemischen Reaktionen, die dieses besondere Element aus dem Wasser ausgliedern, sehr langsam ablaufen.

Mit der anderen Hälfte der Salzmoleküle, dem Chlor, hat es eine ganz andere Bewandtnis. Sämtliches Chlor im Flußwasser rührt aus dem Sprühnebel des Meerwassers her. Das heißt, die Gesamtmenge an Chlor in den Ozeanen, ebenso wie die Gesamtmenge des Wassers selbst, muß im Laufe der Erdgeschichte mehr oder weniger gleich geblieben sein. Ebenso wie beim Wasser in den Ozeanen gibt es nur einen Ort, aus dem das Chlor stammen kann: aus dem Erdinnern. Das Chlor im Ozean ist wie die Erdatmosphäre ein Produkt der Entgasung der Erde. Ist das Chlor erst einmal im Meer, so ist seine Verweildauer sehr lang. Praktisch gesehen ist sie unendlich. Es verläßt das Meer für kurze Zeitperioden in Form eines von der Luft gebildeten Sprühnebels und hat solche Erscheinungen wie den salzigen Regen zur Folge, der über dem Ozean oder in seiner Nähe niedergeht.

Der Salzgehalt des Meerwassers berührt daher nicht so sehr die Frage, welche Elemente darin entleert werden, sondern ist eine Funktion der Zeit, während der diese Elemente sich im Wasser befinden, bevor sie durch chemische Reaktionen daraus entfernt werden. Natrium und Chlor besitzen im Wasser eine lange Verweildauer. Eine Möglichkeit, über Verweildauern nachzudenken, besteht darin, sich beim Abschmecken des Meerwassers zu vergegenwärtigen, daß das Natriumatom im Salz vermutlich in den Ozean gelangte, als die Dinosaurier noch auf der Erde herumliefen, während das Chlor sich von Anfang an dort befindet, seit mehr als vier Milliarden Jahren.

JAMES TREFIL

Von Ebbe und Flut

Niemand, der auch nur ein paar Stunden am Strand verbracht hat, kann umhin, die dramatischen Veränderungen im Wasserstand zu bemerken, die wir die Gezeiten nennen. Manch unerfahrener Camper hat Lehrgeld zahlen müssen, wenn er sein Zelt nur wenige Meter vom Wasser entfernt aufschlug und unsanft geweckt wurde, als die Wellen seinen Schlafsack durchtränkten. Meine eigene Bekanntschaft mit den Gezeiten war etwas weniger erschreckend, wenn auch gleichermaßen beeindruckend. Mit einer Studentengruppe hatte ich während der Frühjahrsferien in einer Jugendherberge an der Küste Portugals haltgemacht, um den außergewöhnlich schönen Nachmittag zu genießen. Um uns die Zeit zu vertreiben, begannen ein Freund und ich damit, eine große, verwinkelte Sandburg zu bauen. Da er aus Texas stammte und ich aus Illinois, achtete keiner von uns darauf, der Wahl des Bauplatzes in der Nähe des Wassers irgendwie ein besonderes Augenmerk zu schenken. Das erste Anzeichen eines herannahenden Unheils deutete sich an, als eine besonders große Welle etwas Wasser bis an die äußere Burgmauer herantrug. Der ursprüngliche Abstand von zehn Metern bis zur Wasserlinie war auf einen Meter geschrumpft. Sogleich bauten wir einen kleinen Seewall aus Sand und machten unbekümmert weiter, bis eine andere, noch größere Welle ins Innere unserer Konstruktion eindrang. Im weiteren Verlauf des Nachmittags galt unser Augenmerk mehr einer Serie von Barrieren, die als Schutz vor dem Wasser dienen sollten, als unserer Burg selbst. Die Flut zurückzuhalten wurde für uns so etwas wie eine Zwangsvorstellung, und wir schleppten Treibholz und große Steine heran, um unsere zunehmend gebeutelten Wälle abzustützen. Als sämtliche Versuche, unsere Handarbeit zu retten, nichts fruchteten, warfen wir uns selbst den Wellen entgegen. Alles vergebens. Ungeachtet all unserer Bemühungen mußten wir schließlich zusehen, wie unser Werk unter den anrollenden Wellen verschwand. An diesem Tag verließen wir den Strand mit einer neuen Einschätzung der Naturkräfte. (...)

In der Grundschule habe ich gelernt, daß die Gezeiten durch die Anziehungskraft des Mondes auf die Ozeane verursacht werden, und auf den ersten Blick erscheint diese Erklärung auch ganz vernünftig. Der Mond zieht das Wasser hoch, und wir beobachten einen Anstieg des Wasserpegels im Meer. Doch falls dies wirklich die Flut verursacht, müßte die Flut nicht dann auftreten, wenn der Mond direkt über dem Meer steht? Und weshalb kann es dann zweimal am Tag eine Flut geben? Der Mond steht schließlich nur einmal am Tag genau über dem Meer. (...)

Stellen wir uns mal vor, ich lege eine Bowlingkugel auf ein Ende eines Meterstabes und eine Billardkugel auf das andere. Wenn ich nun meine Hand unter dem Stab bewege, so treffe ich auf einen Punkt, an dem sich die beiden Gewichte im Gleichgewicht befinden, wie in Abbil-

Abbildung 1

dung 1 dargestellt. Dieser Punkt ist als Massenzentrum eines Systems bekannt. Wenn ich den Stab so trage, wie in der Abbildung dargestellt, und die Gewichte vorwärtsdrücke, dann dreht sich die gesamte Anordnung um das Massenzentrum.

Auf eine vergleichbare Weise verhält sich das Erde-Mond-System. Die Masse der Erde ist achtzigmal größer als die des Mondes. Aus diesem Grund liegt das Massenzentrum des Systems auf $1/80$ der Linie, die vom Erdzentrum zum Mond geht – das ist ein Punkt, der etwa 2000 Kilometer unterhalb der Erdoberfläche liegt. Während eines Mondmonats bewegt sich die Erde so, daß ihr Zentrum, wie in Abbildung 2 gezeigt, einen Kreis um das Massenzentrum beschreibt.

Immer wenn ein Körper sich auf einem Kreis bewegt, tritt die Zentrifugal- oder Fliehkraft auf. Unweigerlich hat jedermann damit schon einmal Bekanntschaft gemacht –

222

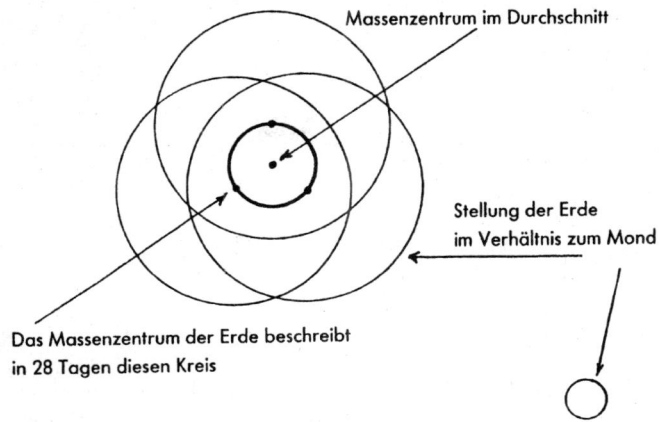

Massenzentrum im Durchschnitt

Stellung der Erde
im Verhältnis zum Mond

Das Massenzentrum der Erde beschreibt
in 28 Tagen diesen Kreis

Abbildung 2

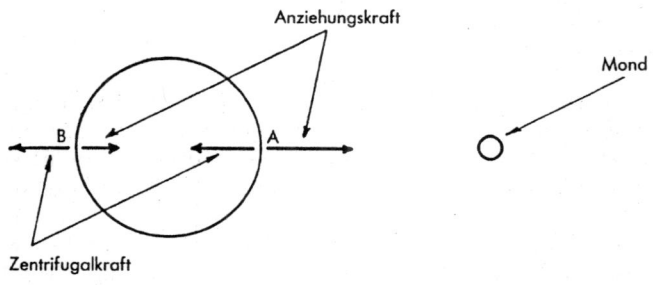

Anziehungskraft

B   A

Mond

Zentrifugalkraft

Abbildung 3

es ist jene Kraft, die einen innen gegen die Autotür
drückt, wenn man mit überhöhter Geschwindigkeit in
eine Kurve gegangen ist. Zu jedem Zeitpunkt während
des Mondkalenders unterliegt jeder Gegenstand auf der
Erdoberfläche dieser Kraft, die ihn nach außen drückt
(siehe Abbildung 3). Diese Kraft bemerken die Menschen
auf der Erde nicht so sehr, da sie – verglichen mit ande-

223

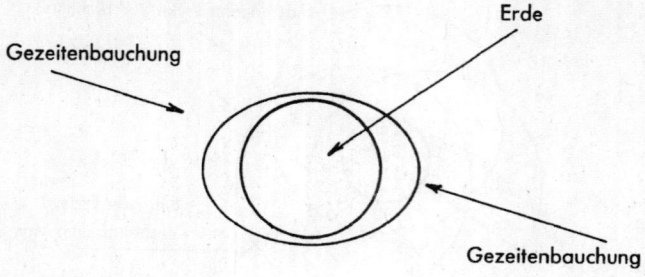

Abbildung 4

ren Kräften im System – nicht sehr groß ist. Dennoch ist sie vorhanden und Teil des ständigen Zusammenspiels der Kräfte, denen wir wegen der Bewegung der Erde und der Zentrifugalkraft unterliegen. Das Wichtigste an dieser Kraft ist – soweit es die Gezeiten betrifft –, daß sie überall auf der Erde gleich groß ist; sie wirkt auf dieselbe Weise auf Wasser in Punkt A, genau unterhalb des Mondes, wie auf Wasser in Punkt B, auf der gegenüberliegenden Seite der Erde.

Die Anziehungskraft des Mondes jedoch wirkt nicht auf diese Weise. Weil Punkt B weiter vom Mond entfernt liegt als Punkt A, ist die Anziehungskraft auf eine Wasserfläche in B etwas kleiner als auf dieselbe Wasserfläche in A. Die Gesetze der Physik besagen, daß die beiden Kräfte – die Zentrifugal- und die Anziehungskraft – im Erdzentrum gleich groß sein müssen. Daraus folgt, daß an Punkt A die Anziehungskraft größer als die Zentrifugalkraft ist, während für Punkt B das Gegenteil gilt. Daher wirkt die resultierende Kraft auf das Wasser in A und in B in entgegengesetzter Richtung (siehe Abbildung). Die Aktion der vereinten Kräfte erzeugt eine Gezeitenbauchung der Art, wie sie in Abbildung 4 dargestellt wird. Sie besitzt zwei Bauchungen, die 180° voneinander entfernt sind. Wenn wir uns, wie weiter oben angenommen, die Erddrehung unter dieser Art der Gezeitenbauchung vorstellen, so ist leicht einzusehen, daß wir zwei Fluten pro Tag beobachten. Mit anderen Worten: Die Erscheinung der täglich wiederkehrenden Gezeiten auf der Erde ist das Resultat der Tatsache, daß die Erde sich als Reaktion auf die Anziehungskraft des Mondes bewegt.

Die Erzeugung der doppelten Gezeitenbauchung kann man sich so vorstellen, daß der Mond das Wasser auf einer Seite von der Erde und auf der anderen Seite die Erde vom Wasser wegzieht. Beide Wirkungen führen zu einem Ansteigen des sichtbaren Wasserstands. Die täglichen Gezeiten sind das Resultat der Tatsache, daß die Anziehungskraft auf alles wirkt: auf die Erde und das Wasser gleichermaßen.

Nachwort

Nach langer Fahrt, bei oftmals brütender Hitze und geduldig ertragenen Stunden im Stau, erreicht die Familie schließlich ihr Ziel. Schnell werden die Koffer aufs Zimmer getragen, das Auspacken kann warten. Der Vater nimmt die Kinder an die Hand. Voller Erwartung stürmen sie den mit Stroh befestigten Strandaufgang hinauf, um oben auf der Düne endlich zu bewundern, worauf sie so sehnsüchtig gewartet haben: das Meer. Diese unendlich weite, blaue, glitzernde Fläche. Zwar ist sie manchmal auch nur grün oder grau, aber das macht nichts.

Und nun gibt der Vater das Kommando: »Thalatta, das Meer!« Jetzt stürzen die Kinder unter Jubelschreien an den Strand hinunter, gleich jenen zehntausend griechischen Söldnern, die nach der verlorenen Schlacht von Kunaxa am Euphrat 401 v.Chr. endlich das Mittelmeer erreichten und so den rettenden Weg in die Heimat direkt vor Augen hatten. Xenophon, der – wie bei Schriftstellern damals üblich – als Kriegsreporter den Feldzug seines Fürsten Kyros d.J. begleitete, hat diese Episode überliefert. In der Neuzeit kehrt das Griechenwort dann bei Heinrich Heine wieder, dem selbsternannten »Hofdichter der Nordsee«, und ist so vermutlich in den Zitatenschatz des Vaters gelangt.

Wer jedoch wie Heine im Jahre 1825 ein Gedicht auf das Meer schrieb, der mußte diese Wahl noch begründen. Denn bis dahin hatte noch kaum einer das Meer zum Gegenstand literarischer Beschreibung gemacht. Die in Heines Briefen jener Zeit auffallend häufig wiederholte Liebesbeteuerung: »O wie lieb ich das Meer«, dürfte als alleinige Rechtfertigung noch nicht ausgereicht haben.

Nur zögernd waren in der zweiten Hälfte des 18.Jahrhunderts Meer und Küste als Landschaft und als Reiseziel entdeckt worden. Zwar bereisten die Wegbereiter landschaftlicher Schilderungen bereits die Alpen, bestaunten den Rhein und bestiegen den Harz, doch das Meer war touristische und literarische Terra incognita. Man betrachtete die Meere lediglich als Transportwege und Fischgründe und vermochte auch in den Küsten nichts anders als Orientierungslinien für die Schifffahrt zu sehen. Aus den Geschichten der Seefahrer, die häufig genug von alttestamentarischen Schreckensvisionen überblendet wurden, kannte man vor allem die Gefahren des Meeres. So bestimmten fast ausschließlich abstoßende Bilder die Vorstellung vom Meer, Bilder von Seeungeheuern, Wasserdämonen und anderen furchteinflößenden Kreaturen.

Ganz anders dann bei Heine. Sein großer Gedichtzyklus »Die Nordsee« ist eine Hymne auf die Schönheit des Meeres und den Zauber des Strandes. Und da er hiermit literarisches Neuland betrat, legitimierte er sich durch den Hinweis auf einen Vorgänger. Wenn das Gedicht »Meergruß« am Beginn des zweiten Zyklus einsetzt mit: »Thalatta! Thalatta! / Sei mir gegrüßt Du ewiges Meer! / Wie einst dich begrüßten / Zehntausend Griechenherzen«, dann ist das zugleich eine literarische Referenz an den antiken Schriftsteller Xenophon.

So kühn dieser Schritt auf seine Zeitgenossen gewirkt haben mag, so wenig Be- oder Verwunderung dürfte der eigentliche Anlaß seines Nordseeaufenthaltes ausgelöst haben: der Kur- und Badeurlaub. Denn das Badeleben an Nord- und Ostsee war bereits vielerorts im Gange. So erhielten die Freunde genaue Berichte über die Fortschritte seiner Genesung beim regelmäßigen Meerbad auf Norderney: »Mit meiner Gesundheit geht es immer besser. Zu ihrer völligen Wiederherstellung brauche ich das hiesige Seebad, und schwimme wieder auf den Wellen der Nordsee.«

Allerdings war die heilende Wirkung des Meerwassers in Deutschland lange umstritten. Noch 1783 scheiterte der Juister Inselpastor Gerhard Otto Janus bei dem Versuch, König Friedrich II. von der gesundheitsfördernden Wirkung eines Meerbades zu überzeugen. Sein Schreiben an seinen »allerdurchlauchigsten« König zählt zu den ältesten Dokumenten der deutschen Seebädergeschichte.

Der entscheidende Anstoß für die Gründung eines deutschen Seebads kam zehn Jahre später von Georg Christoph Lichtenberg. Im Jahre 1793 veröffentlichte der Göttinger Physiker und Schriftsteller seinen für jeden künftigen Meer-, Sand- und Strandtourismus folgenreichen Aufsatz »Warum hat Deutschland noch kein großes öffentliches Seebad?«. Zuvor hatte er auf Reisen nach England auch die dortigen Badeorte Margate und Deal besichtigt und sich von dem Nutzen des Meerbades überzeugt. Denn auf der Insel hatte der Badetourismus bereits 1751 begonnen. Britische Hofärzte verordneten zur Förderung des hoheitlichen Wohlbefindens erste vorsichtige Berührungen mit dem kalten Naß. Dies war die Geburtsstunde der modernen Thalassotherapie, der Meeresheilkunde.

Die deutsche Ignoranz in dieser Sache blieb für den Göttinger Professor um so unverständlicher, als er an der deutschen Nordseeküste die besten Voraussetzungen für ein Seebad gegeben sah. Dennoch stieß Lichtenberg bei den Hamburger Kaufleuten, die in den von ihm vorgeschlagenen Standort Cuxhaven hätten investieren sollen, auf taube Ohren. Jedoch fand er in Medizinerkreisen Gehör.

Auch an anderen nord- und ostdeutschen Küstenorten wurden vergleichbare Initiativen von Ärzten und Wissenschaftlern abgelehnt. Dennoch war die Zeit für das institutionalisierte Bad im Meer gekommen: 1794 erklärte Herzog Friedrich Franz seine Sommerresidenz Doberan zum ersten deutschen Seebad. Daß der Herzog von Mecklenburg-Schwerin dabei wohl weniger die Gesundheit der Untertanen denn die Gesundung des kränkelnden

Staatshaushaltes im Blick hatte, ändert nichts an der Tatsache, daß er seinen Leibarzt Samuel Gottlieb Vogel beauftragte, das Badeleben nach gesundheitsfördernden Kriterien zu organisieren. So stellte Vogel detaillierte medizinische Baderegeln und Kurvorschriften auf, denen sich bald die vornehmen Gäste aus dem In- und Ausland willig unterwarfen.

Dabei stand nie außer Zweifel, daß sich mit dem heilenden Wasser auch vortrefflich Geld verdienen ließe. Voraussetzung jedoch war: Das Badeleben mußte auch gesellschaftlich etwas zu bieten haben. Wer die Badeprominenz der mondänen binnenländischen Kurorte wie Karlsbad oder Marienbad anlocken wollte, der mußte die Ansprüche an zeitgemäßen Luxus erfüllen. So entstanden am (ursprünglich) Heiligen Damm elegante Bade- und Logierhäuser, Salongebäude und Villen sowie 1816 das monumentale »Empfangs-, Gesellschafts-, Tanz- und Speisehaus«, das »Kurhaus«. Es wurde zum Wahrzeichen der »weißen Stadt am Meer«, wie Heiligendamm aufgrund seines noch in der Ferne leuchtenden architektonischen Ensembles auch heute noch genannt wird.

Dann begann der Bade-Boom. Im ersten Drittel des 19. Jahrhunderts schossen an den Küsten von Nord- und Ostsee neue Badeorte wie Pilze aus dem Boden. An der Ostsee entstanden in direkter Folge die Bäder Travemünde (1802), Boltenhagen (1803), Warnemünde (1805), auf Usedom, der »Berliner Badewanne«, die Orte Heringsdorf und Swinemünde (1824) und Ahlbeck (1853), um nur einige zu nennen. Auf Hiddensee begann der offizielle Badebetrieb erst 1896, und es kamen auch weniger die vornehmen Reichen denn die Maler, Schauspieler, Dichter und Literaten. Bei Gerhart Hauptmann gingen oder gingen gerade nicht ein und aus: Thomas Mann, Erich Heckel, Conrad Felixmüller, Käthe Kollwitz, Erich Mühsam, Asta Nielsen, Joachim Ringelnatz und viele andere. Noch 1973 entstand ein neues, aus dem holsteinischen Boden gestampftes Ostseebad: Damp 2000.

An der Nordsee gewann die westfriesische Insel Norderney 1797 das Rennen um die erste Seebadgründung, gefolgt von Wangerooge (1804) und Spiekeroog (1809). Die Gründung des Seebads von Cuxhaven (1816) erlebte dessen Fürsprecher Lichtenberg allerdings nicht mehr, wie auch auf Juist, ungeachtet der frühen Initiative ihres Fürsprechers, der Badebetrieb erst 1840 begann. Als in Wyk auf Föhr 1819 das Badeleben begann, waren, wie in den meisten anderen Orten, ökonomische Überlegungen ausschlaggebend. Der Walfang war an der gesamten Küste stark zurückgegangen, und auch die Napoleonische Seehandelsblockade trug erheblich zur wirtschaftlichen Not der Küstenregionen bei. In dieser Situation kamen den Gründungsvätern der Badeorte die Erkenntnisse der Meerheilkunde gerade recht. Um so besser, wenn man, wie 1842 in Wyk auf Föhr geschehen, den dänischen König für das eigene Wasser gewinnen konnte: »Ich habe jeden Tag gebadet, und ich muß sagen, es ist das unvergleichlichste Wasser, in dem ich gewesen bin.«

Das Baden im Meer war in seinen Anfängen ein ziemlich umständliches Unterfangen. Grundsätzlich gingen Damen und Herren zunächst in separaten Bädern ins Wasser. Doch damit nicht genug. Als Schutz vor neugierigen Blicken vom Strand, standen allerorts Badekarren bereit, in denen der Gast einige Meter ins Wasser hineingezogen wurde. Über eine kleine Treppe stieg man ins etwa knietiefe Wasser hinunter. Der betreuende Badewärter, bei weiblichen Gästen selbstredend eine Frau, assistierte, je nach Mut und Schwimmkunst des Gastes, beim Eintauchen ins Meer. Lichtenberg hat dieses Baden »à maschine« wunderbar beschrieben. Und auch Nabokov erinnert sich seltsamer Badeprozeduren an der französischen Atlantikküste, bei denen der Schwimmeister seinen Schützling fast brutal in die Wellen warf.

Die ersten Schwimmkünste hatten überhaupt mit unserer Technik des Schwimmens wenig gemein. Niemand vertraute sich entspannt dem Wasser an. Kein Mensch ließ sich waagerecht gleiten oder tauchte gar durch Wellentäler. Vielmehr handelte es sich um eine Art Kampf gegen das Meer, um ein Kräftemessen mit dem wilden Element. Der Vergleich mit heutiger Wassergymnastik trifft den Charakter dieser Übung schon eher. Man stand im Wasser und hüpfte mit angespanntem Körper auf und ab – weshalb auch bei Seebadgründungen so großen Wert auf festen Sandboden gelegt wurde. Dabei schwebte der Badende ständig in der Furcht, die Balance zu verlieren und vom Wasser verschlungen zu werden.

In seinem kenntnisreichen Buch »Meereslust. Das Abendland und die Entdeckung der Küste« hat Alain Corbin darauf hingewiesen, daß »nach der Entdeckung der heilsamen Wirkungen des Meerwassers (…) die Erfindung des Strandes nicht auf sich warten« ließ. Der Strand, das war anfangs nur ein möglichst fester Sandboden, auf dem der Badekarren nicht einsinken konnte. Harter Sand unter den Füßen vermittelte den Badenden auch ein Gefühl der Sicherheit.

Später, als sich die Gründe für eine Reise an die Küste veränderten und man weniger wegen des heilenden Bades ans Meer fuhr, sondern um die gute Luft zu atmen, begann die Klassifizierung der Strände nach der Güte ihrer Luft. Wo schließlich sollte die Luft reiner sein und das Atmen gesundheitsförderlicher als am Strand? So ist der Nordseestrand noch heute fast ein Synonym für rauhe, meersalzhaltige Luft, während die Strände der Ostsee eher für mildes, reizarmes Klima stehen. Fontane etwa schwärmt bei einem Kuraufenthalt in Heringsdorf: »Es läßt sich gegen diese Badereiserei gewiß sehr viel sagen, … aber man hat *Ruhe und frische Luft*«.

Das eigens betonte Lob der Ruhe macht auch deutlich, daß der Strand Mitte des 19. Jahrhunderts längst zum Erlebnisraum geworden war. Er ist, wenigstens für die Sommer heutiger Zeit unvorstellbar, Ort einsamer Spaziergänge. Für den gedankenverloren, am weißen Saum der Gischt entlanggehenden Spaziergänger weitet sich das

Meer zur Landschaft. Er erwartet nicht, daß sein Meeraufenthalt irgendwie nützlich sei, sondern will sich nur noch dem Genuß des unendlichen Schauspiels der Brandung hingeben. Dabei lädt die kontemplative Betrachtung der endlosen Wellenbewegung ein zu Gedanken über Zeit und Unendlichkeit. Thomas Mann hat in dem »Strandspaziergang« überschriebenen Kapitel des »Zauberberg« über diese fast klassische Denkfigur berichtet. Kommt dann noch die literarische Mode der Empfindsamkeit hinzu, die lange vorschrieb, daß man beim einsamen Spazierengehen ein Buch lesen müsse, und zwar am besten Homer, dann liest sich das wie in einer Grußnote, die Heine auf Norderney geschrieben hat: »Für den überschickten Homer danke ich Dir. Ich lese ihn, einsam am Strande wandelnd; und da kommen mir allerley Gedanken. Überhaupt gehe ich viel am Strand spazieren, besonders nachts bey Mondschein.«

Fest steht: Man reiste nur noch in zweiter Linie ans Meer. Weit wichtiger wurde der Strand und bald auch das Strandleben. Das gesellige Treiben entwickelte sich zunächst auf dem neutralen Strandabschnitt, der das Damen- und das Herrenbad trennte. Hier fanden Kurkonzerte statt, hier öffneten Restaurationsbetriebe ihre Pforten. Auch standen hier die großen Strandzelte, die einer ganzen Familie Schutz vor Sonne und Wind boten. Als dann ab 1880 an Nord- und Ostsee auch die Strandkörbe Einzug hielten und um 1900 ein weiteres charakteristisches Strandmöbel hinzukam, der mit gestreiftem Segeltuch bespannte Holzliegestuhl, waren fast alle Voraussetzungen für ein modernes Strandleben gegeben. Jetzt fehlte nur noch die Einrichtung des Familienbades, in dem Eltern gemeinsam mit ihren Kindern baden konnten. Trotz anfänglich schwerster Bedenken ob der Sittenlosigkeit des gemeinsamen Bades von Männern und Frauen, entschlossen sich die Sittenwächter in Amt und Würden um die Jahrhundertwende zu diesem gewagten Schritt.

In einer Hinsicht sollten solche Bedenken dann tatsächlich bestätigt werden: In dem Maße, in dem das Familienbad zur Regel wurde, legte die Badebekleidung – insbesondere die weibliche – an Raffinement zu. Während in den Anfängen des Meerbadens, vor rund 200 Jahren, noch nackt gebadet wurde – schließlich war man im Damen- wie im Herrenbad hinter seiner Badekarre vor zudringlichen Blicken geschützt –, wurde der weibliche Körper im prüden Wilhelminischen Zeitalter buchstäblich bis an die Halskrause eingepackt. Auch unvorstellbar heute, daß als Material für den Bade-Anzug, der seinem Namen noch alle Ehre machte, vorzugsweise festes Tuch verwendet wurde, meist schwere Wollstoffe oder Flanell. Erst mit dem Familienbad kamen die dünneren Baumwollstoffe in Mode. Sie legten erstmals Waden, Arme, Decolletés und Schultern frei und, von diesen Reizen einmal abgesehen, behinderten die Badenden weit weniger. In den zwanziger Jahren folgte dann auch für Frauen das einteilige, sportlichere und sogar figurbetonte Trikot. Der zweiteilige Badeanzug, der in Deutschland in den vierziger Jahren unter dem Namen »Bikini« Aufsehen erregte, war ein Import aus Amerika. Die zunächst schockierende Freizügigkeit trug auch der Tatsache Rechnung, daß zusehends das Sonnenbad in Mode kam. Vom herkömmlichen Bikini zu dessen Miniaturausgabe, dem an der Copa Cabana in den siebziger Jahre erstmals zur Schau gestellten Tanga, ist es in der Entwicklung der weiblichen Bade- und Strandbekleidung nur noch ein verhältnismäßig kleiner Schritt. An deren Ende steht dann als logische Konsequenz die Oben-ohne-Bademode.

Im Vergleich dazu ist die Geschichte der männlichen Badebekleidung eher unspektakulär. Sie kannte eigentlich nur die Entwicklungsschritte von der dreiviertellangen Hose, über die Shorts zur mehr oder weniger knappen Dreiecksbadehose, bevor sie bei dem einen oder anderen Beach-Boy auch beim Tanga endete.

Während heute die Unterscheidung zwischen Strand- und Badebekleidung gänzlich verschwunden ist, erschien man bis anfangs unseres Jahrhunderts noch in voller Montur am Strand. Die Damen in bodenlangen Röcken, geschnürten Stiefeln, hochgeschlossenen Jacken oder Blusen, selbstredend mit Hut und Handschuhen, während bei den Männern der biedermeierliche Zylinder erst in den 70er Jahren von der beliebten flachen Prinz-Heinrich-Mütze abgelöst wurde. Thomas Mann hat in den »Buddenbrooks« die Strandmode des vorigen Jahrhunderts anschaulich beschrieben. Welch ein Unterschied zur heutigen, oft atemberaubend scheußlich, buntgescheckten Freizeitkleidung, die man an beliebten Strandübergängen großer Touristenziele bestaunen kann. Vorbei sind die eher unschuldigen Zeiten, als sich entlang der Küsten noch Sommerfrische an Sommerfrische reihte. Die Sommerfrischen waren, auch im Gegensatz zu den feudalen und eleganten Seebädern der ersten Zeit, kleinere Badeorte, in die der Stadtbürger einmal im Jahr reiste. Und dort fanden Sommerfrischler, die Herman Bang so treffend für die zweite Jahrhunderthälfte porträtiert hat (und etwa so alt ist auch das Wort), alles, was sie suchten: ein wenig Erholung in behaglicher Bescheidenheit, Abwechslung bei geselligen Unternehmungen und Aufatmen in ländlicher Luft.

Nicht zufällig datieren auch die ersten, in Wort- und Bild belegten Sandburgen in diese Zeit. Familiärer Gemeinschaftssinn und touristischer Gestaltungseifer bestimmten dieses, so Harald Kimpel und Johanna Werckmeister, »versandete Freizeitvergnügen«. In ihrer auch mit einem Augenzwinkern geschriebenen Studie dieses urdeutschen Phänomens zeigen die Autoren, daß die harmlosen Buddeleien von Alltagssorgen befreiter Badegäste bei näherem Hinsehen ein sozialgeschichtliches Zeugnis mit erstaunlichem Symbolgehalt abgaben.

Heute jedoch fährt kein Mensch mehr in die Sommerfrische, heute fliegt man – damit auf die touristische Dreifaltigkeit: Sommer, Sonne, Strand wirklich Verlaß ist – in den Urlaub. Urlauber tragen Freizeitklamotten, meckern in einem fort und planen früh, ihren Reiseveranstalter zu verklagen. Außerdem ist der Strandurlaub längst nicht mehr an den Sommer gebunden, sondern über jede Jahreszeit erhaben. Mit Pelzkragen und Handschuhen steigt man ins Flugzeug, um sich am Ziel angekommen nach Plan von dem weißhäutigen Eskimo, der man war, über den rothäutigen Indianer, der man eigentlich gar nicht werden wollte, in jenen Typus eines möglichst braungebrannten Freizeitmenschen zu verwandeln, von dem Margit Schreiner auch hätte sagen können: Mein erster Neger. Dann erst ist das Urlaubssoll erreicht.

Aber eine Kulturgeschichte des Meerbadens kennt nun einmal keine Seychellen und auch keine Karibik: sie ist eine nordeuropäische Angelegenheit. Marie Luise Kaschnitz berichtet selbst von Italien, daß sich bis Ende des letzten Jahrhunderts bestenfalls die Kinder in heißen Sommern im Meer getummelt, die Erwachsenen aber Abstand gehalten hätten. Erst durch die Touristen aus dem Norden sei man allmählich auf den Geschmack des Meerbadens gekommen. Und die Kubaner halten ihre europäischen Badegäste noch heute in den Wintermonaten – wenn das Wasser nur etwa 26 Grad »kalt« ist – für »un poco loco«, ein bißchen verrückt.

Last but not least gilt es, zweifach Dank zu sagen: Zum einen Bärbel Hedinger, einer wahrhaften Expertin in Sachen historisches Badeleben, deren facettenreichem Ausstellungskatalog »Saison am Strand« die Herausgeberin dieses Buches verdankt, daß sie beim Einstieg in die geschichtliche Dimension von Sand und Strand den Kopf über Wasser behalten hat. Der andere Dank gilt meinem Cheflektor Rainer Moritz, der mit zahlreichen Anregungen und liebenswürdiger Beharrlichkeit das Entstehen dieses Buches begleitet hat.

Angelika Wellmann

Quellenverzeichnis

Die mit Sternchen versehenen Überschriften wurden von der Herausgeberin formuliert.

Amanda Aizpuriete: Laß mir das Meer. In: A.A.: Laß mir das Meer. Liebesgedichte. Ausw. und Übers. von Manfred Peter Hein. Reinbek: Rowohlt, 1996, S. 31. – Copyright © 1996 by Rowohlt Verlag GmbH, Reinbek.

Herman Bang: Die Badegäste reisen an.* In: H.B.: Sommerfreuden. Übers. von Walter Boehlich. Reinbek: Rowohlt, 1996, S. 32–44, 57f. – Copyright © 1996 by Rowohlt Taschenbuch Verlag GmbH, Reinbek.

Charles Baudelaire: Der Mensch und das Meer. In: C.B.: Die Blumen des Bösen. Übers. von Monika Fahrenbach-Wachendorff. Stuttgart: Reclam, 1980, S. 35f. – © 1980 Philipp Reclam jun. GmbH & Co., Stuttgart.

Walter Benjamin: Nordische See. In: W.B.: Denkbilder. In: W.B.: Gesammelte Schriften. Band IV.1. Hrsg. von Rolf Tiedemann und Hermann Schweppenhäuser. Frankfurt am Main: Suhrkamp, 1980, S. 385f. – © Suhrkamp Verlag Frankfurt am Main 1980.

Gottfried Benn: Strand. In: G.B.: Sämtliche Werke. Band 1: Gedichte 1. In Verbindung mit Ilse Benn hrsg. von Gerhard Schuster. Stuttgart: Klett-Cotta, 1986, S. 37. – © J.G. Cotta'sche Buchhandlung Nachfolger GmbH, Stuttgart 1986.

Sibylle Berg: Das Meer schaut zurück. In: Allegra 2 (1996), H. 7. – © Sibylle Berg, Zürich.

Luis Buñuel: Ramuneta am Strand. In: L.B.: Die Flecken der Giraffe. Ein- und Überfälle. Übers. von Fritz Rudolf Fries und Gerda Schattenberg. Berlin: Wagenbach, 1991, S. 24f. – © Verlag Klaus Wagenbach, Berlin 1991.

Albert Camus: Fritten am Strand.* In: A.C.: Der erste Mensch. Übers. von Uli Aumüller. Reinbek: Rowohlt, 1995, S. 58–64. – Copyright © 1995 by Rowohlt Verlag GmbH, Reinbek.

Lewis Carroll: Das Walroß und der Zimmermann.* In: L.C.: Alice hinter den Spiegeln. Übers. von Christian Enzensberger. Frankfurt am Main: Insel, 1974, S. 57–61. – © Insel Verlag Frankfurt am Main 1974.

Paul Celan: Bretonischer Strand. In: P.C.: Von Schwelle zu Schwelle. Stuttgart: Deutsche Verlags-Anstalt, 1955. – © 1955 Deutsche Verlags-Anstalt GmbH, Stuttgart.

Ders.: Aus dem Meer. In: P.C.: Von Schwelle zu Schwelle. Stuttgart: Deutsche Verlags-Anstalt, 1955. – © 1955 Deutsche Verlags-Anstalt GmbH, Stuttgart.

John Cheever: Ein Sonntag am Meer.* In: J.C.: Die Wapshots. Übers. von Arno Dorn. Reinbek: Rowohlt, 1994, S. 30–36. – Copyright © 1994 by Rowohlt Taschenbuch Verlag GmbH, Reinbek.

Alvaro Cunqueiro: Das fruchtbare Meer. (Auszug). In: Spanische Reise. Literarischer Führer durch das heutige Spanien. Übers. von Heinrich von Berenberg. Berlin: Wagenbach, 1987. – © Verlag Klaus Wagenbach, Berlin 1987.

Funny van Dannen: FKK. In: Trash-Piloten. Texte für die 90er. Hrsg. von Heiner Link. Leipzig: Reclam, 1997, S. 291–293. – © Funny van Dannen, Berlin.

Das Damenbad. Bericht einer Badewärterin um 1900.* In: Hans-Jürgen Stöver: Westerland auf Sylt. Das Bad im Wandel der Zeiten. Husum: Husum Druck- und Verlagsgesellschaft, 1980, S. 37–39. – © Husum Druck- und Verlagsgesellschaft, Husum 1980.

Joseph von Eichendorff: Fürchterlich-schöne Fluthen.* In: J.v.E.: Tagebücher. Hrsg. von Hartwig Schultz. Frankfurt am Main: Deutscher Klassiker Verlag, 1993, S. 149f.

Heinz Erhardt: Das Märchen vom Meerchen und dem Käfer. In: Das große Heinz-Erhardt-Buch. Hannover: Fackelträger, 1970, S. 96. – © Fackelträger-Verlag Schmidt-Küster GmbH, Hannover 1970.

Ders.: Nee, das geht nicht. In: Das große Heinz-Erhardt-Buch. Hannover: Fackelträger, 1970, S. 43. – © Fackelträger-Verlag Schmidt-Küster GmbH, Hannover 1970.

Ders.: Der Kabeljau. In: Das große Heinz Erhardt Buch. Hannover: Fackelträger, 1970, S. 67. – © Fackelträger-Verlag Schmidt-Küster GmbH, Hannover 1970.

Theodor Fontane: Dobberan. In: Th.F.: Werke, Schriften und Briefe. Abtlg. III, Band 3: Reiseberichte und Tagebücher. Hrsg.

von Walter Keitel und Helmuth Nürnberger. München: Hanser, 1975, S. 748–751.

Ders.: Ruhe und frische Luft.* In: Th.F.: Werke, Schriften und Briefe. Abtlg. IV, Band 2. Hrsg. von Walter Keitel und Helmuth Nürnberger. München: Hanser, 1975, S. 102f., 206–208.

Erich Fried: Meer. In: E.F.: Warngedichte. München: Hanser, 1964. – © 1964 Carl Hanser Verlag München Wien.

Fritz Rudolf Fries: Wie das Meer entstanden ist. In: F.R.F.: An der Ostsee. Unterwegs in Mecklenburg. Frankfurt am Main: Schöffling & Co., 1995, S. 89–91. – © Schöffling & Co. Verlagsbuchhandlung GmbH, Frankfurt am Main 1995.

Max Frisch: Hoch über dem Meer. In: M.F.: Stichworte. Ausges. von Uwe Johnson. Frankfurt am Main: Suhrkamp, 1975, S. 210f. – © Suhrkamp Verlag Frankfurt am Main 1975.

Robert Frost: Weder weit noch tief (Neither out far nor in deep). Übers. von Hans Leip. In: R.F.: Gesammelte Gedichte. Mannheim: Kessler, o. J., S. 376.

Robert Gernhardt/F.W. Bernstein: Ein Strandduett. In: R.G./ F.W.B.: Besternte Ernte. Reinbek: Rowohlt, 1983, S. 30f. – © Robert Gernhardt, Frankfurt am Main.

Diess: Der Forscher. In: R.G./F.W.B.: Besternte Ernte. Reinbek: Rowohlt, 1983, S. 18. – © Robert Gernhardt, Frankfurt am Main.

René Goscinny: Der Strand ist Klasse. In: R.G. & Sempé: Der kleine Nick. Übers. von Hans-Georg Lenzen. Zürich: Diogenes, 1981, S. 64–70. – Copyright © 1974 by Diogenes Verlag AG Zürich.

Heinrich Heine: Das Salzwasserelement sagt mir zu.* In: H.H.: Werke. Briefwechsel. Lebenszeugnisse. Band 20: Briefe 1815 bis 1831. Berlin: Akademie-Verlag, 1970, S. 254, 265.

Ders.: Ich hab' nachher geweint.* In: H.H.: Werke. Briefwechsel. Lebenszeugnisse. Band 20: Briefe 1815–1831. Berlin: Akademie-Verlag, 1970, S. 255.

Ders.: Unsere armen Insulaner.* In: H.H.: Reisebilder. Norderney. In: H.H.: Sämtliche Schriften. Band 2. Hrsg. von Klaus Briegleb. München: Hanser, 1968, S. 215f.

Ders.: Meergruß. In: H.H.: Die Nordsee. In: H.H.: Sämtliche Schriften. Band 1. Hrsg. von Klaus Briegleb. München: Hanser, 1968, S. 197f.

Gerhardt Otto Christoph Janus: Von dem Gebrauch eines Bades von See waßer. In: Saison am Strand. Badeleben an Nord- und Ostsee. 200 Jahre. Altonaer Museum in Hamburg. Norddeutsches Landesmuseum. Ausstellung und Katalog Bärbel Hedinger. Herford: Koehler, 1986, S. 16f. – © Koehlers Verlagsgesellschaft mbH, Hamburg.

Marie Luise Kaschnitz: Tummelplätze der Sehnsucht.* In: M.L.K.: Orte. Aufzeichnungen. Frankfurt am Main: Insel, 1973, S. 56. – © Insel Verlag Frankfurt am Main 1973.

Erich Kästner: Meine erste große Reise.* In: E.K.: Als ich ein kleiner Junge war. Zürich: Atrium, 1996, S. 178–182. – © Atrium Verlag AG, Zürich.

Alfred Kerr: Quallen. In: A.K.: Erlebtes. Deutsche Landschaften, Menschen und Städte. In: A.K.: Werke in Einzelbänden. Band 1, 1. Hrsg. von Günther Rühle. Berlin: Argon, 1989, S. 282–284. – © Argon Verlag GmbH, Berlin 1989.

Eduard von Keyserling: Das Meer schläft nicht.* In: E.K.: Wellen. Frankfurt am Main: Fischer, 1982, S. 21–126.

Harald Kimpel/Johanna Werckmeister: Die Strandburg. Ein versandetes Freizeitvergnügen. Marburg: Jonas, 1995, S. 7–9, 17–28, 37f. – © Jonas Verlag für Kunst und Literatur GmbH, Marburg 1995.

Rüdiger Kind: Badefänger. In: Freibeuter 68 (1996), S. 152f. – © Verlag Klaus Wagenbach, Berlin 1996.

Heinrich von Kleist: Empfindungen vor Friedrichs Seelandschaft. In: H.v.K.: Sämtliche Werke und Briefe. Zweiter Band. Hrsg. von Helmut Sembdner. München: Hanser, [6]1977, S. 327f.

Burkhart Lauterbach: Bei Durchsicht eines Fotoalbums. In: Saison am Strand. Badeleben an Nord- und Ostsee. 200 Jahre. Altonaer Museum in Hamburg. Norddeutsches Landesmuseum. Ausstellung und Katalog Bärbel Hedinger. Herford: Koehler, 1986, S. 46–48. – © Koehlers Verlagsgesellschaft mbH, Hamburg.

Georg Christoph Lichtenberg: Warum hat Deutschland noch kein großes öffentliches Seebad? (Auszug). In: G.Chr.L.: Schriften und Briefe. Band 3: Aufsätze, Entwürfe, Gedichte, Hogarth-Erklärungen. Hrsg. von Wolfgang Promies. Frankfurt am Main: Zweitausendeins, 1994, S. 95–97, 99f.

Ders.: Die Bademaschine.* In: G.Chr.L.: Schriften und Briefe. Band 3: Aufsätze, Entwürfe, Gedichte, Hogarth-Erklärungen.

Hrsg. von Wolfgang Promies. Frankfurt am Main: Zweitausend-eins, 1994, S. 97f.

Luigi Malerba: Alle am Meer.* In: L.M.: Die Schlange. Übers. von Alice Vollenweider. Berlin: Wagenbach, 1985. – © Verlag Klaus Wagenbach, Berlin 1985.

Thomas Mann: Strandspaziergang (Auszug). In: Th.M.: Der Zauberberg. Berlin: S. Fischer, 1924, S. 713f. – © S. Fischer Verlag, Berlin 1924.

Ders.: Strandleben um 1845 – Travemünde I.* In: Th.M.: Buddenbrooks. Verfall einer Familie. Frankfurt am Main: S. Fischer, 1981, S. 130–132. – © S. Fischer Verlag GmbH, Frankfurt am Main 1981.

Ders.: Sommerferien an der See! – Travemünde II.* In: Th.M.: Buddenbrooks. Verfall einer Familie. Frankfurt am Main: S. Fischer, 1981, S. 642–649. – © S. Fischer Verlag GmbH, Frankfurt am Main 1981.

Vladimir Nabokov: Der Baigneur.* In: V.N.: Sprich Erinnerung sprich. Gesammelte Werke 22. Hrsg. und übers. von Dieter E. Zimmer. Reinbek: Rowohlt, 1991, S. 195–198. – Copyright © 1991 by Rowohlt Verlag GmbH, Reinbek.

Péter Nádas: Luftkur-Zirkus.* In: P.N.: Buch der Erinnerung. Übers. von Hildegard Grosche. Berlin: Rowohlt. Berlin, 1991, S. 32f. – Copyright © 1991 by Rowohlt. Berlin.

Ders.: Weiße Stadt am Meer.* In: P.N.: Buch der Erinnerung. Übers. von Hildegard Grosche. Berlin: Rowohlt. Berlin, 1991, S. 52–55, 58f. – Copyright © 1991 by Rowohlt. Berlin.

Cesare Pavese: Am Strand. (Auszug). Übers. von Arianna Giachi. In: C.P.: Der Genosse. Unter Bauern. Am Strand. Düsseldorf: Claassen, 1970. – © 1970 Claassen Verlag Düsseldorf (jetzt Hildesheim).

Alfred Polgar: Italisches Seebad. In: A.P.: Kleine Schriften. Band 2: Kreislauf. Hrsg. von Marcel Reich-Ranicki. Reinbek: Rowohlt, 1983, S. 205–208. – Copyright © 1983 by Rowohlt Verlag GmbH, Reinbek.

Marcel Proust: Zimmer mit Meerblick.* In: M.P.: Auf der Suche nach der verlorenen Zeit. Band 2: Im Schatten junger Mädchenblüte. Übers. von Eva Rechel-Mertens. Frankfurt am Main: Suhrkamp, 1995, S. 352–354. – © Suhrkamp Verlag Frankfurt am Main 1995.

Ders.: Die Strandpromenade.* In: M.P.: Auf der Suche nach der verlorenen Zeit. Band 2: Im Schatten junger Mädchenblüte. Übers. von Eva Rechel-Mertens. Frankfurt am Main: Suhrkamp, 1995, S. 522. – © Suhrkamp Verlag Frankfurt am Main 1995.

Ders.: Das Meer. In: M.P.: Freuden und Tage und andere Erzählungen und Skizzen aus den Jahren 1892–1896. Übers. von Luzius Keller. Frankfurt am Main: Suhrkamp, 1988, S. 194–196. – © Suhrkamp Verlag Frankfurt am Main 1988.

Rainer Maria Rilke: Lied vom Meer. Capri, piccola marina. In: R.M.R.: Ausgewählte Werke. Band 1: Gedichte. Leipzig: Insel, 1938, S. 192.

Joachim Ringelnatz: Das Lied der Hochseekuh. In: J.R.: Das Gesamtwerk in sieben Bänden. Zürich: Diogenes, 1997, S. 629f. – Copyright © 1994 by Diogenes Verlag AG Zürich.

Ders.: Enttäuschter Badegast. In: J.R.: Das Gesamtwerk in sieben Bänden. Zürich: Diogenes, 1997, S. 438. – Copyright © 1994 by Diogenes Verlag AG Zürich.

Ders.: Insel Hiddensee. In: J.R.: Das Gesamtwerk in sieben Bänden. Zürich: Diogenes, 1997, S. 481f. – Copyright © 1994 by Diogenes Verlag AG Zürich.

Gianni Rodari: Am Strand von Ostia. In: G.R.: Das fabelhafte Telefon. Wahre Lügengeschichten. Übers. von Marianne Schneider. Berlin: Wagenbach, 1997, S. 19–21. – © Verlag Klaus Wagenbach, Berlin 1997.

Eugen Roth: Nordsee. In: E.R.: Sämtliche Werke. Band 1: Heitere Verse. München: Hanser, 1977, S. 612. – © Thomas Roth.

Joseph Roth: Ostsee-Reise. In: J.R.: Werke. Band II. Hrsg. von Klaus Westermann und Fritz Hackert. Köln: Kiepenheuer & Witsch, 1990. – © 1990 by Verlag Kiepenheuer & Witsch Köln und Verlag Allert de Lange Amsterdam.

Peter Sandmeyer: El Mal di Mare. Was ist Seekrankheit? In: Mare 2 (1997), S. 28–30.

Margit Schreiner: Mein erster Neger. In: M.S.: Mein erster Neger. Afrikanische Erinnerungen. München: Heyne, 1995, S. 48–62. – © 1991 by Haffmans Verlag AG Zürich.

Brigitte Schwaiger: Wie kommt das Salz ins Meer? In: B.S.: Wie kommt das Salz ins Meer. Reinbek: Rowohlt, 1979, S. 29. – © Brigitte Schwaiger, Wien.

241

Enzo Siciliano: Der Badeanzug meiner Mutter.* In: E.S.: Das Meer im September. Übers. von Monika Cagliesi-Zenkteler und Brigitte Lindecke. Berlin: Ullstein, 1997, S. 5–9, 13–15. – © Ullstein Buchverlage GmbH, Berlin.

Tanja Stidinger: Muschelfleisch. Des Mannes Angst und Lust. (Auszug). In: Mare 2 (1997), S. 72–75.

Klaus Johannes Thies: Das Meer. In: K.J.T.: Schurrmurr. Miniaturen. Bremen/Hamburg: Achilla Presse, 1996, S. 138. – © Achilla Presse, Hamburg.

James Trefil: Wie kommt das Salz ins Meer?* In: J.T.: Physik im Strandkorb. Von Wasser, Wind und Wellen. Übers. von Helmut Mennicken. Reinbek: Rowohlt, 1991, S. 27–33. – Copyright © 1991 by Rowohlt Verlag GmbH, Reinbek.

Ders.: Von Ebbe und Flut.* In: J.T.: Physik im Strandkorb. Von Wasser, Wind und Wellen. Übers. von Helmut Mennicken. Reinbek: Rowohlt, 1991, S. 43–52. – Copyright © 1991 by Rowohlt Verlag GmbH, Reinbek.

Kurt Tucholsky: Saisonbeginn an der Ostsee. In: K.T.: Gesammelte Werke. Band 3: 1921–1922. Hrsg. von Mary Gerold-Tucholsky und Fritz J. Raddatz. Reinbek: Rowohlt, 1993, S. 176–179. – Copyright © 1960 by Rowohlt Verlag GmbH, Reinbek.

Samuel Gottlieb Vogel: Allgemeine Baderegeln. In: Zur Nachricht und Belehrung für die Badegäste in Doberan im Jahre 1798. Rostock 1798. In: Saison am Strand. Badeleben an Nord- und Ostsee. 200 Jahre. Altonaer Museum in Hamburg. Norddeutsches Landesmuseum. Ausstellung und Katalog Bärbel Hedinger. Herford: Koehler, 1986, S. 102. – © Koehlers Verlagsgesellschaft mbH, Hamburg.

Robert Walser: Die Badende. In: R.W.: Das Gesamtwerk. Hrsg. von Jochen Greven. Band 12: Verstreute Prosa V. Frankfurt am Main/Zürich: Suhrkamp, 1978, S. 127–130. – © Suhrkamp Verlag Frankfurt am Main und Zürich 1978, mit Genehmigung der Inhaberin der Rechte, der Carl-Seelig-Stiftung, Zürich.

Uwe Wandrey: Boten eines fernen Windes. Wie Wellen entstehen und wie sie sich ausbreiten. (Auszug). In: Mare 3 (1997), S. 72–75.

Virginia Woolf: Sonnenaufgang am Strand.* In: V.W.: Die Wellen. Übers. von Maria Bosse-Sporleder. Frankfurt am Main: Fischer, 1994, S. 7. – © S. Fischer Verlag GmbH, Frankfurt am Main 1991.

242

Das Buch zum Buch

Herausgegeben von Christa Jansohn
260 Seiten. Mit 8 Abbildungen. RBL 1642. 20,– DM
ISBN 3-379-01642-X

»Ein Buch ist wie ein Garten, den man in der Tasche trägt.«
(Arabisches Sprichwort)

Christa Jahnson, Anglistin aus Bonn, hat für Sie die schönsten literarischen Blüten zu einem bunten Strauß zusammengestellt. Gedichte, Sentenzen und Prosatexte erzählen vom Umgang mit Büchern, von prägenden Leseerlebnissen, von unvergeßlichen Kindheitslektüren, von kulinarischen Textbegegnungen und von brennenden Bibliotheken. Facettenreich und mit vielen überraschenden Lesefrüchten. Das literarische Anschauungsmaterial stammt unter anderem von Umberto Eco, Michael Ende, Ulrich Plenzdorf, Paul Maar, Erica Jong, Samuel Beckett, Marcel Proust, Bernhard Schlink, Antonia Byatt, Elias Canetti und Martin Walser.

»*Das Buch zum Buch* vereint eine beeindruckende Fülle von Lesefrüchten über das Lesen, die Bücher, die Bibliotheken und vor allem die Leser.« *Die Welt*

Glatze, Zopf und Dauerwelle

Ein haariges Lesebuch

Herausgegeben von Kim Bagus und Franz Josef Görtz.
161 Seiten. Mit 6 Abbildungen. RBL 1560. 17,– DM
ISBN 3-379-01560-1

»Was mich heute bei der Friseuse störte: Sie unterbrach
das Massieren. Immer gerade dann, wenn es schön wurde,
ging sie an die Kasse und notierte da was«, vertraute der
Schriftsteller Walter Kempowski seinem Tagebuch an und
bewies damit, daß die Dinge, die sich um das Haar des Menschen ranken, von größter Wichtigkeit sind.

Absalom, Struwwelpeter, Rapunzel, Yul Brynner, Gabriele
Krone-Schmalz, Claudia Schiffer – nicht aufzuzählen die
symbolischen, die magischen und hocherotischen Bedeu-
tungen, die das lange, das fehlende, das dauergewellte, das
bürstenkurze, das verzopfte, das gescheitelte Haar besitzt.

Das Lesebuch versammelt Texte verschiedenster Herkunft,
von Dichtern, Journalisten, Volkskundlern, Psychoana-
lytikern und Freidenkern. Im Salon von Kim Bagus und
Franz Josef Görtz treffen wir auf Johann Wolfgang Goethe,
John Updike, Keto von Waberer, Robert Walser, Woody
Allen, Utz Jeggle, John Irving, Anaïs Nin, Robert Gernhardt und etliche andere.

Jung, dynamisch, erfolglos

Ein literarischer Bewerbungsratgeber

Herausgegeben von Ilse Ermen und Florence Maurice
187 Seiten. Mit 10 Abbildungen. RBL 1657. 19,– DM
ISBN 3-379-01657-8

»Wir wünschen Ihnen weiterhin viel Erfolg für Ihre berufliche Zukunft…« Wie häufig – sprechen wir ruhig offen – haben Sie diesen Satz schon in den Antwortschreiben auf Ihre Bewerbung gelesen? Zehnmal? Zwanzigmal? Noch öfter? Regen sich in diesen Momenten nicht Wut und Selbstzweifel? Drängt sich nicht unausweichlich die Frage auf: Was mache ich falsch?

Ilse Ermen und Florence Maurice haben für Sie einen Bewerbungsratgeber der besonderen Art zusammengetragen. Hier finden Sie moralische Unterstützung und Seelentrost durch Ihre Leidensgenossen Karl Valentin, Erich Kästner, Robert Walser, Thomas Mann, Irmgard Keun, Robert Gernhardt, Oskar Maria Graf, Walter Moers und, und, und.

»Ich freu' mich schon richtig auf das Überraschungswerk *Jung, dynamisch, erfolglos*. Endlich mal was anderes!«
(Elke Heidenreich in *Brigitte*)

»Hilfreich, tröstlich und höchst vergnüglich.«　　　*(Profil)*

Das erste Mal

Höhepunkte der Weltliteratur

Herausgegeben von Janett Reinstädler und Trudel Meisenburg
256 Seiten. Mit 8 Abbildungen. RBL 1660. 17,90 DM
ISBN 3-379-01660-8

Viele Anthologien versprechen literarische Höhepunkte. Nicht alle darf man beim Wort nehmen – diese schon!

Ausgewählt aus der abendländischen Literatur, von ihren Anfängen bis heute, weckt sie Leselust auf lyrische, dramatische und narrative Inszenierungen erster sexueller Vereinigung. Sappho, Marquis de Sade, Gustave Flaubert, Émile Zola, Dacia Maraini, Luigi Malerba, Vladimir Nabokov, Gabriel García Márquez, Thomas Brussig und andere widmen sich dem Zögern, Zweifeln und Aufschieben, dem Umwerben und Verführen, dem Nachgeben und schließlich der ersten leidenschaftlichen Hingabe.

Es geht um geglückte erste Male und um verhinderte, um verliebte, ungewollte, homoerotische, unvergessene, symbolische und viele weitere erste Male in der Literatur. Nicht immer kommt der entscheidende Moment so klipp und klar wie im Alten Testament daher: *Und Adam erkannte sein Weib Eva, und sie ward schwanger und gebar den Kain* (Gen. 4,1).

Franziska Roller
Abba, Barbie, Cordsamthosen

Ein Wegweiser zum prima Geschmack.

222 Seiten. Mit 8 Abbildungen. RBL 1586. 18,– DM
ISBN 3-379-01586-5

Heino hören, am liebsten nach Mallorca in den Urlaub
fahren, uralte Adidas-Trainingsjacken tragen, Prollpartys
feiern, kitschige Plastikfiguren auf die Fensterbank stellen – das ist nicht der Alltag eines durchschnittlichen
Kleinbürgers, das ist das Leben der absoluten Trendsetter.

Franziska Roller hat eine buntgemischte, witzige Sammlung der Idole und Kultgegenstände des guten schlechten
Geschmacks zusammengetragen. Gratwandernd zwischen
kritischer Distanz und Begeisterung für eine Entwicklung,
die gegenwärtig als Ende der Kultur gebrandmarkt oder
als subversive Gesellschaftskritik gefeiert wird, unter-
nimmt dieses Buch einen Streifzug durch die Welt der Ge-
schmacklosigkeiten, in schöner alphabetischer Ordnung.

Ohne Frage: ein Nachschlagewerk, das in keinem aufge-
schlossenen Haushalt fehlen darf.

RECLAM-BIBLIOTHEK

Gerald Fricke
Frank Schäfer
Rüdiger Wartusch
Die Goldenen Siebziger
Ein notwendiges Wörterbuch

160 Seiten. Mit 9 Abbildungen. RBL 1605. 18,– DM
ISBN 3-379-01605-5

Wir erleben das Revival eines güldenen Dezenniums. In akkurater alphabetischer Abfolge werden Schlag auf Schlag abgehandelt: musikalische Belange (Disco, Kiss, Sex Pistols), Bekleidungsfragen (Schlaghose, Plateausohle, Haarnetz), große Film- und Fernsehwerke (Bonanza, Saturday Night Fever, Dalli Dalli), Sport (Tip und Tap, Mao-Paule, Gold-Rosi), Politik (Inflation, Stoppt Strauß), Technik (Jeans-Käfer, Lichtorgel, Römertopf) und Alltagskultur (Afri-Cola, Wohngemeinschaft). Und vieles mehr.

Das Standardwerk, das Desiderat, das Nachschlagewerk für die unruhige Jugend und für alle sinnsuchenden Menschen, die den Durchblick behalten wollen.

Bezaubern! Verführen! Erobern!

Von Menschen, die sich näherkommen

Herausgegeben von Beatrix Müller-Kampel
202 Seiten. RBL 1632. 19,– DM
ISBN 3-379-01632-2

»Ich brauch nur einer in die Augen zu schaun – schon isse hin ...« So einfach wie Heinz Rühmann einst zur Tat schritt, sind Eroberungen in unserer komplizierten Zeit nicht mehr zu machen. Frauen und Männer wollen auf subtile Weise eingefangen werden, wollen umschmeichelt, bezaubert und becirct werden – ohne das Gefühl zu bekommen, mit Nullachtfünfzehn-Tricks angebaggert zu werden.

Beatrix Müller-Kampel, ausgewiesene Don-Juan-Expertin aus Graz, hat sich in der Literatur umgesehen und die schönsten Verführungsgeschichten sowie die verblüffendsten Verführungstips gesammelt. Zu Wort kommen in diesem Arsenal der Betörung beispielsweise Ovid und Boccaccio, Adolph von Knigge und Heimito von Doderer, Isabel Allende und Jeanette Winterson, Arthur Schnitzler und Pablo Neruda.

Eine ideale Vorbereitung für die nächste Fisch-sucht-Fahrrad-Party oder das Tête-à-Tête beim Kerzenschein.

Deutsche Helden

Luis Trenker, Perry Rhodan, Steffi Graf und viele andere

Herausgegeben von Hartmut Kasper
192 Seiten. Mit 12 Abbildungen. RBL 1608. 19,– DM
ISBN 3-379-01608-X

Es gibt Zeiten, da fällt es schwer, dem eigenen Leben eine Richtung zu geben. Wie auch? Die Feindbilder sind verwaschen, kirchliche Gedenktage fallen der Pflegeversicherung zum Opfer. Noch immer zottelt der Intercity Express dem französischen TGV hinterher. Der letzte deutsche Papst, Gregor VII., starb bereits im Jahr 1085. Wo also finden wir sie, unsere Vorbilder, unerschrockene Menschen, an denen wir uns aufrichten können? Manchmal scheint es, als wäre die Heroenverehrung hierzulande zum Erliegen gekommen.
Deutschland – ein Land ohne Helden? Dem läßt sich zum Glück ein entschiedenes NEIN entgegenschmettern. Jerry Cotton, Eugen Drewermann, Sepp Herberger, Nick Knatterton, Kardinal Ratzinger, Claudia Schiffer – verstehen sie nicht ausgezeichnet, deutsches Wesen furchtlos zu meistern und: auszuhalten? Nicht immer dringen wirkliche Helden sofort in unser Bewußtsein vor. Hartmut Kasper und seine Autoren rücken sie uns nun ins rechte Licht. Würdigen sie offiziell. Danke, Winnetou. Danke, Haribo. Ein Buch, das Mut macht.

Philosophen beschimpfen Philosophen

Die kategorische Impertinenz seit Kant

Herausgegeben von Steffen Dietzsch
135 Seiten. RBL 1542. 16,– DM
ISBN 3-379-01542-3

Insgeheim ist diese Sammlung von Fragmenten eine etwas andere Einführung in die Philosophie. Denn die bösen Enthüllungen über den Beschimpften entstellen auch den Schimpfenden bisweilen bis zur Kenntlichkeit. Das ›Pathos der Distanz‹, mit dem uns Philosophen gewöhnlich begegnen und mit dem wir uns gewöhnlich auch die Philosophie vom Leibe halten, wird hier unterlaufen – und wir erkennen Philosophen durchaus als unsereins. Und so können wir insgesamt unsere Freude haben an dieser fröhlichen Selbstkritik der philosophierenden Vernunft.

Der Herausgeber – ein nomadisierender Philosoph – hat Textstücke aus den letzten zwei Jahrhunderten versammelt. Wir begegnen vertrauten Bosheiten, aber es werden auch längst verschollene Schlechtigkeiten aus dem Schlaf der Vernunft geschreckt.

Dichter beschimpfen Dichter

Die ultimative Sammlung aller Kollegenschelten

Herausgegeben und mit einem Nachwort von Jörg
Drews
208 Seiten. RBL 1506. 20,– DM
ISBN 3-379-01506-7

Jack Kerouac
Der Mann kann nicht schreiben, nur tippen.

Truman Capote

Die schärfsten »Verrisse« durch Literaturkritiker wirken
zahm, liest man, wie unnachsichtig Dichter selbst mit den
Werken ihrer Kollegen zu Gericht gehen. Nicht selten fallen Vokabeln und Gehässigkeiten, die sich kein journalistischer Rezensent in den Mund zu nehmen getrauen
dürfte.

Mitunter ist es überraschend, wer wen überhaupt zur
Kenntnis genommen hat; literarhistorisch interessierte
Leser werden Traditionsbezüge auffinden, die nicht selten ins Zentrum von Autorenpoetiken weisen. Der
Literaturwissenschaftler und Publizist Jörg Drews hat seit
vielen Jahren bei seiner Lektüre
»Dichterbeschimpfungen« von Altvorderen und heute
Lebenden gesammelt und für diese Ausgabe aus schon
publizierten Büchern sowie aus dem Archiv eine »ultimative Sammlung« zusammengestellt.

Künstler beschimpfen Künstler

Herausgegeben von Peter Dittmar
120 Seiten. RBL 1579. 15,– DM
ISBN 3-379-01579-2

»Lobt ein Maler den anderen grundlos, so findet er ihn furchtbar schlecht.«

Markus Lüpertz

Es gehören Mut und Tapferkeit dazu, ein Künstler zu sein. Nicht nur, daß die Ansprüche hoch sind – Innovation wird erwartet, Aura gefordert –, der Kunstschaffende sieht sich obendrein einer immerwährenden Kritik ausgesetzt, nicht selten von gänzlich unberufener Seite. Richtig wüst geht es allerdings erst zu, wenn sich die lieben Kollegen zu Wort melden.
Peter Dittmar, Kulturredakteur der WELT, hat Künstler-Schmähungen aus sechs Jahrhunderten zusammengetragen. Maler, Bildhauer, Zeichner und Architekten nehmen kein Blatt vor den Mund, Pinsel werden zu Dreckschleudern. Und immer gilt das Motto: Kitsch ist das, was andere machen.

Frauen beschimpfen Frauen

Herausgegeben von Evelyne Polt-Heinzl
155 Seiten. RBL 1607. 16,– DM
ISBN 3-379-01607-1

Frauen schimpfen anders als Männer. Zumindest in der Öffentlichkeit. Das macht Evelyne Polt-Heinzl deutlich, die mit detektivischem Spürsinn Biographien, Briefwechsel und Rezensionen gesichtet und dabei herzhafte wie subtile Bösartigkeiten von Schriftstellerinnen, Frauenrechtlerinnen, Schauspielerinnen, Schwiegermüttern und anderen Frauen des öffentlichen Lebens zusammengetragen hat.

Wo Männer rauhbeinig, aber dafür unmißverständlich ins Feld ziehen, da gehen Frauen oft zweideutiger vor. Nicht immer entledigen sie sich ihres angestauten Mißmuts mit befreienden verbalen Rundumschlägen. Sie bedienen sich auch gerne scheinbar wohlwollender Sympathiebekundungen, die hinter der freundlichen Tarnkappe alles, nur nichts Gutes vermuten lassen. Ob sie das so herrlich effektiv macht – die weibliche Häme? Grund genug, ihr ein kleines Denkmal zu setzen.